René Guénon

L'HOMME ET SON DEVENIR
SELON LE VÊDÂNTA

- 1925 -

OmniaVeritas

René Guénon
(1886-1951)

L'homme et son devenir selon le Vêdânta
1925

Publié par

OMNIA VERITAS LTD

www.omnia-veritas.com

AVANT PROPOS

À plusieurs reprises, dans nos précédents ouvrages, nous avons annoncé notre intention de donner une série d'études dans lesquelles nous pourrions, suivant les cas, soit exposer directement certains aspects des doctrines métaphysiques de l'Orient, soit adapter ces mêmes doctrines de la façon qui nous paraîtrait la plus intelligible et la plus profitable, mais en restant toujours strictement fidèle à leur esprit. Le présent travail constitue la première de ces études : nous y prenons comme point de vue central celui des doctrines hindoues, pour des raisons que nous avons eu déjà l'occasion d'indiquer, et plus particulièrement celui du *Vêdânta*, qui est la branche la plus purement métaphysique de ces doctrines ; mais il doit être bien entendu que cela ne nous empêchera point de faire, toutes les fois qu'il y aura lieu, des rapprochements et des comparaisons avec d'autres théories, quelle qu'en soit la provenance, et que, notamment, nous ferons aussi appel aux enseignements des autres branches orthodoxes de la doctrine hindoue dans la mesure où ils viennent, sur certains points, préciser où compléter ceux du *Vêdânta*. On serait d'autant moins fondé à nous reprocher cette manière de procéder que nos intentions ne sont nullement celles d'un historien : nous tenons à redire encore expressément, à ce propos, que nous voulons faire œuvre de compréhension, et non d'érudition, et que c'est la vérité des idées qui nous intéresse exclusivement. Si donc nous avons jugé bon de donner ici des références précises, c'est pour des motifs qui n'ont rien de commun avec les préoccupations spéciales des orientalistes ; nous avons seulement voulu montrer par là que nous n'inventons rien, que les idées que nous exposons ont bien une source traditionnelle, et fournir en même temps le moyen, à ceux qui en seraient capables, de se reporter aux textes dans lesquels ils pourraient trouver des indications complémentaires, car il va sans dire que nous n'avons pas la prétention de faire un exposé absolument complet, même sur un point déterminé de la doctrine.

Quant à présenter un exposé d'ensemble, c'est ici une chose tout à fait impossible : ou ce serait un travail interminable, ou il devrait être mis sous une forme tellement synthétique qu'il serait parfaitement incompréhensible pour des esprits occidentaux. De plus, il serait bien difficile d'éviter, dans un ouvrage de ce genre, l'apparence d'une systématisation qui est incompatible avec les caractères les plus essentiels des doctrines métaphysiques ; ce ne serait sans doute qu'une apparence, mais ce n'en serait pas moins inévitablement une cause d'erreurs extrêmement graves, d'autant plus que les Occidentaux, en raison de leurs habitudes mentales, ne sont que trop portés à voir des « systèmes » là même où il ne saurait y en avoir. Il importe de ne pas donner le moindre prétexte à ces assimilations injustifiées dont les orientalistes sont coutumiers ; et mieux vaudrait s'abstenir d'exposer une doctrine que de contribuer à la dénaturer, ne fût-ce que par simple maladresse. Mais il y a heureusement un moyen d'échapper à l'inconvénient que nous venons de signaler : c'est de ne traiter, dans un même exposé, qu'un point ou un aspect plus ou moins défini de la doctrine, sauf à prendre ensuite d'autres points pour en faire l'objet d'autant d'études distinctes. D'ailleurs, ces études ne risqueront jamais de devenir ce que les érudits et les « spécialistes » appellent des « monographies », car les principes fondamentaux n'y seront jamais perdus de vue, et les points secondaires eux-mêmes n'y devront apparaître que comme des applications directes ou indirectes de ces principes dont tout dérive : dans l'ordre métaphysique, qui se réfère au domaine de l'Universel, il ne saurait y avoir la moindre place pour la « spécialisation ».

On doit comprendre maintenant pourquoi nous ne prenons comme objet propre de la présente étude que ce qui concerne la nature et la constitution de l'être humain : pour rendre intelligible ce que nous avons à en dire, nous devrons forcément aborder d'autres points, qui, à première vue, peuvent sembler étrangers à cette question, mais c'est toujours par rapport à celle-ci que nous les envisagerons. Les principes ont, en soi, une portée qui dépasse immensément toute application qu'on en peut faire ; mais il n'en est pas moins légitime de les exposer, dans la mesure où on le peut, à propos de telle ou telle application, et c'est même là un procédé qui a bien des avantages à divers égards. D'autre part, ce n'est qu'en tant qu'on la rattache aux principes qu'une question, quelle qu'elle soit, est traitée métaphysiquement ; c'est ce qu'il ne faut jamais oublier si l'on veut faire de la métaphysique véritable, et non de la « pseudo-métaphysique » à la manière des philosophes modernes.

Si nous avons pris le parti d'exposer en premier lieu les questions relatives à l'être humain, ce n'est pas qu'elles aient, du point de vue purement métaphysique, une importance exceptionnelle, car, ce point de vue étant essentiellement dégagé de toutes les contingences, le cas de l'homme n'y apparaît jamais comme un cas privilégié ; mais nous débutons par là parce que ces questions se sont déjà posées au cours de nos précédents travaux, qui nécessitaient à cet égard un complément qu'on trouvera dans celui-ci. L'ordre que nous adopterons pour les études qui viendront ensuite dépendra également des circonstances et sera, dans une large mesure, déterminé par des considérations d'opportunité ; nous croyons utile de le dire dès maintenant, afin que personne ne soit tenté d'y voir une sorte d'ordre hiérarchique, soit quant à l'importance des questions, soit quant à leur dépendance ; ce serait nous prêter une intention que nous n'avons point, mais nous ne savons que trop combien de telles méprises se produisent facilement, et c'est pourquoi nous nous appliquerons à les prévenir chaque fois que la chose sera en notre pouvoir.

Il est encore un point qui nous importe trop pour que nous le passions sous silence dans ces observations préliminaires, point sur lequel, cependant, nous pensions tout d'abord nous être suffisamment expliqué en de précédentes occasions ; mais nous nous sommes aperçu que tous ne l'avaient pas compris ; il faut donc y insister davantage. Ce point est celui-ci : la connaissance véritable, que nous avons exclusivement en vue, n'a que fort peu de rapports si même elle en a, avec le savoir « profane » ; les études qui constituent ce dernier ne sont à aucun degré ni à aucun titre une préparation, même lointaine, pour aborder la « Science sacrée », et parfois même elles sont au contraire un obstacle, en raison de la déformation mentale souvent irrémédiable qui est la conséquence la plus ordinaire d'une certaine éducation. Pour des doctrines comme celles que nous exposons, une étude entreprise « de l'extérieur » ne serait d'aucun profit ; il ne s'agit pas d'histoire, nous l'avons déjà dit, et il ne s'agit pas davantage de philologie ou de littérature ; et nous ajouterons encore, au risque de nous répéter d'une façon que certains trouveront peut-être fastidieuse, qu'il ne s'agit pas, non plus de philosophie. Toutes ces choses, en effet, font également partie de ce savoir que nous qualifions, de « profane » ou d'« extérieur », non par mépris, mais parce qu'il n'est que cela en réalité ; nous estimons n'avoir pas ici à nous préoccuper de plaire aux uns ou de déplaire aux autres, mais bien de dire ce qui est et d'attribuer à chaque chose le nom et le rang qui lui conviennent normalement. Ce n'est pas parce que la « Science sacrée » a été odieusement caricaturée, dans l'Occident moderne, par des imposteurs plus ou moins conscients, qu'il faut s'abstenir d'en parler et paraître, sinon la nier, du moins l'ignorer ; bien au contraire, nous affirmons hautement, non seulement qu'elle existe, mais que c'est d'elle seule que nous entendons nous occuper. Ceux qui voudront bien se reporter à ce que nous avons dit ailleurs des extravagances des occultistes et des théosophistes comprendront immédiatement que ce dont il s'agit est tout autre chose, et que ces gens ne peuvent, eux aussi, être à nos yeux que de simples « profanes », et même des « profanes » qui aggravent singulièrement leur cas en cherchant à se faire passer pour ce qu'ils ne sont point, ce qui est d'ailleurs une des principales raisons pour lesquelles nous jugeons nécessaire de montrer l'inanité de leurs prétendues doctrines chaque fois que l'occasion s'en présente à nous.

Ce que nous venons de dire doit aussi faire comprendre que les doctrines dont nous nous proposons de parler se refusent, par leur nature même, à toute tentative de « vulgarisation » ; il serait ridicule de vouloir « mettre à la portée de tout le monde », comme on dit si souvent à notre époque, des conceptions qui ne peuvent être destinées qu'à une élite, et chercher à le faire serait le plus sûr moyen de les déformer. Nous avons expliqué ailleurs ce que nous entendons par l'élite intellectuelle, quel sera son rôle si elle parvient un jour à se constituer en Occident, et comment l'étude réelle et profonde des doctrines orientales est indispensable pour préparer sa formation. C'est en vue de ce travail dont les résultats ne se feront sans doute sentir qu'à longue échéance, que nous croyons devoir exposer certaines idées pour ceux qui sont capables de se les assimiler, sans jamais leur faire subir aucune de ces modifications et de ces simplifications qui sont le fait de « vulgarisateurs », et qui iraient directement à l'encontre du but que nous nous proposons. En effet, ce n'est pas à la doctrine de s'abaisser et de se restreindre à la mesure de l'entendement borné du vulgaire ; c'est à ceux qui le peuvent de s'élever à la compréhension de la doctrine dans sa pureté intégrale, et ce n'est que de cette façon que peut se former une élite intellectuelle véritable. Parmi ceux qui reçoivent un même enseignement, chacun le comprend et se l'assimile plus ou moins complètement, plus ou moins profondément, suivant l'étendue de ses propres possibilités intellectuelles ; et c'est ainsi que s'opère tout naturellement la sélection sans laquelle il ne saurait y avoir de vraie hiérarchie. Nous avions déjà dit ces choses, mais il était nécessaire de les rappeler avant d'entreprendre un exposé proprement doctrinal ; et il est d'autant moins inutile de les répéter avec insistance qu'elles sont plus étrangères à la mentalité occidentale actuelle.

Chapitre premier

GÉNÉRALITÉS SUR LE VÊDÂNTA

Le *Vêdânta*, contrairement aux opinions qui ont cours le plus généralement parmi les orientalistes, n'est ni une philosophie, ni une religion, ni quelque chose qui participe plus ou moins de l'une et de l'autre. C'est une erreur des plus graves que de vouloir considérer cette doctrine sous de tels aspects, et c'est se condamner d'avance à n'y rien comprendre ; c'est là, en effet, se montrer complètement étranger à la vraie nature de la pensée orientale, dont les modes sont tout autres que ceux de la pensée occidentale et ne se laissent pas enfermer dans les mêmes cadres. Nous avons déjà expliqué dans un précédent ouvrage que la religion, si l'on veut garder à ce mot son sens propre, est chose tout occidentale ; on ne peut appliquer le même terme à des doctrines orientales sans en étendre abusivement la signification, à tel point qu'il devient alors tout à fait impossible d'en donner une définition tant soit peu précise. Quant à la philosophie, elle représente aussi un point de vue exclusivement occidental, et d'ailleurs beaucoup plus extérieur que le point de vue religieux, donc plus éloigné encore de ce dont il s'agit présentement ; c'est, comme nous le disions plus haut, un genre de connaissance essentiellement « profane »[1], même quand il n'est pas purement illusoire, et, surtout quand nous considérons ce qu'est la philosophie dans les temps modernes, nous ne pouvons nous empêcher de penser que son absence dans une civilisation n'a rien de particulièrement regrettable. Dans un livre récent, un orientaliste affirmait que « la philosophie est partout la philosophie », ce qui ouvre la porte à toutes les assimilations, y compris celles contre lesquelles lui- même protestait très justement par ailleurs ; ce que nous contestons précisément, c'est qu'il y ait de la philosophie partout ; et nous nous refusons à prendre pour la « pensée universelle », suivant l'expression du même auteur, ce qui n'est en réalité qu'une modalité de pensée extrêmement spéciale. Un autre historien des doctrines orientales, tout en reconnaissant en principe l'insuffisance et l'inexactitude des étiquettes occidentales qu'on prétend imposer à celles-ci, déclarait qu'il ne voyait malgré tout aucun moyen de s'en passer, et en faisait aussi largement usage que n'importe lequel de ses prédécesseurs ; la chose nous a paru d'autant plus étonnante que, en ce qui nous concerne, nous n'avons jamais éprouvé le moindre besoin de faire appel à cette terminologie philosophique, qui, même si elle n'était pas appliquée mal à propos comme elle l'est toujours en pareil cas, aurait encore l'inconvénient d'être assez rebutante et inutilement compliquée. Mais nous ne

---

[1] Il n'y aurait d'exception à faire que pour un sens très particulier celui de « philosophie hermétique » ; il va sans dire que ce n'est pas ce sens, d'ailleurs à peu près ignoré des modernes, que nous avons en vue présentement.

voulons pas entrer ici dans les discussions auxquelles tout cela pourrait donner lieu ; nous tenions seulement à montrer, par ces exemples, combien il est difficile à certains de sortir des cadres « classiques » où leur éducation occidentale a enfermé leur pensée dès l'origine.

Pour en revenir au *Vêdânta*, nous dirons qu'il faut, en réalité, y voir une doctrine purement métaphysique, ouverte sur des possibilités de conception véritablement illimitées, et qui, comme telle, ne saurait aucunement s'accommoder des bornes plus ou moins étroites d'un système quelconque. Il y a donc sous ce rapport, et sans même aller plus loin, une différence profonde et irréductible, une différence de principe avec tout ce que les Européens désignent sous le nom de philosophie. En effet, l'ambition avouée de toutes les conceptions philosophiques, surtout chez les modernes, qui poussent à l'extrême la tendance individualiste et la recherche de l'originalité à tout prix qui en est la conséquence, c'est précisément de se constituer en des systèmes définis, achevés, c'est-à-dire essentiellement relatifs et limités de toutes parts ; au fond, un système n'est pas autre chose qu'une conception fermée, dont les bornes plus ou moins étroites sont naturellement déterminées par l'« horizon mental » de son auteur. Or toute systématisation est absolument impossible pour la métaphysique pure, au regard de laquelle tout ce qui est de l'ordre individuel est véritablement inexistant, et qui est entièrement dégagée de toutes les relativités, de toutes les contingences philosophiques ou autres ; il en est nécessairement ainsi, parce que la métaphysique est essentiellement la connaissance de l'Universel, et qu'une telle connaissance ne saurait se laisser enfermer dans aucune formule, si compréhensive qu'elle puisse être.

Les diverses conceptions métaphysiques et cosmologiques de l'Inde ne sont pas, à rigoureusement parler, des doctrines différentes, mais seulement des développements, suivant certains points de vue et dans des directions variées, mais nullement incompatibles, d'une doctrine unique. D'ailleurs, le mot sanskrit *darshana*, qui désigne chacune de ces conceptions, signifie proprement « vue » ou « point de vue », car la racine verbale *drish*, dont il est dérivé, a comme sens principal celui de « voir » ; il ne peut aucunement signifier « système », et, si les orientalistes lui donnent cette acception, ce n'est que par l'effet de ces habitudes occidentales qui les induisent à chaque instant en de fausses assimilations : ne voyant partout que de la philosophie, il est tout naturel qu'ils voient aussi des systèmes partout.

La doctrine unique à laquelle nous venons de faire allusion constitue essentiellement le *Vêda*, c'est-à-dire la Science sacrée et traditionnelle par excellence, car tel est exactement le sens propre de ce terme[2] : c'est le principe et le fondement

---

[2] La racine vid, d'où dérivent *Vêda* et *vidyâ*, signifie à la fois « voir » (en latin *videre*) et « savoir » (comme dans le grec οἶδα) ; la vue est prise comme symbole de la connaissance, dont elle est l'instrument principal dans l'ordre sensible ; et ce symbolisme est transporté jusque dans l'ordre intellectuel pur, où la connaissance est comparée à une « vue intérieure », ainsi que l'indique l'emploi de mots comme

commun de toutes les branches plus ou moins secondaires et dérivées, qui sont ces conceptions diverses dont certains ont fait à tort autant de systèmes rivaux et opposés. En réalité, ces conceptions, tant qu'elles sont d'accord avec leur principe, ne peuvent évidemment se contredire entre elles, et elles ne font au contraire que se compléter et s'éclairer mutuellement ; il ne faut pas voir dans cette affirmation l'expression d'un « syncrétisme » plus ou moins artificiel et tardif, car la doctrine tout entière doit être considérée comme contenue synthétiquement dans le *Vêda*, et cela dès l'origine. La tradition, dans son intégralité, forme un ensemble parfaitement cohérent, ce qui ne veut point dire systématique ; et, comme tous les points de vue qu'elle comporte peuvent être envisagés simultanément aussi bien que successivement, il est sans intérêt véritable de rechercher l'ordre historique dans lequel ils ont pu se développer en fait et être rendus explicites, même si l'on admet que l'existence d'une transmission orale, qui a pu se poursuivre pendant une période d'une longueur indéterminée, ne rend pas parfaitement illusoire la solution qu'on apportera à une question de ce genre. Si l'exposition peut, suivant les époques, se modifier jusqu'à un certain point dans sa forme extérieure pour s'adapter aux circonstances, il n'en est pas moins vrai que le fond reste toujours rigoureusement le même, et que ces modifications extérieures n'atteignent et n'affectent en rien l'essence de la doctrine.

---

celui d'« intuition » par exemple.

L'accord d'une conception d'ordre quelconque avec le principe fondamental de la tradition est la condition nécessaire et suffisante de son orthodoxie, laquelle ne doit nullement être conçue en mode religieux ; il faut insister sur ce point pour éviter toute erreur d'interprétation, parce que, en Occident, il n'est généralement question d'orthodoxie qu'au seul point de vue religieux. En ce qui concerne la métaphysique et tout ce qui en procède plus ou moins directement, l'hétérodoxie d'une conception n'est pas autre chose, au fond, que sa fausseté, résultant de son désaccord avec les principes essentiels ; comme ceux-ci sont contenus dans le *Vêda*, il en résulte que c'est l'accord avec le *Vêda* qui est le critérium de l'orthodoxie. L'hétérodoxie commence donc là où commence la contradiction, volontaire ou involontaire, avec le *Vêda* ; elle est une déviation, une altération plus ou moins profonde de la doctrine, déviation qui, d'ailleurs, ne se produit généralement que dans des écoles assez restreintes, et qui peut ne porter que sur des points particuliers, parfois d'importance très secondaire, d'autant plus que la puissance qui est inhérente à la tradition a pour effet de limiter l'étendue et la portée des erreurs individuelles, d'éliminer celles qui dépassent certaines bornes, et, en tout cas, de les empêcher de se répandre et d'acquérir une autorité véritable. Là même où une école partiellement hétérodoxe est devenue, dans une certaine mesure, représentative d'un *darshana*, comme l'école atomiste pour le *Vaishêshika*, cela ne porte pas atteinte à la légitimité de ce *darshana* en lui-même, et il suffit de le ramener à ce qu'il a de vraiment essentiel pour demeurer dans l'orthodoxie. À cet égard, nous ne pouvons mieux faire que de citer, à titre d'indication générale, ce passage du *Sânkhya-Pravachana-Bhâshya* de Vijnâna- Bhikshu : « Dans la doctrine de Kanâda (le *Vaishêshika*) et dans le *Sânkhya* (de Kapila), la partie qui est contraire au *Vêda* doit être rejetée par ceux qui adhèrent strictement à la tradition orthodoxe ; dans la doctrine de Jaimini et celle de Vyâsa (les deux *Mîmânsâs*), il n'est rien qui ne s'accorde avec les Écritures (considérées comme la base de cette tradition) ».

Le nom de *Mîmânsâ*, dérivé de la racine verbale *man* « penser », à la forme itérative, indique l'étude réfléchie de la Science sacrée : c'est le fruit intellectuel de la méditation du *Vêda*. La première *Mîmânsâ* (*Pûrva-Mîmânsâ*) est attribuée à Jaimini ; mais nous devons rappeler à ce propos que les noms qui sont ainsi attachés à la formulation des divers *darshanas* ne peuvent aucunement être rapportés à des individualités précises : ils sont employés symboliquement pour désigner de véritables « agrégats intellectuels », constitués en réalité par tous ceux qui se livrèrent à une même étude au cours d'une période dont la durée n'est pas moins indéterminée que l'origine. La première *Mîmânsâ* est appelée aussi *Karma-Mîmânsâ* ou *Mîmânsâ* pratique, c'est-à-dire concernant les actes, et plus particulièrement l'accomplissement des rites ; le mot *karma*, en effet, a un double sens : au sens général, c'est l'action sous toutes ses formes ; au sens spécial et technique, c'est l'action rituelle, telle qu'elle est prescrite par le *Vêda*.

Cette *Mîmânsâ* pratique a pour but, comme le dit le commentateur Somanâtha, de « déterminer d'une façon exacte et précise le sens des Écritures », mais surtout en tant que celles-ci renferment des préceptes, et non sous le rapport de la connaissance pure ou *jnâna*, laquelle est souvent mise en opposition avec *karma*, ce qui correspond précisément à la distinction des deux *Mîmânsâs*.

La seconde *Mîmânsâ* (*Uttara-Mîmânsâ*) est attribuée à Vyâsa, c'est-à-dire à l'« entité collective » qui mit en ordre et fixa définitivement les textes traditionnels constituant le *Vêda* même ; et cette attribution est particulièrement significative, car il est aisé de voir qu'il s'agit ici, non d'un personnage historique ou légendaire, mais bien d'une véritable « fonction intellectuelle », qui est même ce qu'on pourrait appeler une fonction permanente, puisque Vyâsa est désigné comme l'un des sept *Chirajîvis*, littéralement « êtres doués de longévité », dont l'existence n'est point limitée à une époque déterminée[3]. Pour caractériser la seconde *Mîmânsâ* par rapport à la première, on peut la regarder comme la *Mîmânsâ* de l'ordre purement intellectuel et contemplatif ; nous ne pouvons dire *Mîmânsâ* théorique, par symétrie avec la *Mîmânsâ* pratique, parce que cette dénomination prêterait à une équivoque. En effet, si le mot « théorie » est bien, étymologiquement,

---

[3] On rencontre quelque chose de semblable dans d'autres traditions : ainsi, dans le Taoïsme, il est question de huit « Immortels » ; d'ailleurs, c'est *Melki-Tsedeq* « qui est sans père, sans mère, sans généalogie, qui n'a ni commencement ni fin de sa vie » (St Paul, *Épître aux Hébreux*, VII, 3) ; et il serait sans doute facile de trouver encore d'autres rapprochements du même genre.

synonyme de contemplation, il n'en est pas moins vrai que, dans le langage courant, il a pris une acception beaucoup plus restreinte ; or, dans une doctrine qui est complète au point de vue métaphysique, la théorie, entendue dans cette acception ordinaire, ne se suffit pas à elle-même, mais est toujours accompagnée ou suivie d'une « réalisation » correspondante, dont elle n'est en somme que la base indispensable, et en vue de laquelle elle est ordonnée tout entière, comme le moyen en vue de la fin.

La seconde *Mîmânsâ* est encore appelée *Brahma-Mîmânsâ*, comme concernant essentiellement et directement la « Connaissance Divine » (*Brahma-Vidyâ*) ; c'est elle qui constitue à proprement parler le *Vêdânta*, c'est-à-dire, suivant la signification étymologique de ce terme, la « fin du *Vêda* », se basant principalement sur l'enseignement contenu dans les *Upanishads*. Cette expression de « fin du *Vêda* » doit être entendue au double sens de conclusion et de but ; en effet, d'une part, les *Upanishads* forment la dernière partie des textes vêdiques, et, d'autre part, ce qui y est enseigné, dans la mesure du moins où il peut l'être, est le but dernier et suprême de la connaissance traditionnelle toute entière, dégagée de toutes les applications plus ou moins particulières et contingentes auxquelles elle peut donner lieu dans des ordres divers : c'est dire, en d'autres termes, que nous sommes, avec le *Vêdânta*, dans le domaine de la métaphysique pure.

Les *Upanishads*, faisant partie intégrante du *Vêda*, sont une des bases mêmes de la tradition orthodoxe, ce qui n'a pas empêché certains orientalistes, tels que Max Müller, de prétendre y découvrir « les germes du Bouddhisme », c'est-à-dire de l'hétérodoxie, car il ne connaissait du Bouddhisme que les formes et les interprétations les plus nettement hétérodoxes ; une telle affirmation est manifestement une contradiction dans les termes, et il serait assurément difficile de pousser plus loin l'incompréhension. On ne saurait trop insister sur le fait que ce sont les *Upanishads* qui représentent ici la tradition primordiale et fondamentale, et qui, par conséquent, constituent le *Vêdânta* même dans son essence ; il résulte de là que, en cas de doute sur l'interprétation de la doctrine, c'est toujours à l'autorité des *Upanishads* qu'il faudra s'en rapporter en dernier ressort. Les enseignements principaux du *Vêdânta*, tels qu'ils se dégagent expressément des *Upanishads*, ont été coordonnés et formulés synthétiquement dans une collection d'aphorismes portant les noms de *Brahma-Sûtras* et de *Shârîraka-Mîmânsâ* [4] ; l'auteur de ces aphorismes, qui est appelé Bâdarâyana et Krishna-Dwaipâyana, est identifié à Vyâsa. Il importe de remarquer que les *Brahma-Sûtras* appartiennent à la classe d'écrits traditionnels appelée *Smriti*, tandis que les *Upanishads*, comme tous les autres textes vêdiques, font

---

[4] Le terme *Shârîraka* a été interprété par Râmânuja, dans son commentaire (*Shri-Bhâshya*) sur les *Brahma-Sûtras*, 1er Adhyâya, 1er Pâda, sûtra 13, comme se rapportant au « Suprême Soi » (*Paramâtmâ*), qui est en quelque sorte « incorporé » (*shârîra*) en toutes choses.

partie de la *Shruti* ; or l'autorité de la *Smriti* est dérivée de celle de la *Shruti* sur laquelle elle se fonde. La *Shruti* n'est pas une « révélation » au sens religieux et occidental de ce mot, comme le voudraient la plupart des orientalistes, qui, là encore, confondent les points de vue les plus différents ; mais elle est le fruit d'une inspiration directe, de sorte que c'est par elle-même qu'elle possède son autorité propre. « La *Shruti*, dit Shankarâchârya, sert de perception directe (dans l'ordre de la connaissance transcendante), car, pour être une autorité, elle est nécessairement indépendante de toute autre autorité ; et la *Smriti* joue un rôle analogue à celui de l'induction, puisqu'elle aussi tire son autorité d'une autorité autre qu'elle-même »[5]. Mais pour qu'on ne se méprenne pas sur la signification de l'analogie ainsi indiquée entre la connaissance transcendante et la connaissance sensible, il est nécessaire d'ajouter qu'elle doit, comme toute véritable analogie, être appliquée en sens inverse[6] : tandis que l'induction s'élève au-dessus de la perception sensible et permet de passer à un degré supérieur, c'est au contraire la perception directe ou l'inspiration qui, dans l'ordre transcendant, atteint seule le

---

[5] La perception (*pratyaksha*) et l'induction ou l'inférence (*anumâna*) sont, suivant la logique hindoue, les deux « moyens de preuve » (*pramânas*) qui peuvent être employés légitimement dans le domaine de la connaissance sensible.

[6] Dans la tradition hermétique, le principe de l'analogie est exprimé par cette phrase de la *Table d'Émeraude* : « Ce qui est en bas est comme ce qui est en haut, et ce qui en haut est comme ce qui est en bas » ; mais pour mieux comprendre cette formule et l'appliquer correctement, il faut la rapporter au symbole du « Sceau de Salomon », formé de deux triangles qui sont disposés en sens inverse l'un de l'autre.

principe même, c'est-à-dire ce qu'il y a de plus élevé, et dont il n'y a plus ensuite qu'à tirer les conséquences et les applications diverses. On peut dire encore que la distinction entre *Shruti* et *Smriti* équivaut, au fond, à celle de l'intuition intellectuelle immédiate et de la conscience réfléchie ; si la première est désignée par un mot dont le sens primitif est « audition », c'est précisément pour marquer son caractère intuitif, et parce que le son a, suivant la doctrine cosmologique hindoue, le rang primordial parmi les qualités sensibles.

Quant à la *Smriti*, le sens primitif de son nom est « mémoire » ; en effet, la mémoire, n'étant qu'un reflet de la perception, peut être prise pour désigner, par extension, tout ce qui présente le caractère d'une connaissance réfléchie ou discursive, c'est-à-dire indirecte ; et, si la connaissance est symbolisée par la lumière comme elle l'est le plus habituellement, l'intelligence pure et la mémoire, ou encore, la faculté intuitive et la faculté discursive, pourront être représentées respectivement par le soleil et la lune ; ce symbolisme, sur lequel nous ne pouvons nous étendre ici, est d'ailleurs susceptible d'applications multiples[7].

Les *Brahma-Sûtras*, dont le texte est d'une extrême

---

[7] Il y a des traces de ce symbolisme jusque dans le langage : ce n'est pas sans motif que, notamment, une même racine *man* ou *men* a servi, dans des langues diverses, à former de nombreux mots qui désignent à la fois la lune, la mémoire, le « mental » ou la pensée discursive et l'homme lui-même en tant qu'être spécifiquement « rationnel ».

concision ont donné lieu à de nombreux commentaires, dont les plus importants sont ceux de Shankarâchârya et de Râmânuja ; ceux-ci sont strictement orthodoxes l'un et l'autre, de sorte qu'il ne faut pas s'exagérer la portée de leurs divergences apparentes, qui, au fond, sont plutôt de simples différences d'adaptation. Il est vrai que chaque école est assez naturellement inclinée à penser et à affirmer que son propre point de vue est le plus digne d'attention et, sans exclure les autres, doit prévaloir sur eux ; mais, pour résoudre la question en toute impartialité, il suffit d'examiner ces points de vue en eux-mêmes et de reconnaître jusqu'où s'étend l'horizon que chacun d'eux permet d'embrasser ; il va de soi, d'ailleurs, qu'aucune école ne peut prétendre représenter la doctrine d'une façon totale et exclusive. Or il est très certain que le point de vue de Shankarâchârya est plus profond et va plus loin que celui de Râmânuja ; on peut du reste le prévoir déjà en remarquant que le premier est de tendance shivaïte, tandis que le second est nettement vishnuïte. Une singulière discussion a été soulevée par M. Thibaut, qui a traduit en anglais les deux commentaires : il prétend que celui de Râmânuja est plus fidèle à l'enseignement des *Brahma-Sûtras*, mais il reconnaît en même temps que celui de Shankarâchârya est plus conforme à l'esprit des *Upanishads*. Pour pouvoir soutenir une telle opinion, il faut évidemment admettre qu'il existe des différences doctrinales entre les *Upanishads* et les *Brahma-Sûtras* ; mais, même s'il en était effectivement ainsi, c'est l'autorité des *Upanishads* qui devrait l'emporter, ainsi que nous l'expliquions précédemment, et la supériorité de

Shankarâchârya se trouverait établie par là, bien que ce ne soit probablement pas l'intention de M. Thibaut, pour qui la question de la vérité intrinsèque des idées ne semble guère se poser. En réalité, les *Brahma-Sûtras*, se fondant directement et exclusivement sur les *Upanishads*, ne peuvent aucunement s'en écarter ; leur brièveté seule, les rendant quelque peu obscur quand on les isole de tout commentaire, peut faire excuser ceux qui croient y trouver autre chose qu'une interprétation autorisée et compétente de la doctrine traditionnelle. Ainsi, la discussion est réellement sans objet, et tout ce que nous pouvons en retenir, c'est la constatation que Shankarâchârya a dégagé et développé plus complètement ce qui est essentiellement contenu dans les *Upanishads* : son autorité ne peut être contestée que par ceux qui ignorent le véritable esprit de la tradition hindoue orthodoxe, et dont l'opinion, par conséquent, ne saurait avoir la moindre valeur à nos yeux ; c'est donc, d'une façon générale, son commentaire que nous suivrons de préférence à tout autre.

Pour compléter ces observations préliminaires, nous devons encore faire remarquer, bien que nous l'avons déjà expliqué ailleurs, qu'il est inexact de donner à l'enseignement des *Upanishads*, comme certains l'ont fait, la dénomination de « Brâhmanisme ésotérique ». L'impropriété de cette expression provient surtout de ce que le mot « ésotérisme » est un comparatif, et que son emploi suppose nécessairement l'existence corrélative d'un « exotérisme » ; or une telle division ne peut être appliquée au cas dont il s'agit. L'exotérisme et l'ésotérisme, envisagés, non pas comme deux doctrines distinctes et plus ou moins opposées, ce qui serait une conception tout à fait erronée, mais comme les deux faces d'une même doctrine, ont existé dans certaines écoles de l'antiquité grecque ; on les retrouve aussi très nettement dans l'Islamisme ; mais il n'en est pas de même dans les doctrines plus orientales. Pour celles-ci, on ne pourrait parler que d'une sorte d'« ésotérisme naturel », qui existe inévitablement en toute doctrine, et surtout dans l'ordre métaphysique, où il importe de faire toujours la part de l'inexprimable, qui est même ce qu'il y a de plus essentiel, puisque les mots et les symboles n'ont en somme pour raison d'être que d'aider à le concevoir, en fournissant des « supports » pour un travail qui ne peut être que strictement personnel. À ce point de vue, la distinction de l'exotérisme et de l'ésotérisme ne serait pas autre chose que celle de la « lettre » et de l'« esprit » ; et l'on pourrait aussi l'appliquer à la pluralité de sens plus ou moins profonds que présentent les textes traditionnels ou, si l'on préfère, les Écritures sacrées de tous les peuples. D'autre part, il va de soi que le même enseignement doctrinal n'est pas compris au même degré par tous ceux qui le reçoivent ; parmi ceux-ci, il en est donc qui, en un certain sens, pénètrent l'ésotérisme, tandis que d'autres s'en tiennent à l'exotérisme parce que leur horizon intellectuel est plus limité ; mais ce n'est pas de cette façon que l'entendent ceux qui parlent de « Brâhmanisme ésotérique ». En réalité, dans le Brâhmanisme, l'enseignement est accessible, dans son intégralité, à tous ceux qui sont intellectuellement « qualifiés » (*adhikârîs*), c'est-à-dire capables d'en retirer un bénéfice effectif ; et, s'il y a des doctrines réservées à une élite, c'est qu'il ne saurait en être autrement là où l'enseignement est distribué avec discernement et selon les capacités réelles de chacun. Si l'enseignement traditionnel n'est point ésotérique au sens propre de ce mot, il est véritablement « initiatique », et il diffère profondément, par toutes ses modalités, de l'instruction « profane » sur la valeur de laquelle les Occidentaux modernes s'illusionnent singulièrement ; c'est ce que nous avons déjà indiqué en parlant de la « Science sacrée » et de l'impossibilité de la « vulgariser ».

Cette dernière remarque en amène une autre : en Orient, les doctrines traditionnelles ont toujours l'enseignement oral pour mode de transmission régulière, et cela même dans le cas où elles ont été fixées dans des textes écrits ; il en est ainsi pour des raisons très profondes, car ce ne sont pas seulement des mots qui doivent être transmis, mais c'est surtout la participation effective à la tradition qui doit être assurée. Dans ces conditions, il ne signifie rien de dire, comme Max Müller et d'autres orientalistes, que le mot *Upanishad* désigne la connaissance obtenue « en s'asseyant aux pieds d'un précepteur » ; cette dénomination, si tel en était le sens, conviendrait indistinctement à toutes les parties du *Vêda* ; et d'ailleurs c'est là une interprétation qui n'a jamais été proposée ni admise par aucun Hindou compétent. En réalité, le nom des *Upanishads* indique qu'elles sont destinées à détruire l'ignorance en fournissant les moyens d'approcher de la Connaissance suprême ; et, s'il n'est question que d'approcher de celle-ci, c'est qu'en effet elle est rigoureusement incommunicable dans son essence, de sorte que nul ne peut l'atteindre autrement que par soi-même.

Une autre expression qui nous semble encore plus malencontreuse que celle de « Brâhmanisme ésotérique », c'est celle de « théosophie brâhmanique », qui a été employée par M. Oltramare ; et celui-ci, d'ailleurs, avoue lui-même qu'il ne l'a pas adoptée sans hésitation, parce qu'elle semble « légitimer les prétentions des théosophes occidentaux » à se recommander de l'Inde, prétentions qu'il reconnaît mal fondées. Il est vrai qu'il faut éviter en effet tout ce qui risque d'entretenir certaines confusions des plus fâcheuses ; mais il y a encore d'autres raisons plus graves et plus décisives de ne pas admettre la dénomination proposée. Si les prétendus théosophes dont parle M. Oltramare ignorent à peu près tout des doctrines hindoues et ne leur ont emprunté que des mots qu'ils emploient à tort et à travers, ils ne se rattachent pas davantage à la véritable théosophie, même occidentale ; et c'est pourquoi nous tenons à distinguer soigneusement « théosophie » et « théosophisme ». Mais, laissant de côté le théosophisme, nous dirons qu'aucune doctrine hindoue, ou même plus généralement aucune doctrine orientale, n'a avec la théosophie assez de points communs pour qu'on puisse lui donner le même nom ; cela résulte immédiatement du fait que ce vocable désigne exclusivement des conceptions d'inspiration mystique, donc religieuse, et même spécifiquement chrétienne. La théosophie est chose proprement occidentale ; pourquoi vouloir appliquer ce même mot à des doctrines pour lesquelles il n'est pas fait, et auxquelles il ne convient pas beaucoup mieux que les étiquettes des systèmes philosophiques de l'Occident ? Encore un fois, ce n'est pas de religion qu'il s'agit ici, et, par suite, il ne peut pas plus y être question de théosophie que de théologie ; ces deux termes, d'ailleurs ont commencé par être à peu près synonymes, bien qu'ils en soient arrivés, pour des raisons purement historiques, à prendre des acceptions fort différentes[8]. On nous objectera peut-être que nous avons nous-même employé plus haut l'expression de « Connaissance Divine », qui est en somme équivalente à la signification primitive des mots « théosophie » et « théologie » ; cela est vrai, mais, tout d'abord, nous ne pouvons pas envisager ces derniers en ne tenant compte que de leur seule étymologie, car ils sont de ceux pour lesquels il est devenu tout à fait impossible de faire abstraction des changements de sens qu'un trop long usage leur a fait subir. Ensuite, nous reconnaissons très volontiers que cette expression de « Connaissance Divine » elle-même n'est pas parfaitement adéquate mais nous n'en avons pas de meilleure à notre disposition pour faire comprendre de quoi il s'agit, étant donnée l'inaptitude des langues européennes à exprimer

---

[8] Une remarque semblable pourrait être faite pour les mots « astrologie » et « astronomie », qui étaient primitivement synonymes, et dont chacun, chez les Grecs, désignait à la fois ce que l'un et l'autre ont ensuite désigné séparément.

les idées purement métaphysiques ; et d'ailleurs nous ne pensons pas qu'il y ait de sérieux inconvénients à l'employer, dès lors que nous prenons soin d'avertir qu'on ne doit pas y attacher la nuance religieuse qu'elle aurait presque inévitablement si elle était rapportée à des conceptions occidentales. Malgré cela, il pourrait encore subsister une équivoque, car le terme sanskrit qui peut être traduit le moins inexactement par « Dieu » n'est pas *Brahma*, mais *Îshwara* ; seulement, l'emploi de l'adjectif « divin », même dans le langage ordinaire, est moins strict, plus vague peut-être, et ainsi se prête mieux que celui du substantif dont il dérive à une transposition comme celle que nous effectuons ici. Ce qu'il faut retenir, c'est que des termes tels que « théologie » et « théosophie », même pris étymologiquement et en dehors de toute intervention du point de vue religieux, ne pourrait se traduire en sanskrit que par *Îshwara-Vidyâ* ; au contraire, ce que nous rendons approximativement par « Connaissance Divine », quand il s'agit du *Vêdânta*, c'est *Brahma-Vidyâ*, car le point de vue de la métaphysique pure implique essentiellement la considération de *Brahma* ou du Principe Suprême, dont *Îshwara* ou la « Personnalité Divine » n'est qu'une détermination en tant que principe de la manifestation universelle et par rapport à celle-ci. La considération d'*Îshwara* est donc déjà un point de vue relatif : c'est la plus haute des relativités, la première de toutes les déterminations, mais il n'en est pas moins vrai qu'il est « qualifié » (*saguna*), et « conçu distinctement » (*savishêsha*), tandis que *Brahma* est « non-qualifié » (*nirguna*), « au-delà de toute distinction » (*nirvishêsha*), absolument inconditionné, et que la manifestation universelle toute entière est rigoureusement nulle au regard de Son Infinité. Métaphysiquement, la manifestation ne peut être envisagée que dans sa dépendance à l'égard du Principe Suprême, et à titre de simple « support » pour s'élever à la Connaissance transcendante, ou encore, si l'on prend les choses en sens inverse, à titre d'application de la Vérité principielle ; dans tous les cas, il ne faut voir, dans ce qui s'y rapporte, rien de plus qu'une sorte d'« illustration » destinée à rendre plus aisée la compréhension du « non-manifesté », objet essentiel de la métaphysique, et à permettre ainsi, comme nous le disions en interprétant la dénomination des *Upanishads*, d'approcher de la Connaissance par excellence[9].

---

[9] Pour plus de détails sur toutes les considérations préliminaires que nous avons dû nous borner à indiquer assez sommairement dans ce chapitre, nous ne pouvons mieux faire que de renvoyer à notre *Introduction générale à l'étude des doctrines hindoues* (disponible sur www.omnia-veritas.com), dans laquelle nous nous sommes proposés de traiter précisément ces questions d'une façon plus particulière.

Chapitre II

DISTINCTION FONDAMENTALE DU « SOI » ET DU « MOI »

Pour bien comprendre la doctrine du *Vêdânta* en ce qui concerne l'être humain, il importe de poser tout d'abord, aussi nettement que possible, la distinction fondamentale du « Soi », qui est le principe même de l'être, d'avec le « moi » individuel. Il est presque superflu de déclarer expressément que l'emploi du terme « Soi » n'implique pour nous aucune communauté d'interprétation avec certaines écoles qui ont pu faire usage de ce mot, mais qui n'ont jamais présenté, sous une terminologie orientale le plus souvent incomprise, que des conceptions tout occidentales et d'ailleurs éminemment fantaisistes ; et nous faisons allusion ici, non seulement au théosophisme, mais aussi à quelques écoles pseudo-orientales qui ont entièrement dénaturé le *Vêdânta* sous prétexte de l'accommoder à la mentalité occidentale, et sur lesquelles nous avons déjà eu aussi l'occasion de nous expliquer. L'abus qui peut avoir été fait d'un mot n'est pas, à notre avis, une raison suffisante pour qu'on doive renoncer à s'en servir, à moins qu'on ne trouve le moyen de le remplacer par un autre qui soit tout aussi bien adapté à ce qu'on veut exprimer, ce qui n'est pas le cas présentement ; d'ailleurs, si l'on se montrait trop rigoureux à cet égard, on finirait sans doute par n'avoir que bien peu de termes à sa disposition, car il n'en est guère qui, notamment, n'aient été employés plus ou moins abusivement par quelque philosophe. Les seuls mots que nous entendions écarter sont ceux qui ont été inventés tout exprès pour des conceptions avec lesquelles celles que nous exposons n'ont rien de commun : telles sont, par exemple, les dénominations des divers genres de systèmes philosophiques ; tels sont aussi les termes qui appartiennent en propre au vocabulaire des occultistes et autres « néo-spiritualistes » ; mais, pour ceux que ces derniers n'ont fait qu'emprunter à des doctrines antérieures qu'ils ont l'habitude de plagier effrontément sans en rien comprendre, nous ne pouvons évidemment nous faire aucun scrupule de les reprendre en leur restituant la signification qui leur convient normalement.

Au lieu des termes « Soi » et « moi », on peut aussi employer ceux de « personnalité » et d'« individualité », avec une réserve cependant, car le « Soi », comme nous l'expliquerons un peu plus loin, peut être encore quelque chose de plus que la personnalité. Les théosophistes, qui semblent avoir pris plaisir à embrouiller leur terminologie, prennent la personnalité et l'individualité dans un sens qui est exactement inverse de celui où elles doivent être entendues correctement : c'est la première qu'ils identifient au « moi », et la seconde au « Soi ». Avant eux, au contraire, et en

Occident même, toutes les fois qu'une distinction quelconque a été faite entre ces deux termes, la personnalité a toujours été regardée comme supérieure à l'individualité, et c'est pourquoi nous disons que c'est là leur rapport normal, qu'il y a tout avantage à maintenir. La philosophie scolastique, en particulier, n'a pas ignoré cette distinction, mais il ne semble pas qu'elle lui ait donné sa pleine valeur métaphysique, ni qu'elle en ait tiré les conséquences profondes qui y sont impliquées ; c'est d'ailleurs ce qui arrive fréquemment, même dans les cas où elle présente les similitudes les plus remarquables avec certaines parties des doctrines orientales. En tout cas, la personnalité, entendue métaphysiquement, n'a rien de commun avec ce que les philosophes modernes appellent si souvent la « personne humaine », qui n'est en réalité rien d'autre que l'individualité pure et simple ; du reste, c'est celle-ci seule, et non la personnalité, qui peut être dite proprement humaine. D'une façon générale, il semble que les Occidentaux, même quand ils veulent aller plus loin dans leurs conceptions que ne le font la plupart d'entre eux, prennent pour la personnalité ce qui n'est véritablement que la partie supérieure de l'individualité, ou une simple extension de celle-ci[10] ; dans ces conditions, tout ce qui est de

---

[10] M. Léon Daudet, dans quelques-uns de ses ouvrages (*L'Hérédo et Le Monde des images*), a distingué dans l'être humain ce qu'il appelle « Soi » et « moi » ; mais l'un et l'autre, pour nous, font également partie de l'individualité, et tout cela est du ressort de la psychologie qui, par contre, ne peut aucunement atteindre la personnalité, cette distinction indique cependant une sorte de pressentiment qui est très digne de remarque chez un auteur qui n'a point la prétention d'être métaphysicien.

l'ordre métaphysique pur reste forcément en dehors de leur compréhension. Le « Soi » est le principe transcendant et permanent dont l'être manifesté, l'être humain par exemple, n'est qu'une modification transitoire et contingente, modification qui ne saurait d'ailleurs aucunement affecter le principe, ainsi que nous l'expliquerons plus amplement par la suite. Le « Soi », en tant que tel n'est jamais individualisé et ne peut pas l'être, car, devant être toujours envisagé sous l'aspect de l'éternité et de l'immutabilité qui sont les attributs nécessaires de l'Être pur, il n'est évidemment susceptible d'aucune particularisation, qui le ferait être « autre que soi-même ». Immuable en sa nature propre, il développe seulement les possibilités indéfinies qu'il comporte en soi-même, par le passage relatif de la puissance à l'acte à travers une indéfinité de degrés, et cela sans que sa permanence essentielle en soit affectée, précisément parce que ce passage n'est que relatif, et parce que ce développement n'en est un, à vrai dire, qu'autant qu'on l'envisage du côté de la manifestation, en dehors de laquelle il ne peut être question de succession quelconque, mais seulement d'une parfaite simultanéité, de sorte que cela même qui est virtuel sous un certain rapport ne s'en trouve pas moins réalisé dans l'« éternel présent ». À l'égard de la manifestation, on peut dire que le « Soi » développe ses possibilités dans toutes les modalités de réalisation, en multitude indéfinie, qui sont pour l'être intégral autant d'états différents, états dont un seul, soumis à des conditions d'existence très spéciales qui le définissent, constitue la portion ou plutôt la détermination particulière de cet être qui est l'individualité humaine. Le « Soi » est ainsi le principe par lequel existent, chacun dans son domaine propre, tous les états de l'être ; et ceci doit s'entendre, non seulement des états manifestés dont nous venons de parler, individuels comme l'état humain ou supra-individuels, mais aussi, bien que le mot « exister » devienne alors impropre, de l'état non-manifesté, comprenant toutes les possibilités qui ne sont susceptibles d'aucune manifestation, en même temps que les possibilités de manifestation elles-mêmes en mode principiel ; mais ce « Soi » lui- même n'est que par soi, n'ayant et ne pouvant avoir, dans l'unité totale et indivisible de sa nature intime, aucun principe qui lui soit extérieur[11].

Le « Soi », considéré par rapport à un être comme nous venons de le faire, est proprement la personnalité ; on pourrait, il est vrai restreindre l'usage de ce dernier mot au « Soi » comme principe des états manifestés, de même que la « Personnalité divine », *Îshwara*, est le principe de la manifestation universelle ; mais on peut aussi l'étendre analogiquement au « Soi » comme principe de tous les états de l'être, manifestés et non-manifestés. Cette personnalité est une détermination immédiate, primordiale et non particularisée, du principe qui est appelé en sanskrit *Âtmâ* ou *Paramâtmâ*, et que nous pouvons, faute d'un meilleur terme,

---

[11] Nous exposerons plus complètement, dans d'autres études, la théorie métaphysique des états multiples de l'être ; nous n'en indiquons ici que ce qui est indispensable pour comprendre ce qui concerne la constitution de l'être humain.

désigner comme l'« Esprit Universel », mais, bien entendu, à la condition de ne voir dans cet emploi du mot « esprit » rien qui puisse rappeler les conceptions philosophiques occidentales, et, notamment, de ne pas en faire un corrélatif de « matière » comme il l'est presque toujours pour les modernes, qui subissent à cet égard, même inconsciemment, l'influence du dualisme cartésien [12]. La métaphysique véritable, redisons-le encore à ce propos, est bien au-delà de toutes les oppositions dont celle du « spiritualisme » et du « matérialisme » peut nous fournir le type, et elle n'a nullement à se préoccuper des questions plus ou moins spéciales, et souvent tout artificielles, que font surgir de semblables oppositions.

Âtmâ pénètre toutes choses, qui sont comme ses modifications accidentelles, et qui, suivant l'expression de Râmânuja, « constituent en quelque sorte son corps (ce mot ne devant être pris ici que dans un sens purement analogique), qu'elles soient d'ailleurs de nature intelligente ou non-intelligente », c'est-à-dire, suivant les conceptions occidentales, « spirituelles » aussi bien que « matérielles », car cela, n'exprimant qu'une diversité de conditions dans la

---

[12] Théologiquement, quand on dit que « Dieu est pur esprit », il est vraisemblable que cela ne doit pas s'entendre non plus dans le sens où « esprit » s'oppose à « matière » et où ces deux termes ne peuvent se comprendre que l'un par rapport à l'autre, car on en arriverait ainsi à une sorte de conception « démiurgique » plus ou moins voisine de celle qu'on attribue au Manichéisme ; il n'en est pas moins vrai qu'une telle expression est de celles qui peuvent facilement donner naissance à de fausses interprétations, aboutissant à substituer « un être » à l'Être pur.

manifestation, ne fait aucune différence au regard du principe inconditionné et non-manifesté. Celui-ci, en effet, est le « Suprême Soi » (c'est la traduction littérale de *Paramâtmâ*) de tout ce qui existe, sous quelque mode que ce soit, et il demeure toujours « le même » à travers la multiplicité indéfinie des degrés de l'Existence, entendu au sens universel, aussi bien qu'au-delà de l'Existence, c'est-à-dire dans la non-manifestation principielle.

Le « Soi », même pour un être quelconque, est identique en réalité à *Âtmâ*, puisqu'il est essentiellement au-delà de toute distinction et de toute particularisation ; et c'est pourquoi, en sanskrit, le même mot *âtman*, aux cas autres que le nominatif, tient lieu du pronom réfléchi « soi-même ». Le « Soi » n'est donc point vraiment distinct d'*Âtmâ*, si ce n'est lorsqu'on l'envisage particulièrement et « distinctivement » par rapport à un être, et même, plus précisément, par rapport à un certain état défini de cet être, tel que l'état humain, et, seulement en tant qu'on le considère sous ce point de vue spécialisé et restreint. Dans ce cas, d'ailleurs, ce n'est pas que le « Soi » devienne effectivement distinct d'*Âtmâ* en quelque manière, car il ne peut être « autre que soi-même », comme nous le disions plus haut, il ne saurait évidemment être affecté par le point de vue dont on l'envisage, non plus que par aucune autre contingence. Ce qu'il faut dire, c'est que, dans la mesure même où l'on fait cette distinction, on s'écarte de la considération directe du « Soi » pour ne plus considérer véritablement que son reflet dans l'individualité humaine, ou dans tout autre état de l'être, car il va sans dire que, vis-à-vis du « Soi », tous les états de manifestation sont rigoureusement équivalents et peuvent être envisagés semblablement ; mais présentement, c'est l'individualité humaine qui nous concerne d'une façon plus particulière. Ce reflet dont nous parlons détermine ce qu'on peut appeler le centre de cette individualité ; mais, si on l'isole de son principe, c'est-à-dire du « Soi » lui-même, il n'a qu'une existence purement illusoire, car c'est du principe qu'il tire toute sa réalité, et il ne possède effectivement cette réalité que par participation à la nature du « Soi », c'est-à-dire en tant qu'il s'identifie à lui par universalisation.

La personnalité, insistons-y encore, est essentiellement de l'ordre des principes au sens le plus strict de ce mot, c'est-à-dire de l'ordre universel ; elle ne peut donc être envisagée qu'au point de vue de la métaphysique pure, qui a précisément pour domaine l'Universel. Les « pseudo-métaphysiciens » de l'Occident ont pour habitude de confondre avec l'Universel des choses qui, en réalité, appartiennent à l'ordre individuel ; ou plutôt, comme ils ne conçoivent aucunement l'Universel, ce à quoi ils appliquent abusivement ce nom est d'ordinaire le général, qui n'est proprement qu'une simple extension de l'individuel. Certains poussent la confusion encore plus loin : les philosophes « empiristes », qui ne peuvent pas même concevoir le général, l'assimilent au collectif, qui n'est véritablement que du particulier ; et, par ces dégradations successives, on en arrive finalement à rabaisser toutes choses au niveau de la connaissance sensible, que beaucoup considèrent en effet comme la seule possible, parce que leur horizon mental ne s'étend pas au-delà de ce domaine et qu'ils voudraient imposer à tous les limitations qui ne résultent que de leur propre incapacité, soit naturelle, soit acquise par une éducation spéciale.

Pour prévenir toute méprise du genre de celles que nous venons de signaler, nous donnerons ici, une fois pour toutes, le tableau suivant, qui précise les distinctions essentielles à cet égard, et auquel nous prierons nos lecteurs de se reporter en toute occasion où ce sera nécessaire, afin d'éviter des redites par trop fastidieuses :

Universel
Individuel..... { Général
                  Particulier..... { Collectif
                                      Singulier

Il importe d'ajouter que la distinction de l'Universel et de l'individuel ne doit point être regardée comme une corrélation, car le second des deux termes, s'annulant rigoureusement au regard du premier, ne saurait lui être opposé en aucune façon. Il en est de même en ce qui concerne le non-manifesté et le manifesté ; d'ailleurs, il pourrait sembler au premier abord que l'Universel et le non-manifesté doivent coïncider, et, d'un certain point de vue, leur identification serait en effet justifiée, puisque, métaphysiquement, c'est le non-manifesté qui est tout l'essentiel. Cependant, il faut tenir compte de certains états de manifestation qui, étant informels, sont par là même supra-individuels ; si donc on ne distingue que l'Universel et l'individuel, on devra forcément rapporter ces états à l'Universel, ce qu'on pourra d'autant mieux faire qu'il s'agit d'une manifestation qui est encore principielle en quelque sorte, au moins par comparaison avec les états individuels ; mais cela, bien entendu, ne doit pas faire oublier que tout ce qui est manifesté, même à ces degrés supérieurs, est nécessairement conditionné, c'est-à-dire relatif. Si l'on considère les choses de cette façon, l'Universel sera, non plus seulement le non-manifesté, mais l'informel, comprenant à la fois le non-manifesté et les états de manifestation supra-individuels ; quant à l'individuel, il contient tous les degrés de la manifestation formelle, c'est-à-dire tous les états où les êtres sont revêtus de formes, car ce qui caractérise proprement l'individualité et la constitue essentiellement comme telle, c'est précisément la présence de la forme parmi les conditions limitatives qui définissent et déterminent un état d'existence. Nous pouvons encore résumer ces dernières considérations dans le tableau suivant :

Les expressions d'« état subtil » et d'« état grossier » qui se réfèrent à des degrés différents de la manifestation formelle, seront expliqués plus loin ; mais nous pouvons indiquer dès maintenant que cette dernière distinction ne vaut qu'à la condition de prendre pour point de départ l'individualité humaine, ou plus exactement le monde corporel ou sensible. L'« état grossier » en effet, n'est pas autre chose que l'existence corporelle elle-même, à laquelle l'individualité humaine, comme on le verra, n'appartient que par une de ses modalités, et non dans son développement intégral ; quant à l'« état subtil », il comprend, d'une part, les modalités extra-corporelles de l'être humain, ou de tout autre être situé dans le même état d'existence, et aussi, d'autre part, tous les états individuels autres que celui-là. On voit que ces deux termes ne sont vraiment pas symétriques et ne peuvent même pas avoir de commune mesure, puisque l'un d'eux ne représente qu'une portion de l'un des états indéfiniment multiples qui constituent la manifestation formelle, tandis que l'autre comprend tout le reste de cette manifestation[13]. La symétrie

---

[13] Nous pouvons faire comprendre cette asymétrie par une remarque d'application courante, qui relève simplement de la logique ordinaire : si l'on considère une attribution ou une qualité quelconque, on divise par là même toutes les choses possibles en deux groupes, qui sont, d'une part, celui des choses qui possèdent cette qualité, et, d'autre part, celui des choses qui ne la possèdent pas ; mais, tandis que le premier groupe se trouve ainsi défini et déterminé positivement, le second, qui n'est caractérisé que d'une façon purement négative, n'est nullement limité par là et est véritablement indéfini ; il n'y a donc ni symétrie, ni commune mesure entre ces deux groupes, qui ainsi ne constituent pas réellement une division binaire, et dont la distinction ne vaut d'ailleurs évidemment qu'au point de vue spécial de la qualité prise comme point de départ, puisque le second groupe n'a aucune homogénéité et peut comprendre des choses qui n'ont rien de commun entre elles, ce qui n'empêche pourtant pas cette division d'être vraiment valable sous le rapport considéré. Or c'est bien de cette façon que nous distinguons le

ne se retrouve jusqu'à un certain point que si l'on se restreint à la considération de la seule individualité humaine, et c'est d'ailleurs à ce point de vue que la distinction dont il s'agit est établie en premier lieu par la doctrine hindoue ; même si l'on dépasse ensuite ce point de vue, et même si on ne l'a envisagé que pour arriver à le dépasser effectivement, il n'en est pas moins vrai que c'est là ce qu'il nous faut inévitablement prendre comme base et comme terme de comparaison, puisque c'est ce qui concerne l'état où nous nous trouvons actuellement. Nous dirons donc que l'être humain, envisagé dans son intégralité, comporte un certain ensemble de possibilités qui constituent sa modalité corporelle ou grossière, plus une multitude d'autres possibilités qui, s'étendant en divers sens au-delà de celle-ci, constituent ses modalités subtiles ; mais toutes ces possibilités réunies ne représentent pourtant qu'un seul et même degré de l'Existence universelle. Il résulte de là que l'individualité humaine est à la fois beaucoup plus et beaucoup moins que ne le croient d'ordinaire les Occidentaux : beaucoup plus, parce qu'ils n'en connaissent guère que la modalité corporelle, qui n'est qu'une portion infime de ses possibilités ; mais aussi beaucoup moins, parce que cette individualité, loin d'être réellement l'être total, n'est qu'un état de cet être, parmi une indéfinité d'autres états, dont la somme elle-même n'est encore rien au regard de la personnalité, qui seule est l'être véritable, parce qu'elle seule est son état permanent et

---

manifesté et le non- manifesté, puis, dans le manifesté, le formel et l'informel, et enfin, dans le formel lui-même, le corporel et l'incorporel.

inconditionné, et qu'il n'y a que lui qui puisse être considéré comme absolument réel. Tout le reste, sans doute, est réel aussi, mais seulement d'une façon relative, en raison de sa dépendance à l'égard du principe et en tant qu'il en reflète quelque chose, comme l'image réfléchie dans un miroir tire toute sa réalité de l'objet sans lequel elle n'aurait aucune existence ; mais cette moindre réalité, qui n'est que participée, est illusoire par rapport à la réalité suprême, comme la même image est aussi illusoire par rapport à l'objet ; et, si l'on prétendait l'isoler du principe, cette illusion deviendrait irréalité pure et simple. On comprend par là que l'existence, c'est-à-dire l'être conditionné et manifesté, soit à la fois réelle en un certain sens et illusoire en un autre sens ; et c'est un des points essentiels que n'ont jamais compris les Occidentaux qui ont outrageusement déformé le *Vêdânta* par leurs interprétations erronées et pleines de préjugés.

Nous devons encore avertir plus spécialement les philosophes que l'Universel et l'individuel ne sont point pour nous ce qu'ils appellent des « catégories » ; et nous leur rappellerons, car les modernes semblent l'avoir quelque peu oublié, que les « catégories », au sens aristotélicien de ce mot, ne sont pas autre chose que les plus généraux de tous les genres, de sorte qu'elles appartiennent encore au domaine de l'individuel dont elles marquent d'ailleurs la limite à un certain point de vue. Il serait plus juste d'assimiler à l'Universel ce que les scolastiques nomment les « transcendantaux », qui dépassent précisément tous les

genres, y compris les « catégories » ; mais, si ces
« transcendantaux » sont bien de l'ordre universel, ce serait
encore une erreur de croire qu'ils constituent tout l'Universel,
ou même qu'ils sont ce qu'il y a de plus important à
considérer pour la métaphysique pure : ils sont coextensifs à
l'Être, mais ne vont point au-delà de l'Être, auquel s'arrête
d'ailleurs la doctrine dans laquelle ils sont ainsi envisagés. Or,
si l'« ontologie » ou la connaissance de l'Être relève bien de la
métaphysique, elle est fort loin d'être la métaphysique
complète et totale, car l'Être n'est point le non-manifesté en
soi, mais seulement le principe de la manifestation ; et, par
suite, ce qui est au-delà de l'Être importe beaucoup plus
encore, métaphysiquement, que l'Être lui-même. En d'autres
termes, c'est *Brahma*, et non *Îshwara*, qui doit être reconnu
comme le Principe Suprême ; c'est ce que déclarent
expressément et avant tout les *Brahma-Sûtras*, qui débutent
par ces mots : « Maintenant commence l'étude de *Brahma* »,
à quoi Shankarâchârya ajoute ce commentaire : « En
enjoignant la recherche de *Brahma*, ce premier *sûtra*
recommande une étude réfléchie des textes des *Upanishads*,
faite à l'aide d'une dialectique qui (les prenant pour base et
pour principe) ne soit jamais en désaccord avec eux, et qui,
comme eux (mais à titre de simple moyen auxiliaire), se
propose pour fin la Délivrance. »

Chapitre III

LE CENTRE VITAL DE L'ÊTRE HUMAIN, SÉJOUR DE BRAHMA

L e « Soi » comme nous l'avons vu dans ce qui précède, ne doit pas être distingué d'*Âtmâ* ; et, d'autre part, *Âtmâ* est identifié à *Brahma* même : c'est ce que nous pouvons appeler l'« Identité Suprême », d'une expression empruntée à l'ésotérisme islamique, dont la doctrine, sur ce point comme sur bien d'autres, et malgré de grandes différences dans la forme, est au fond la même que celle de la tradition hindoue. La réalisation de cette identité s'opère par le Yoga, c'est-à-dire l'union intime et essentielle de l'être avec le Principe Divin ou, si l'on préfère, avec l'Universel ; le sens propre de ce mot Yoga, en effet, est « union » et rien d'autre [14], en dépit des interprétations multiples et toutes plus fantaisistes les unes que les autres qu'ont proposées les orientalistes et les théosophistes. Il faut remarquer que cette réalisation ne doit pas être considérée proprement comme une « effectuation », ou comme « la production d'un résultat non préexistant », suivant

---

[14] La racine de ce mot se retrouve, à peine altérée, dans le latin *jungere* et ses dérivés.

48

l'expression de Shankarâchârya, car l'union dont il s'agit, même non réalisée actuellement au sens où nous l'entendons ici, n'en existe pas moins potentiellement, ou plutôt virtuellement ; il s'agit donc seulement, pour l'être individuel (car ce n'est que par rapport à celui-ci qu'on peut parler de « réalisation »), de prendre effectivement conscience de ce qui est réellement et de toute éternité.

C'est pourquoi il est dit que c'est *Brahma* qui réside dans le centre vital de l'être humain, et ceci pour tout être humain quel qu'il soit, et non pas seulement pour celui qui est actuellement « uni » ou « délivré », ces deux mots désignent en somme la même chose envisagée sous deux aspects différents, le premier par rapport au Principe, le second par rapport à la manifestation ou à l'existence conditionnée. Ce centre vital est considéré comme correspondant analogiquement au plus petit ventricule (*guhâ*) du cœur (*hridaya*), mais ne doit cependant pas être confondu avec le cœur au sens ordinaire de ce mot, nous voulons dire avec l'organe physiologique qui porte ce nom, car il est en réalité le centre, non pas seulement de l'individualité corporelle, mais de l'individualité intégrale, susceptible d'une extension indéfinie dans son domaine (qui n'est d'ailleurs qu'un degré de l'Existence), et dont la modalité corporelle ne constitue qu'une portion, et même une portion très restreinte, ainsi que nous l'avons déjà dit. Le cœur est considéré comme le centre de la vie, et il l'est en effet, au point de vue physiologique, par rapport à la circulation du sang, auquel la vitalité même est essentiellement liée d'une façon toute particulière, ainsi que toutes les traditions s'accordent à le reconnaître ; mais il est en outre considéré comme tel, dans un ordre supérieur, et symboliquement en quelque sorte, par rapport à l'Intelligence universelle (au sens du terme arabe *El-Aqlu*) dans ses relations avec l'individu. Il convient de noter à ce propos que les Grecs eux-mêmes, et Aristote entre autres, attribuaient le même rôle au cœur, qu'ils en faisaient aussi le siège de l'intelligence, si l'on peut employer cette façon de parler, et non du sentiment comme le font d'ordinaire les modernes ;le cerveau, en effet, n'est véritablement que l'instrument du « mental », c'est-à-dire de la pensée en mode réfléchi et discursif ; et ainsi, suivant un symbolisme que nous avons déjà indiqué précédemment, le cœur correspond au soleil et le cerveau à la lune. Il va de soi, d'ailleurs, que, quand on désigne comme le cœur le centre de l'individualité intégrale, il faut bien prendre garde que ce qui n'est qu'une analogie ne doit pas être regardé comme une assimilation, et qu'il n'y a là proprement qu'une correspondance, qui n'a du reste rien d'arbitraire, mais qui est parfaitement fondée, bien que nos contemporains soient sans doute portés par leurs habitudes à en méconnaître les raisons profondes.

« Dans ce séjour de *Brahma* (*Brahma-pura*) », c'est-à-dire dans le centre vital dont nous venons de parler, « est un petit lotus, une demeure dans laquelle est un petite cavité (*dahara*) occupée par l'Éther (*Âkâsha*) ; on doit rechercher Ce qui est dans ce lieu, et on Le connaîtra »[15]. Ce qui réside en ce centre de l'individualité, en effet, ce n'est pas seulement l'élément éthéré, principe des quatre autres éléments sensibles, comme pourraient le croire ceux qui s'arrêteraient au sens le plus extérieur, c'est-à- dire à celui qui se réfère uniquement au monde corporel, dans lequel cet élément joue bien le rôle de principe, mais dans une acception toute relative, comme ce monde lui- même est éminemment relatif, et c'est cette acception qu'il s'agit précisément de transposer analogiquement. Ce n'est même qu'à titre de « support » pour cette transposition que l'Éther est ici désigné, et la fin même du texte l'indique expressément, puisque, s'il ne s'agissait pas d'autre chose en réalité, il n'y aurait évidemment rien à rechercher ; et nous ajouterons encore que le lotus et la cavité dont il est question doivent être aussi envisagés symboliquement, car ce n'est point littéralement qu'il faut entendre une telle « localisation », dès lors qu'on dépasse le point de vue de l'individualité corporelle, les autres modalités n'étant plus soumises à la condition spatiale.

Ce dont il s'agit véritablement, ce n'est pas même seulement l'« âme vivante » (jîvâtmâ), c'est-à-dire la manifestation particulière du « Soi » dans la vie (jîva), donc dans l'individu humain, envisagé plus spécifiquement sous l'aspect vital qui exprime une des conditions d'existence définissant proprement son état, et qui d'ailleurs s'applique à tout l'ensemble de ses modalités. En effet, métaphysiquement,

---

[15] *Chhândogya Upanishad*, 8e Prapâthaka, 1er Khanda, shruti 1.

cette manifestation ne doit pas être considérée séparément de son principe, qui est le « Soi » ; et, si celui-ci apparaît comme *jîva* dans le domaine de l'existence individuelle, donc en mode illusoire, il est *Âtmâ* dans la réalité suprême. « Cet *Âtmâ*, qui réside dans le cœur, est plus petit qu'un grain de riz, plus petit qu'un grain d'orge, plus petit qu'un grain de moutarde, plus petit qu'un grain de millet, plus petit que le germe qui est dans un grain de millet ; cet *Âtmâ*, qui réside dans le cœur, est aussi plus grand que la terre (le domaine de la manifestation grossière), plus grand que l'atmosphère (le domaine de la manifestation subtile), plus grand que le ciel (le domaine de la manifestation informelle), plus grand que tous ces mondes ensemble (c'est-à-dire au-delà de toute manifestation, étant l'inconditionné) »[16]. C'est que, en effet,

---

[16] *Chhândogya Upanishad*, 3e Prapâthaka, 14e Khanda, shruti 3. — Il est impossible de ne pas se souvenir ici de cette parabole de l'Évangile : « Le Royaume des Cieux est semblable à un grain de sénevé qu'un homme prend et sème dans son champ ; ce grain est la plus petite de toutes les semences, mais, lorsqu'il est crû, il est plus grand que tous les autres légumes, et il devient un arbre, de sorte que les oiseaux du ciel viennent se reposer sur ses branches » (St Matthieu, XIII, 31 et 32). Bien que le point de vue soit assurément différent, on comprendra facilement comment la conception du « Royaume des Cieux » peut être transposée métaphysiquement : la croissance de l'arbre est le développement des possibilités ; et il n'est pas jusqu'aux « oiseaux du ciel », représentant alors les états supérieurs de l'être, qui ne rappellent un symbolisme similaire employé dans un autre texte des *Upanishads* : « Deux oiseaux, compagnons inséparablement unis, résident sur un même arbre ; l'un mange le fruit de l'arbre, l'autre regarde sans manger » (*Mundaka Upanishad*, 3e Mundaka, 1er Khanda, shruti 1 ; *Shwêtâshwatara Upanishad*, 4e Adhyâya, shruti 6). Le premier de ces deux oiseaux est jîvâtmâ, qui est engagé dans le domaine de l'action et de ses conséquences ; le second est l'Âtmâ inconditionné, qui est pure Connaissance ; et, s'ils sont inséparablement unis, c'est que celui-là ne se distingue de celui-ci qu'en mode illusoire.

l'analogie devant s'appliquer en sens inverse comme nous l'avons déjà signalé, de même que l'image d'un objet dans un miroir est inversée par rapport à l'objet, ce qui est le premier ou le plus grand dans l'ordre principiel est, du moins en apparence, le dernier ou le plus petit dans l'ordre de la manifestation[17]. Pour prendre des termes de comparaison dans le domaine mathématique, afin de rendre la chose plus compréhensible, c'est ainsi que le point géométrique est nul quantitativement et n'occupe aucun espace, bien qu'il soit le principe par lequel est produit l'espace tout entier, qui n'est que le développement de ses propres virtualités[18] ; c'est ainsi également que l'unité arithmétique est le plus petit des nombres si on l'envisage comme située dans leur multiplicité, mais qu'elle est le plus grand en principe, puisqu'elle les contient tous virtuellement et produit toute leur série par la seule répétition indéfinie d'elle-même. Le « Soi » n'est que potentiellement dans l'individu, tant que l'« Union » n'est pas réalisée[19], et c'est pourquoi il est comparable à une graine ou

---

[17] Ici aussi, nous trouvons la même chose exprimée très nettement dans l'Évangile : « Les derniers seront les premiers, et les premiers seront les derniers » (*St Matthieu*, XX, 16).

[18] Même à un point de vue plus extérieur, celui de la géométrie ordinaire et élémentaire, on peut faire remarquer ceci : par déplacement continu, le point engendre la ligne, la ligne engendre la surface, la surface engendre le volume ; mais, en sens inverse, la surface est l'intersection de deux volumes, la ligne est l'intersection de deux surfaces, le point est l'intersection de deux lignes.

[19] En réalité, d'ailleurs, c'est l'individu qui est dans le « Soi », et l'être en prend effectivement conscience quand l'« Union » est réalisée ; mais cette prise de conscience implique l'affranchissement des limitations qui constituent l'individualité comme telle, et qui, plus généralement, conditionnent toute

à un germe ; mais l'individu et la manifestation tout entière ne sont que par lui et n'ont de réalité que par participation à son essence, et il dépasse immensément toute existence, étant le Principe unique de toutes choses.

Si nous disons que le « Soi » est potentiellement dans l'individu, et que l'« Union » n'existe que virtuellement avant la réalisation, il va de soi que cela ne doit s'entendre que du point de vue de l'individu lui-même. En effet, le « Soi » n'est affecté par aucune contingence, puisqu'il est essentiellement inconditionné ; il est immuable dans sa « permanente actualité », et ainsi il ne saurait avoir en soi rien de potentiel. Aussi faut-il avoir bien soin de distinguer « potentialité » et « possibilité » : le premier de ces deux mots implique l'aptitude à un certain développement, il suppose une « actualisation » possible, et il ne peut donc s'appliquer qu'à l'égard du « devenir » ou de la manifestation ; au contraire, les possibilités, envisagées dans l'état principiel et non-manifesté, qui exclut tout « devenir », ne sauraient aucunement être regardées comme potentielles. Seulement, pour l'individu, toutes les possibilités qui le dépassent apparaissent comme potentielles, parce que, en tant qu'il se considère en mode « séparatif », comme s'il avait par lui-même son être propre, ce qu'il peut en atteindre n'est proprement qu'un reflet (*âbhâsa*), et non ces possibilités

---

manifestation. Quand nous parlons du « Soi » comme étant d'une certaine façon dans l'individu, c'est au point de vue de la manifestation que nous nous plaçons, et c'est là encore une application du sens inverse.

mêmes ; et, bien que ce ne soit là qu'une illusion, on peut dire que celles-ci demeurent toujours potentielles pour l'individu, puisque ce n'est pas en tant qu'individu qu'il peut les atteindre, et que, dès qu'elles sont réalisées, il n'y a véritablement plus d'individualité, comme nous l'expliquerons plus complètement quand nous aurons à parler de la « Délivrance ». Mais, ici, nous devons nous placer au-delà du point de vue individuel, auquel, tout en le déclarant illusoire, nous n'en reconnaissons pas moins la réalité dont il est susceptible dans son ordre ; alors même que nous considérons l'individu, ce ne peut être qu'en tant qu'il dépend essentiellement du Principe, unique fondement de cette réalité, et en tant que, virtuellement ou effectivement, il s'intègre à l'être total ; métaphysiquement, tout doit être en définitive rapporté au Principe, qui est le « Soi ».

Ainsi, ce qui réside dans le centre vital, au point de vue physique, c'est l'Éther ; au point de vue psychique, c'est l'« âme vivante », et, jusque-là, nous ne dépassons pas le domaine des possibilités individuelles ; mais aussi, et surtout, au point de vue métaphysique, c'est le « Soi » principiel et inconditionné. C'est donc vraiment l'« Esprit Universel » (*Âtmâ*), qui est, en réalité, *Brahma* même, le « Suprême Ordonnateur » ; et ainsi se trouve pleinement justifiée la désignation de ce centre comme *Brahma-pura*. Or *Brahma*, considéré de cette manière dans l'homme (et on pourrait le considérer semblablement par rapport à tout état de l'être), est appelé *Purusha*, parce qu'il repose ou habite dans l'individualité (il s'agit, redisons-le encore, de l'individualité intégrale, et non pas seulement de l'individualité restreinte à sa modalité corporelle) comme dans une ville (*puri-shaya*), car *pura*, au sens propre et littéral, signifie « ville »[20].

Dans le centre vital, résidence de *Purusha*, « le soleil ne brille point, ni la lune, ni les étoiles, ni les éclairs ; bien moins encore ce feu visible (l'élément igné sensible, ou *Têjas*, dont la visibilité est la qualité propre). Tout brille après le rayonnement de *Purusha* (en réfléchissant sa clarté) ; c'est par sa splendeur que ce tout (l'individualité intégrale considérée comme « microcosme ») est illuminé »[21]. Et on lit de même dans la *Bhagavad-Gîtâ* [22] : « Il faut rechercher le lieu (symbolisant un état) d'où il n'y a pas de retour (à la manifestation), et se réfugier dans le *Purusha* primordial de

---

[20] Cette explication du mot *Purusha* ne doit sans doute pas être regardée comme une dérivation étymologique ; elle relève du *Nirukta*, c'est-à-dire d'une interprétation qui se base principalement sur la valeur symbolique des éléments dont les mots sont composés, et ce mode d'explication, généralement incompris des orientalistes, est assez comparable à celui qui se rencontre dans la *Qabbalah* hébraïque ; il n'était même pas entièrement inconnu des Grecs, et l'on peut en trouver des exemples dans le *Cratyle* de Platon. — Quant à la signification de *Purusha*, on pourrait faire remarquer aussi que puru exprime une idée de « plénitude ».

[21] *Katha Upanishad*, 2e Adhyâya, 5e Vallî, shruti 15 ; *Mundaka Upanishad*, 2e Mundaka, 2e Khanda, shruti 10 ; *Shwêtâshwatara Upanishad*, 6e Adhyâya, shruti 14.

[22] On sait que la *Bhagavad-Gîtâ* est un épisode du *Mahâbhârata*, et nous rappellerons à ce propos que les *Itihâsas*, c'est-à-dire le *Râmâyana* et le *Mahâbhârata*, faisant partie de la *Smriti*, sont tout autre chose que de simples « poèmes épiques » au sens « profane » où l'entendent les Occidentaux.

qui est issue l'impulsion originelle (de la manifestation universelle)... Ce lieu, ni le soleil, ni la lune, ni le feu ne l'éclaire : c'est là mon séjour suprême »[23]. *Purusha* est représenté comme une lumière (*jyotis*), parce que la lumière symbolise la Connaissance ; et il est la source de toute autre lumière, qui n'est en somme que sa réflexion, toute connaissance relative ne pouvant exister que par participation, si indirecte et si lointaine soit elle, à l'essence de la Connaissance suprême. Dans la lumière de cette Connaissance, toutes choses sont en parfaite simultanéité, car, principiellement, il ne peut y avoir qu'un « éternel présent », l'immutabilité excluant toute succession ; et ce n'est que dans l'ordre du manifesté que se traduisent en mode successif (ce qui ne veut pas dire forcément temporel) les rapports des possibilités qui, en soi, sont éternellement contenues dans le Principe. « Ce *Purusha*, de la grandeur d'un pouce,

---

[23] *Bhagavad-Gîtâ*, XV, 4 et 6. — Il y a dans ces textes une similitude intéressante à signaler avec ce passage de la description de la « Jérusalem Céleste » dans l'*Apocalypse*, XXI, 23 : « Et cette ville n'a pas besoin d'être éclairée par le soleil ou par la lune, parce que c'est la gloire de Dieu qui l'éclaire, et que l'Agneau en est la lampe. » On voit par là que la « Jérusalem Céleste » n'est pas sans rapports avec la « ville de *Brahma* » ; et, pour ceux qui connaissent la relation qui unit l'« Agneau » du symbolisme chrétien à l'*Agni* vêdique, le rapprochement est encore plus significatif. — Sans pouvoir insister sur ce dernier point, nous dirons, pour éviter toute fausse interprétation, que nous ne prétendons nullement établir une relation étymologique entre *Agnus* et *Ignis* (équivalent latin d'*Agni*) ; mais des rapprochements phonétiques comme celui qui existe entre ces deux mots jouent souvent un rôle important dans le symbolisme ; et d'ailleurs, pour nous, il n'y a là rien de fortuit, tout ce qui est ayant une raison d'être, y compris les formes du langage. Il convient encore de noter, sous le même rapport, que le véhicule d'*Agni* est un bélier.

(*angushtha-mâtra*, expression qui ne doit pas être entendue littéralement comme lui assignant une dimension spatiale, mais qui se réfère à la même idée que la comparaison avec une graine)[24], est d'une luminosité claire comme un feu sans fumée (sans aucun mélange d'obscurité ou d'ignorance) ; il est le maître du passé et du futur (étant éternel, donc omniprésent, de sorte qu'il contient actuellement tout ce qui apparaît comme passé et comme futur par rapport à un moment quelconque de la manifestation, ceci pouvant d'ailleurs être transposé en dehors du mode spécial de succession qui est proprement le temps) ; il est aujourd'hui (dans l'état actuel qui constitue l'individualité humaine) et il sera demain (et dans tous les cycles ou états d'existence) tel qu'il est (en soi, principiellement, de toute éternité) »[25].

---

[24] On pourrait aussi, à ce propos, établir une comparaison avec l'« endogénie de l'Immortel », telle qu'elle est enseignée par la tradition taoïste, ainsi qu'avec le *luz* ou « noyau d'immortalité » de la tradition hébraïque.

[25] *Katha Upanishad*, 2e Adhyâya, 4e Vallî, shrutis 12 et 13. — Dans l'ésotérisme islamique, la même idée est exprimée, en des termes presque identiques, par Mohyiddin ibn Arabi dans son *Traité de l'Unité* (*Risâlatul-Ahadiyah*) : « Il (*Allah*) est maintenant tel qu'il était (de toute éternité) tous les jours en l'état de Créateur Sublime. » La seule différence porte sur l'idée de « création », qui n'apparaît que dans les doctrines traditionnelles qui, partiellement au moins, se rattachent au Judaïsme ; ce n'est d'ailleurs, au fond, qu'une façon spéciale d'exprimer ce qui se rapporte à la manifestation universelle et à sa relation avec le Principe.

Chapitre IV

PURUSHA ET PRAKRITI

Nous devons maintenant considérer *Purusha*, non plus en soi-même, mais par rapport à la manifestation ; et ceci nous permettra de mieux comprendre ensuite comment il peut être envisagé sous plusieurs aspects, tout en étant un en réalité. Nous dirons donc que *Purusha*, pour que la manifestation se produise, doit entrer en corrélation avec un autre principe, bien qu'une telle corrélation soit inexistante quant à son aspect le plus élevé (*uttama*), et qu'il n'y ait véritablement point d'autre principe, sinon dans un sens relatif, que le Principe Suprême ; mais, dès qu'il s'agit de la manifestation, même principiellement, nous sommes déjà dans le domaine de la relativité. Le corrélatif de *Purusha* est alors *Prakriti*, la substance primordiale indifférenciée ; c'est le principe passif, qui est représenté comme féminin, tandis que *Purusha*, appelé aussi *Pumas*, est le principe actif, représenté comme masculin ; et, demeurant d'ailleurs eux-mêmes non-manifestés, ce sont là les deux pôles de toute manifestation. C'est l'union de ces deux principes complémentaires qui produit le développement intégral de l'état individuel humain, et cela par rapport à chaque individu ; et il en est de même pour tous les états manifestés de l'être autres que cet état humain, car, si nous avons à considérer celui-ci plus spécialement, il importe de ne jamais oublier qu'il n'est qu'un état parmi les autres, et que ce n'est pas à la limite de la seule individualité humaine, mais bien à la limite de la totalité des états manifestés, en multiplicité indéfinie, que *Purusha* et *Prakriti* nous apparaissent comme résultant en quelque sorte d'une polarisation de l'être principiel.

Si, au lieu de considérer chaque individu isolément, on considère l'ensemble du domaine formé par un degré déterminé de l'Existence, tel que le domaine individuel où se déploie l'état humain, ou n'importe quel autre domaine analogue de l'existence manifestée, défini semblablement par un certain ensemble de conditions spéciales et limitatives, *Purusha* est, pour un tel domaine (comprenant tous les êtres qui y développent, tant successivement que simultanément, leurs possibilités de manifestation correspondantes), assimilé à *Prajâpati*, le « Seigneur des êtres produits », expression de *Brahma* même en tant qu'il est conçu comme Volonté Divine et Ordonnateur Suprême[26]. Cette Volonté se manifeste plus particulièrement, dans chaque cycle spécial d'existence, comme le *Manu* de ce cycle, qui lui donne sa Loi (*Dharma*) ;

---

[26] *Prajâpati* est aussi *Vishwakarma*, le « principe constructif universel » ; son nom et sa fonction sont d'ailleurs susceptibles d'applications multiples et plus ou moins spécialisées, suivant qu'on les rapporte ou non à la considération de tel ou tel cycle ou état déterminé.

en effet, *Manu,* ainsi que nous l'avons déjà expliqué ailleurs, ne doit aucunement être regardé comme un personnage ni comme un « mythe » (du moins au sens vulgaire de ce mot), mais bien comme un principe, qui est proprement l'Intelligence cosmique, image réfléchie de *Brahma* (et en réalité une avec Lui), s'exprimant comme le Législateur primordial et universel[27]. De même que *Manu* est le prototype de l'homme (*mânava*), le couple *Purusha-Prakriti,* par rapport à un état d'être déterminé, peut être considéré comme équivalent, dans le domaine d'existence qui correspond à cet état, à ce que l'ésotérisme islamique appelle l'« Homme Universel » (*El-Insânul-kâmil*) [28], conception qui peut d'ailleurs être étendue ensuite à tout l'ensemble des états manifestés, et qui établit alors l'analogie constitutive de la manifestation universelle et de sa modalité individuelle humaine[29], ou, pour employer le langage de certaines écoles occidentales, du « macrocosme » et du « microcosme »[30].

---

[27] Il est intéressant de noter que, dans d'autres traditions, le Législateur primordial est aussi désigné par des noms dont la racine est la même que celle du *Manu* hindou : tels sont, notamment, le *Ménès* ou *Mina* des Égyptiens, le *Minos* des Grecs et le *Menw* des Celtes ; c'est donc une erreur de regarder ces noms comme désignant des personnages historiques.

[28] C'est l'*Adam Qadmôn* de la *Qabbalah* hébraïque ; c'est aussi le « Roi » (*Wang*) de la tradition extrême-orientale (*Tao-te-king,* XXV).

[29] Nous rappelons que c'est sur cette analogie que repose essentiellement l'institution des castes. — Sur le rôle de Purusha envisagé au point de vue que nous indiquons ici, voir notamment le *Purusha-Sûkta* du *Rig-Vêda,* X, 90. — *Vishwakarma,* aspect ou fonction de l'« Homme Universel », correspond au « Grand Architecte de l'Univers » des initiations occidentales.

[30] Ces termes appartiennent en propre à l'Hermétisme, et ils sont de ceux pour

Maintenant, il est indispensable de remarquer que la conception du couple *Purusha-Prakriti* n'a aucun rapport avec une conception « dualiste » quelconque, et que, en particulier, elle est totalement différente du dualisme « esprit-matière » de la philosophie occidentale moderne, dont l'origine est en réalité imputable au cartésianisme. *Purusha* ne peut pas être regardé comme correspondant à la notion philosophique d'« esprit », ainsi que nous l'avons déjà indiqué à propos de la désignation d'*Âtmâ* comme l'« Esprit Universel », qui n'est acceptable qu'à la condition d'être entendue dans un sens tout autre que celui-là ; et, en dépit des assertions de bon nombre d'orientalistes, *Prakriti* correspond encore bien moins à la notion de « matière », qui, d'ailleurs, est si complètement étrangère à la pensée hindoue qu'il n'existe en sanskrit aucun mot par lequel elle puisse se traduire, même très approximativement, ce qui prouve qu'une telle notion n'a rien de vraiment fondamental. Du reste, il est très probable que les Grecs eux-mêmes n'avaient pas la notion de la matière telle que l'entendent les modernes, tant philosophes que physiciens ; en tout cas, le sens du mot $\upsilon\lambda\eta$, chez Aristote, est bien celui de « substance » dans toute son universalité, et $\varepsilon\iota\delta o\varsigma$ (que le mot « forme » rend assez mal en français, à cause des équivoques auxquelles il peut trop aisément donner lieu) correspond non moins exactement à l'« essence » envisagée comme corrélative de cette

---

lesquels nous estimons n'avoir pas à nous occuper de l'emploi plus ou moins abusif qui a pu en être fait par les pseudo-ésotéristes contemporains.

« substance ». En effet, ces termes d'« essence » et de
« substance », pris dans leur acception la plus étendue, sont
peut-être, dans les langues occidentales, ceux qui donnent
l'idée la plus exacte de la conception dont il s'agit, conception
d'ordre beaucoup plus universel que celle de l'« esprit » et de
la « matière », et dont cette dernière ne représente tout au
plus qu'un aspect très particulier, une spécification par
rapport à un état d'existence déterminé, en dehors duquel elle
cesse entièrement d'être valable, au lieu d'être applicable à
l'intégralité de la manifestation universelle, comme l'est celle
de l'« essence » et de la « substance ». Encore faut-il ajouter
que la distinction de ces dernières, si primordiale qu'elle soit
par rapport à toute autre, n'en est pas moins relative : c'est la
première de toutes les dualités, celle dont toutes les autres
dérivent directement ou indirectement, et c'est là que
commence proprement la multiplicité ; mais il ne faut pas
voir dans cette dualité l'expression d'une irréductibilité
absolue qui ne saurait nullement s'y trouver : c'est l'Être
Universel qui, par rapport à la manifestation dont Il est le
principe, se polarise en « essence » et en « substance », sans
d'ailleurs que son unité intime en soit aucunement affectée.
Nous rappellerons à ce propos que le *Vêdânta*, par là même
qu'il est purement métaphysique, est essentiellement la
« doctrine de la non-dualité » (*adwaita-vâda*)[31] ; et, si le

---

[31] Nous avons expliqué, dans notre *Introduction générale à l'étude des doctrines hindoues*, que ce « non-dualisme » ne doit pas être confondu avec le « monisme », qui, quelque forme qu'il prenne, est, comme le « dualisme », d'ordre simplement philosophique et non métaphysique ; il n'a rien de commun non plus avec le

Sânkhya a pu paraître « dualiste » à ceux qui ne l'ont pas compris, c'est que son point de vue s'arrête à la considération de la première dualité, ce qui ne l'empêche point de laisser possible tout ce qui le dépasse, contrairement à ce qui a lieu pour les conceptions systématiques qui sont le propre des philosophes.

Il nous faut préciser encore ce qu'est *Prakriti*, qui est le premier des vingt-cinq principes (*tattwas*) énumérés dans le *Sânkhya* ; mais nous avons dû envisager *Purusha* avant *Prakriti*, parce qu'il est inadmissible que le principe plastique ou substantiel (au sens strictement étymologique de ce dernier mot, exprimant le « substratum universel », c'est-à-dire le support de toute manifestation) [32] soit doué de « spontanéité », puisqu'il est purement potentiel et passif, apte à toute détermination, mais n'en possédant actuellement aucune. *Prakriti* ne peut donc pas être vraiment cause par elle-même (nous voulons parler de la « causalité efficiente », en dehors de l'action ou plutôt de l'influence du principe essentiel, qui est *Purusha*, et qui est, pourrait-on dire, le « déterminant » de la manifestation ; toutes les choses

---

« panthéisme », et il peut d'autant moins lui être assimilé que cette dernière dénomination, lorsqu'elle est employée dans un sens raisonnable, implique toujours un certain « naturalisme » qui est proprement antimétaphysique.

[32] Ajoutons, pour écarter toute erreur possible d'interprétation, que le sens où nous entendons ainsi la « substance » n'est nullement celui dans lequel Spinoza a employé ce même terme, car, par un effet de la confusion « panthéiste », il s'en sert pour désigner l'Être Universel lui-même, du moins dans la mesure où il est capable de le concevoir ; et, en réalité, l'Être Universel est au-delà de la distinction de *Purusha* et *Prakriti*, qui s'unifient en lui comme en leur principe commun.

manifestées sont bien produites par *Prakriti*, dont elles sont comme des modifications ou des déterminations, mais, sans la présence de Purusha, ces productions seraient dépourvues de toute réalité. L'opinion d'après laquelle *Prakriti* se suffirait à elle- même comme principe de la manifestation ne pourrait être tirée que d'une conception tout à fait erronée du *Sânkhya*, provenant simplement de ce que, dans cette doctrine, ce qui est appelé « production » est toujours envisagé exclusivement du côté « substantiel », et peut-être aussi de ce que *Purusha* n'y est énuméré que comme le vingt-cinquième *tattwa*, d'ailleurs entièrement indépendant des autres, qui comprennent *Prakriti* et toutes ses modifications ; une semblable opinion, du reste, serait formellement contraire à l'enseignement du *Vêda*.

Mûla-Prakriti est la « Nature primordiale » (appelée en arabe *El-Fitrah*), racine de toutes les manifestations (car *mûla* signifie « racine ») ; elle est aussi désignée comme *Pradhâna*, c'est-à-dire « ce qui est posé avant » toutes choses, comme contenant en puissance toutes les déterminations ; selon les *Purânas*, elle est identifiée avec *Mâyâ*, conçue comme « mère des formes ». Elle est indifférenciée (*avyakta*) et « indistinctible », n'étant point composée de parties ni douée de qualités, pouvant seulement être induite par ses effets, puisqu'on ne saurait la percevoir en elle-même, et productive sans être elle-même production. « Racine, elle est sans racine, car elle ne serait pas racine, si elle-même avait une racine »[33].

---

[33] *Sânkhya-Sûtras*, 1er Adhyâya, sûtra 67.

Prakriti, racine de tout, n'est pas production. Sept principes, le grand (*Mahat*, qui est le principe intellectuel ou *Buddhi*) et les autres (*ahankâra* ou la conscience individuelle, qui engendre la notion du « moi », et les cinq *tanmâtras* ou déterminations essentielles des choses), sont en même temps productions (de *Prakriti*) et productifs (par rapport aux suivants). Seize (les onze *indriyas* ou facultés de sensation et d'action, y compris le *manas* ou « mental », et les cinq *bhûtas* ou éléments substantiels et sensibles) sont productions (improductives). *Purusha* n'est ni production ni productif (en lui-même)[34], bien que ce soit son action, ou mieux son activité « non-agissante », suivant une expression que nous empruntons à la tradition extrême-orientale, qui détermine essentiellement tout ce qui est production substantielle en *Prakriti*[35].

---

[34] Sânkhya-Kârikâ, shloka 3.

[35] Colebrooke (*Essais sur la Philosophie des Hindous*, traduits en français par G. Pauthier, 1er Essai) a signalé avec raison la concordance remarquable qui existe entre le dernier passage cité et les suivants, tirés du traité *De Divisione Naturæ* de Scot Érigène : « la division de la Nature me paraît devoir être établie selon quatre différentes espèces, dont la première est ce qui crée et n'est pas créé ; la seconde ce qui est créé et qui crée lui-même ; la troisième, ce qui est créé et ne crée pas ; et la quatrième enfin, ce qui n'est pas créé et ne crée pas non plus » (Livre I). « Mais la première espèce et la quatrième (respectivement assimilables à *Prakriti* et à *Purusha*) coïncident (se confondent ou plutôt s'unissent) dans la Nature Divine, car celle-ci peut être dite créatrice et incréée, comme elle est en soi, mais également ni créatrice ni créée, puisque, étant infinie, elle ne peut rien produire qui soit hors d'elle- même, et qu'il n'y a non plus aucune possibilité qu'elle ne soit pas en soi et par soi » (Livre III). On remarquera cependant la substitution de l'idée de « création » à celle de « production » ; d'autre part, l'expression de « Nature

Nous ajouterons, pour compléter ces notions, que *Prakriti*, tout en étant nécessairement une dans son « indistinction », contient en elle-même une triplicité qui, en s'actualisant sous l'influence « ordonnatrice » de *Purusha*, donne naissance à ses multiples déterminations. En effet, elle possède trois *gunas* ou qualités constitutives, qui sont en parfait équilibre dans son indifférenciation primordiale ; toute manifestation ou modification de la substance représente une rupture de cet équilibre, et les êtres, dans leurs différents états de manifestation, participent des trois *gunas* à des degrés divers et, pour ainsi dire, suivant des proportions indéfiniment variées. Ces *gunas* ne sont donc pas des états, mais des conditions de l'Existence universelle, auxquelles sont soumis tous les êtres manifestés, et qu'il faut avoir soin de distinguer des conditions spéciales qui déterminent et définissent tel ou tel état ou mode de la manifestation. Les trois *gunas* sont : *sattwa*, la conformité à l'essence pure de l'Être (*Sat*), qui est identifiée à la Lumière intelligible ou à la Connaissance, et représentée comme une tendance ascendante ; *rajas*, l'impulsion expansive, selon laquelle l'être se développe dans un certain état et, en quelque sorte, à un niveau déterminé de l'existence ; enfin, *tamas*, l'obscurité, assimilée à l'ignorance, et représentée comme une tendance descendante. Nous nous bornerons ici à ces définitions, que nous avions déjà indiquées

---

Divine » n'est pas parfaitement adéquate, car ce qu'elle désigne est proprement l'Être Universel : en réalité, c'est *Prakriti* qui est la nature primordiale, et *Purusha*, essentiellement immuable, est en dehors de la Nature, dont le nom même exprime une idée de « devenir ».

ailleurs ; ce n'est pas le lieu d'exposer plus complètement ces considérations, qui sont quelque peu en dehors de notre sujet, ni de parler des applications diverses auxquelles elles donnent lieu, notamment en ce qui concerne la théorie cosmologique des éléments ; ces développements trouveront mieux leur place dans d'autres études.

Chapitre V

PURUSHA INAFFECTÉ PAR LES MODIFICATIONS INDIVIDUELLES

D'après la *Bhagavad-Gîtâ*, « il y a dans le monde deux *Purushas*, l'un destructible et l'autre indestructible : le premier est réparti entre tous les êtres ; le second est l'immuable. Mais il est un autre *Purusha*, plus haut (*uttama*), qu'on appelle *Paramâtmâ*, et qui, Seigneur impérissable, pénètre et soutient les trois mondes (la terre, l'atmosphère et le ciel, représentant les trois degrés fondamentaux entre lesquels se répartissent tous les modes de la manifestation). Comme je dépasse le destructible et même l'indestructible (étant le Principe Suprême de l'un et de l'autre), je suis célébré dans le monde et dans le *Vêda* sous le nom de *Purushottama* » [36]. Parmi les deux premiers *Purushas*, le « destructible » est *jîvâtmâ*, dont l'existence distincte est en effet transitoire et contingente comme celle de l'individualité elle- même, et l'« indestructible » est *Âtmâ* en tant que personnalité, principe permanent de l'être à travers tous ses états de manifestation [37] ; quant au troisième, comme

---

[36] *Bhagavad-Gîtâ*, XV, 16 à18.

[37] Ce sont « les deux oiseaux qui résident sur un même arbre », d'après les textes

le texte même le déclare expressément, il est *Paramâtmâ*. dont la personnalité est une détermination primordiale, ainsi que nous l'avons expliqué plus haut. Bien que la personnalité soit réellement au-delà du domaine de la multiplicité, on peut néanmoins, en un certain sens, parler d'une personnalité pour chaque être (il s'agit naturellement de l'être total, et non d'un être envisagé isolément) : c'est pourquoi le *Sânkhya*, dont le point de vue n'atteint pas *Purushottama*, présente souvent *Purusha* comme multiple ; mais il est à remarquer que, même dans ce cas, son nom est toujours employé au singulier, pour affirmer nettement son unité essentielle. Le *Sânkhya* n'a donc rien de commun avec un « monadisme » du genre de celui de Leibnitz, dans lequel, d'ailleurs, c'est la « substance individuelle » qui est regardée comme un tout complet, formant une sorte de système clos, conception qui est incompatible avec toute notion d'ordre vraiment

---

des *Upanishads* que nous avons cités dans une note précédente. D'ailleurs, il est aussi question d'un arbre dans la *Katha Upanishad*, 2e Adhyâya, 6e Vallî, shruti 1, mais l'application de ce symbole est alors « macrocosmique » et non plus « microcosmique » : « Le monde est comme un figuier perpétuel (*ashwattha sanâtana*) dont la racine est élevée en l'air et dont les branches plongent dans la terre » ; et de même dans la *Bhagavad-Gîtâ*, XV, 1 : « Il est un figuier impérissable, la racine en haut, les branches en bas dont les hymnes du *Vêda* sont les feuilles ; celui qui le connaît, celui-là connaît le *Vêda*. » La racine est en haut parce qu'elle représente le principe, et les branches sont en bas parce qu'elles représentent le déploiement de la manifestation ; si la figure de l'arbre est ainsi renversée, c'est que l'analogie, ici comme partout ailleurs, doit être appliquée, en sens inverse. Dans les deux cas, l'arbre est désigné comme le figuier sacré (*ashwattha* ou *pippala*) ; sous cette forme ou sous une autre, le symbolisme de l'« Arbre du Monde » est loin d'être particulier à l'Inde : le chêne chez les Celtes, le tilleul chez les Germains, le frêne chez les Scandinaves, jouent exactement le même rôle.

métaphysique.

Purusha, considéré comme identique à la personnalité, « est pour ainsi dire [38] une portion (*ansha*) du Suprême Ordonnateur (qui, cependant, n'a pas réellement de parties, étant absolument indivisible et « sans dualité »), comme une étincelle l'est du feu (dont la nature est d'ailleurs tout entière en chaque étincelle) »[39]. Il n'est pas soumis aux conditions qui déterminent l'individualité, et, même dans ses rapports avec celle-ci, il demeure inaffecté par les modifications individuelles (telles, par exemple, que le plaisir et la douleur), qui sont purement contingentes et accidentelles, non essentielles à l'être, et qui proviennent toutes du principe plastique, *Prakriti* ou *Pradhâna*, comme de leur unique racine. C'est de cette substance, contenant en puissance toutes les possibilités de manifestation, que les modifications sont produites dans l'ordre manifesté, par le développement même de ces possibilités, ou, pour employer le langage aristotélicien,

---

[38] Le mot *iva* indique qu'il s'agit d'une comparaison (*upamâ*) ou d'une façon de parler destinée à faciliter la compréhension, mais qui ne doit pas être prise à la lettre. — Voici un texte taoïste qui exprime une idée similaire : « Les normes de toute sorte, comme celle qui fait un corps de plusieurs organes (ou un être de plusieurs états), ... sont autant de participations du Recteur Universel. Ces participations ne L'augmentent ni ne Le diminuent, car elles sont communiquées par Lui, non détachées de Lui » (*Tchoang-tseu*, ch. II ; traduction du P. Wieger, p. 217).

[39] *Brahma-Sûtras*, 2e Adhyâya, 3e Pâda, sûtra 43. — Nous rappelons que nous suivons principalement, dans notre interprétation, le commentaire de Shankarâchârya.

par leur passage de la puissance à l'acte.

« Toute modification (*parinâma*), dit Vijnâna-Bhikshu, depuis la production originelle du monde (c'est-à-dire de chaque cycle d'existence) jusqu'à sa dissolution finale, provient exclusivement de *Prakriti* et de ses dérivés », c'est-à-dire des vingt-quatre premiers *tattwas* du *Sânkhya*.

Purusha est cependant le principe essentiel de toutes choses, puisque c'est lui qui détermine le développement des possibilités de *Prakriti* ; mais lui-même n'entre jamais dans la manifestation, de sorte que toutes choses, en tant qu'elles sont envisagées en mode distinctif, sont différentes de lui, et que rien de ce qui les concerne comme telles (constituant ce qu'on peut appeler le « devenir ») ne saurait affecter son immutabilité. « Ainsi la lumière solaire ou lunaire (susceptible de modifications multiples) paraît être identique à ce qui lui donne naissance (la source lumineuse considérée comme immuable en elle-même), mais pourtant elle en est distincte (dans sa manifestation extérieure, et de même les modifications ou les qualités manifestées sont, comme telles, distinctes de leur principe essentiel en ce qu'elles ne peuvent aucunement l'affecter). Comme l'image du soleil réfléchie dans l'eau tremble ou vacille, en suivant les ondulations de cette eau, sans cependant affecter les autres images réfléchies dans celle-ci, ni à plus forte raison l'orbe solaire lui-même, ainsi les modifications d'un individu n'affectent pas un autre individu, ni surtout le Suprême Ordonnateur Lui-même »[40], qui est *Purushottama*, et auquel la personnalité est réellement identique en son essence, comme toute étincelle est identique au feu considéré comme indivisible quant à sa nature intime.

C'est l'« âme vivante » (*jîvâtmâ*) qui est ici comparée à l'image du soleil dans l'eau, comme étant la réflexion (*âbhâsa*), dans le domaine individuel et par rapport à chaque individu, de la Lumière, principiellement une, de l'« Esprit Universel » (*Âtmâ*) ; et le rayon lumineux qui fait exister cette image et l'unit à sa source est, ainsi que nous le verrons plus loin, l'intellect supérieur (*Buddhi*), qui appartient au domaine de la manifestation informelle[41]. Quant à l'eau, qui réfléchit la lumière solaire, elle est habituellement le symbole du principe plastique (*Prakriti*), l'image de la « passivité universelle » ; et d'ailleurs ce symbole, avec la même signification, est commun à toutes les doctrines traditionnelles[42]. Ici, cependant, il faut

---

[40] *Brahma-Sûtras*, 2e Adhyâya, 3e Pâda, sûtras 46 à 53.

[41] Il faut remarquer que le rayon suppose un milieu de propagation (manifestation en mode non-individualisé), et que l'image suppose un plan de réflexion (individualisation par les conditions d'un certain état d'existence).

[42] On peut, à cet égard, se reporter en particulier au début de la *Genèse*, I 2 : « Et l'Esprit Divin était porté sur la face des Eaux. » Il y a dans ce passage une indication très nette relativement aux deux principes complémentaires dont nous parlons ici, l'Esprit correspondant à *Purusha* et les Eaux à *Prakriti*. À un point de vue différent, mais néanmoins relié analogiquement au précédent, le *Ruaḥ Elohim* du texte hébraïque est aussi assimilable à Hamsa, le Cygne symbolique, véhicule de *Brahmâ*, qui couve le *Brahmânda*, l'« Œuf du Monde » contenu dans les Eaux primordiales ; et il faut remarquer que *Hamsa* est également le « souffle » (*spiritus*), ce qui est le sens premier de *Ruaḥ* en hébreu. Enfin, si l'on se place spécialement au point de vue de la constitution du monde corporel, *Ruaḥ* est

apporter une restriction à son sens général, car *Buddhi*, tout en étant informelle et supra- individuelle, est encore manifestée, et, par suite, relève de *Prakriti* dont elle est la première production ; l'eau ne peut donc représenter ici que l'ensemble potentiel des possibilités formelles, c'est-à-dire le domaine de la manifestation en mode individuel, et ainsi elle laisse en dehors d'elle ces possibilités informelles qui, tout en correspondant à des états de manifestation, doivent pourtant être rapportées à l'Universel[43].

---

l'Air (*Vâyu*) ; et, si cela ne devait nous entraîner à de trop longues considérations, nous pourrions montrer qu'il y a une parfaite concordance entre la Bible et le *Vêda* en ce qui concerne l'ordre de développement des éléments sensibles. En tous cas, on peut trouver, dans ce que nous venons de dire, l'indication de trois sens superposés, se référant respectivement aux trois degrés fondamentaux de la manifestation (informelle, subtile et grossière), qui sont désignés comme les « trois mondes » (*Tribhuvana*) par la tradition hindoue. — Ces trois mondes figurent aussi dans la *Qabbalah* hébraïque sous les noms de *Beriah*, *Ietsirah* et *Asiah* ; au-dessus d'eux est *Atsiluth*, qui est l'état principiel de non-manifestation.

[43] Si on laisse au symbole de l'eau sa signification générale, l'ensemble des possibilités formelles est désigné comme les « Eaux inférieures », et celui des possibilités informelles comme les « Eaux supérieures ». La séparation des « Eaux inférieures » et des « Eaux supérieures », au point de vue cosmogonique, se trouve encore décrit dans la *Genèse*, I 6 et 7 ; et il est à remarquer que le mot *Maïm*, qui désigne l'eau en hébreu, a la forme du duel, ce qui peut, entre autre significations, être rapporté au « double chaos » des possibilités formelles et informelles à l'état potentiel. Les Eaux primordiales avant la séparation, sont la totalité des possibilités de manifestation, en tant qu'elle constitue l'aspect potentiel de l'Être Universel, ce qui est proprement *Prakriti*. Il y a encore un autre sens supérieur du même symbolisme, qui s'obtient en le transposant au-delà de l'Être même : les Eaux représentent alors la Possibilité Universelle, envisagée d'une façon absolument totale, c'est-à-dire en tant qu'elle embrasse à la fois, dans son infinité, le domaine de la manifestation et celui de la non-manifestation. Ce dernier sens est le plus

Chapitre VI

LES DEGRÉS DE LA MANIFESTATION INDIVIDUELLE

Nous devons maintenant passer à l'énumération des différents degrés de la manifestation d'*Âtmâ*, envisagé comme la personnalité, en tant que cette manifestation constitue l'individualité humaine ; et nous pouvons bien dire qu'elle la constitue effectivement, puisque cette individualité n'aurait aucune existence si elle était séparée de son principe, c'est-à-dire de la personnalité. Toutefois, la façon de parler que nous venons

---

élevé de tous ; au degré immédiatement inférieur, dans la polarisation primordiale de l'Être, nous avons *Prakriti*, avec laquelle nous ne sommes encore qu'au principe de la manifestation. Ensuite, en continuant à descendre, nous pouvons envisager les trois degrés de celle-ci comme nous l'avons fait précédemment : nous avons alors, pour les deux premiers, le « double chaos » dont nous avons parlé, et enfin, pour le monde corporel, l'Eau en tant qu'élément sensible (*Ap*), cette dernière se trouvant d'ailleurs comprise déjà implicitement, comme tout ce qui appartient à la manifestation grossière, dans le domaine des « Eaux inférieures », car la manifestation subtile joue le rôle de principe immédiat et relatif par rapport à cette manifestation grossière. — Bien que ces explications soient un peu longues, nous pensons qu'elles ne seront pas inutiles pour faire comprendre, par des exemples, comment on peut envisager une pluralité de sens et d'applications dans les textes traditionnels.

d'employer appelle une réserve : par la manifestation d'*Âtmâ*, il faut entendre la manifestation rapportée à *Âtmâ* comme à son principe essentiel ; mais il ne faudrait pas comprendre par là qu'*Âtmâ* se manifeste en quelque façon, car il n'entre jamais dans la manifestation, ainsi que nous l'avons dit précédemment, et c'est pourquoi il n'en est aucunement affecté. En d'autres termes, *Âtmâ* est « Ce par quoi tout est manifesté, et qui n'est soi-même manifesté par rien »[44] ; et c'est là ce qu'il ne faudra jamais perdre de vue dans tout ce qui va suivre. Nous rappellerons encore qu'*Âtmâ* et *Purusha* sont un seul et même principe, et que c'est de *Prakriti*, et non de *Purusha*, qu'est produite toute manifestation ; mais, si le *Sânkhya* envisage surtout cette manifestation comme le développement ou l'« actuation » des potentialités de *Prakriti*, parce que son point de vue est avant tout « cosmologique » et non proprement métaphysique, le *Vêdânta* doit y voir autre chose, parce qu'il considère *Âtmâ*, qui est hors de la modification et du « devenir », comme le vrai principe auquel tout doit finalement être rapporté. Nous pourrions dire qu'il y a, à cet égard, le point de vue de la « substance » et celui de l'« essence », et que c'est le premier qui est le point de vue « cosmologique », parce qu'il est celui de la Nature et du « devenir » ; mais, d'un autre côté, la métaphysique ne se borne pas à l'« essence » conçue comme corrélative de la « substance », ni même à l'Être en lequel ces deux termes sont unifiés ; elle va beaucoup plus loin, puisqu'elle s'étend aussi à

---

[44] *Kêna Upanishad*, 1er Khanda, shrutis 5 à 9 ; le passage entier sera reproduit plus loin.

Paramâtmâ ou *Purushottama*, qui est le Suprême *Brahma*, et qu'ainsi son point de vue (si tant est que cette expression puisse encore s'appliquer ici) est véritablement illimité.

D'autre part, quand nous parlons des différents degrés de la manifestation individuelle, on doit comprendre aisément que ces degrés correspondent à ceux de la manifestation universelle, en raison de cette analogie constitutive du « macrocosme » et du « microcosme » à laquelle nous avons fait allusion plus haut. On le comprendra mieux encore si l'on réfléchit que tous les êtres manifestés sont pareillement soumis aux conditions générales qui définissent les états d'existence dans lesquels ils sont placés ; si l'on ne peut pas, en considérant un être quelconque, isoler réellement un état de cet être de l'ensemble de tous les autres états parmi lesquels il se situe hiérarchiquement à un niveau déterminé, on ne peut pas davantage, à un autre point de vue, isoler cet état de tout ce qui appartient, non plus au même être, mais au même degré de l'Existence universelle ; et ainsi tout apparaît comme lié en plusieurs sens, soit dans la manifestation même, soit en tant que celle-ci, formant un ensemble unique dans sa multiplicité indéfinie, se rattache à son principe, c'est-à-dire à l'Être, et par là au Principe Suprême. La multiplicité existe selon son mode propre, dès lors qu'elle est possible, mais ce mode est illusoire, au sens que nous avons déjà précisé (celui d'une « moindre réalité »), parce que l'existence même de cette multiplicité se fonde sur l'unité, dont elle est issue et en laquelle elle est contenue principiellement. En envisageant de cette façon l'ensemble de la manifestation universelle, on peut dire que, dans la multiplicité même de ses degrés et de ses modes, « l'Existence est unique », suivant une formule que nous empruntons à l'ésotérisme islamique ; et il y a une nuance importante à observer ici entre « unicité » et « unité » : la première enveloppe la multiplicité comme telle, la seconde en est le principe (non pas la « racine », au sens ou ce mot est appliqué à *Prakriti* seulement, mais comme enfermant en soi toutes les possibilités de manifestation, « essentiellement » aussi bien que « substantiellement »). On peut donc dire proprement que l'Être est un, et qu'il est l'Unité même[45], au sens métaphysique, d'ailleurs, et non au sens mathématique, car nous sommes ici bien au-delà du domaine de la quantité : entre l'Unité métaphysique et l'unité mathématique, il y a analogie, mais non identité ; et de même, quand on parle de la multiplicité de la manifestation universelle, ce n'est point non plus d'une multiplicité quantitative qu'il s'agit, car la quantité n'est qu'une condition spéciale de certains états manifestés. Enfin, si l'Etre est un, le Principe Suprême est « sans dualité », comme on le verra par la suite : l'unité, en effet, est la première de toutes les déterminations, mais elle est déjà une détermination, et, comme telle, elle ne saurait proprement être appliquée au Principe Suprême.

Après avoir donné ces quelques notions indispensables, revenons à la considération des degrés de la manifestation : il

---

[45] C'est ce qu'exprime aussi l'adage scolastique : *Esse et unum convertuntur.*

y a lieu de faire tout d'abord, comme nous l'avons vu, une distinction entre la manifestation informelle et la manifestation formelle ; mais, quand on se borne à l'individualité, c'est toujours de la seconde qu'il s'agit exclusivement. L'état proprement humain, de même que tout autre état individuel, appartient tout entier à l'ordre de la manifestation formelle, puisque c'est précisément la présence de la forme parmi les conditions d'un certain mode d'existence qui caractérise ce mode comme individuel. Si donc nous avons à envisager un élément informel, ce sera là un élément supra-individuel, et, quant à ses rapports avec l'individualité humaine, il ne devra jamais être regardé comme constitutif de celle-ci, ou comme en faisant partie à un titre quelconque, mais comme reliant l'individualité à la personnalité. Cette dernière, en effet, est non-manifestée, même en tant qu'on la considère plus spécialement comme le principe des états manifestés, de même que l'Être, tout en étant proprement le principe de la manifestation universelle, est en dehors et au-delà de cette manifestation (et l'on peut se souvenir ici du « moteur immobile » d'Aristote) ; mais, d'un autre côté, la manifestation informelle est encore principielle, en un sens relatif, par rapport à la manifestation formelle, et ainsi elle établit un lien entre celle-ci et son principe supérieur non-manifesté, qui est d'ailleurs le principe commun de ces deux ordres de manifestation. De même, si l'on distingue ensuite, dans la manifestation formelle ou individuelle, l'état subtil et l'état grossier, le premier est, plus relativement encore, principiel par rapport au second, et, par suite, il se situe hiérarchiquement entre ce dernier et la manifestation informelle. On a donc, par une série de principes de plus en plus relatifs et déterminés, un enchaînement à la fois logique et ontologique (les deux points de vue se correspondant d'ailleurs de telle façon qu'on ne peut les séparer qu'artificiellement), s'étendant depuis le non-manifesté jusqu'à la manifestation grossière, en passant par l'intermédiaire de la manifestation informelle, puis de la manifestation subtile ; et, qu'il s'agisse du « macrocosme » ou du « microcosme », tel est l'ordre général qui doit être suivi dans le développement des possibilités de manifestation.

Les éléments dont nous allons avoir à parler sont les *tattwas* énumérés par le *Sânkhya*, à l'exception, bien entendu, du premier et du dernier, c'est-à-dire de *Prakriti* et de *Purusha* ; et nous avons vu que, parmi ces *tattwas*, les uns sont regardés comme des « productions productives », et les autres comme des « productions improductives ». Une question se pose à ce propos : cette division est-elle équivalente à celle que nous venons de préciser quant aux degrés de la manifestation, ou lui correspond-elle tout au moins d'une certaine façon ? Par exemple, si l'on se limite au point de vue de l'individualité, on pourrait être tenté de rapporter les *tattwas* du premier groupe à l'état subtil et ceux du second à l'état grossier, d'autant plus que, en un certain sens, la manifestation subtile est productive de la manifestation grossière, tandis que celle-ci n'est plus productive d'aucun autre état ; mais les choses sont moins simples en réalité. En effet, dans le premier groupe, nous avons tout d'abord *Buddhi*, qui est l'élément informel auquel nous faisions allusion tout à l'heure ; quant aux autres *tattwas* qui s'y trouvent joints, *ahankâra* et les *tanmâtras*, ils appartiennent bien au domaine de la manifestation subtile.

D'autre part dans le second groupe, les *bhûtas* appartiennent incontestablement au domaine de la manifestation grossière, puisque ce sont les éléments corporels ; mais le *manas*, n'étant point corporel, doit être rapporté à la manifestation subtile, en lui- même du moins, bien que son activité s'exerce aussi par rapport à la manifestation grossière ; et les autres *indriyas* ont en quelque sorte un double aspect, pouvant être envisagés à la fois en tant que facultés et en tant qu'organes, donc psychiquement et corporellement, c'est-à-dire encore à l'état subtil et à l'état grossier. Il doit être bien entendu, d'ailleurs, que ce qui est envisagé de la manifestation subtile, en tout ceci, n'est proprement que ce qui concerne l'état individuel humain, dans ses modalités extra-corporelles ; et, bien que celles-ci soient supérieures à la modalité corporelle en ce qu'elles en contiennent le principe immédiat (en même temps que leur domaine s'étend beaucoup plus loin), cependant, si on les replace dans l'ensemble de l'Existence universelle, elles appartiennent encore au même degré de cette Existence, dans lequel est situé l'état humain tout entier. La même remarque s'applique aussi lorsque nous disons que la manifestation subtile est productive de la manifestation grossière : pour que cela soit rigoureusement exact, il faut y apporter, pour ce qui est de la première, la restriction que nous venons d'indiquer, car le même rapport, ne peut être établi pour d'autres états également individuels, mais non humains, et entièrement différents par leurs conditions (sauf la présence de la forme), états qu'on est pourtant obligé de comprendre aussi dans la manifestation subtile, comme nous l'avons expliqué, dès lors qu'on prend l'individualité humaine comme terme de comparaison ainsi qu'on doit le faire inévitablement, tout en se rendant bien compte que cet état n'est en réalité rien de plus ni de moins qu'un autre état quelconque.

Une dernière observation est encore nécessaire : quand on parle de l'ordre de développement des possibilités de manifestation, ou de l'ordre dans lequel doivent être énumérés les éléments qui correspondent aux différentes phases de ce développement, il faut avoir bien soin de préciser qu'un tel ordre n'implique qu'une succession purement logique, traduisant d'ailleurs un enchaînement ontologique réel, et qu'il ne saurait en aucune façon être question ici d'une succession temporelle. En effet, le développement dans le temps ne correspond qu'à une condition spéciale d'existence, qui est une de celles qui définissent le domaine dans lequel est contenu l'état humain ; et il y a une indéfinité d'autres modes de développement également possibles, également compris dans la manifestation universelle. L'individualité humaine ne peut donc être située temporellement par rapport aux autres états de l'être, puisque ceux-ci, d'une façon générale, sont extra-temporels, et cela même lorsqu'il ne s'agit que d'états qui relèvent pareillement de la manifestation formelle. Nous pourrions encore ajouter que certaines extensions de l'individualité humaine, en dehors de sa modalité corporelle, échappent déjà au temps, sans être pour cela soustraites aux autres conditions générales de l'état auquel appartient cette individualité, de sorte qu'elles se situent véritablement dans de simples prolongements de ce même état ; et nous aurons sans doute l'occasion d'expliquer, dans d'autres études, comment de tels prolongements peuvent précisément être atteints par la suppression de l'une ou de l'autre des conditions dont l'ensemble complet définit le monde corporel. S'il en est ainsi, on conçoit qu'il ne saurait, à plus forte raison, être question de faire intervenir la condition temporelle dans ce qui n'appartient plus au même état, ni par conséquent dans les rapports de l'état humain intégral avec d'autres états ; et, à plus forte raison encore, on ne peut le faire lorsqu'il s'agit d'un principe commun à tous les états de manifestation, ou d'un élément qui, tout en étant déjà manifesté, est supérieur à toute manifestation formelle, comme l'est celui que nous allons avoir à envisager en premier lieu.

Chapitre VII

BUDDHI OU L'INTELLECT SUPÉRIEUR

L e premier degré de la manifestation d'*Âtmâ*, en entendant cette expression au sens que nous avons précisé dans le chapitre précédent, est l'intellect supérieur (*Buddhi*), qui, comme nous l'avons vu plus haut, est aussi appelé *Mahat* ou le « grand principe » : c'est le second des vingt-cinq principes du *Sânkhya*, donc la première de toutes les productions de *Prakriti*. Ce principe est encore d'ordre universel, puisqu'il est informel ; cependant, on ne doit pas oublier qu'il appartient déjà à la manifestation, et c'est pourquoi il procède de *Prakriti*, car toute manifestation, à quelque degré qu'on l'envisage, présuppose nécessairement ces deux termes corrélatifs et complémentaires que sont *Purusha* et *Prakriti*, l'« essence » et la « substance ». Il n'en est pas moins vrai que *Buddhi* dépasse le domaine, non seulement de l'individualité humaine, mais de tout état individuel quel qu'il soit, et c'est ce qui justifie son nom de *Mahat* ; elle n'est donc jamais individualisée en réalité, et ce n'est qu'au stade suivant que nous trouverons l'individualité effectuée, avec la conscience particulière (ou mieux

« particulariste ») du « moi ».

Buddhi, considérée par rapport à l'individualité humaine ou à tout autre état individuel, en est donc le principe immédiat, mais transcendant, comme, au point de vue de l'Existence universelle, la manifestation informelle l'est de la manifestation formelle ; et elle est en même temps ce qu'on pourrait appeler l'expression de la personnalité dans la manifestation, donc ce qui unifie l'être à travers la multiplicité indéfinie de ses états individuels (l'état humain, dans toute son extension, n'étant qu'un de ces états parmi les autres). En d'autres termes, si l'on regarde le « Soi » (*Âtmâ*) ou la personnalité comme le Soleil spirituel[46] qui brille au centre l'être total, *Buddhi* sera le rayon directement émané ce Soleil et illuminant dans son intégralité l'état individuel que nous avons à envisager plus spécialement, tout en le reliant aux autres états individuels du même être, ou même, plus généralement encore, à tous ses états manifestés (individuels et non-individuels), et, par-delà ceux-ci, au centre lui- même. Il convient d'ailleurs de remarquer, sans trop y insister ici pour ne pas nous écarter de la suite de notre exposé, que, en raison de l'unité fondamentale de l'être dans tous ses états, on doit considérer le centre de chaque état, en lequel se projette ce rayon spirituel, comme identifié virtuellement, sinon effectivement, avec le centre de l'être total ; c'est pourquoi un état quelconque, l'état humain aussi bien que tout autre, peut

---

[46] Pour le sens qu'il convient de donner à cette expression, nous renverrons à l'observation que nous avons déjà faite à propos de l'« Esprit Universel ».

être pris comme base pour réalisation de l'« Identité Suprême ». C'est précisément en ce sens, et en vertu de cette identification, que l'on peut dire, comme nous l'avons fait tout d'abord, que *Purusha*, lui-même réside au centre de l'individualité humaine, c'est-à-dire au point où l'intersection du rayon spirituel avec le domaine des possibilités vitales détermine l'« âme vivante » (*jîvâtmâ*)[47].

D'autre part, *Buddhi*, comme tout ce qui provient du développement des potentialités de *Prakriti*, participe des trois *gunas* ; c'est pourquoi, envisagée sous le rapport de la connaissance distinctive (*vijnâna*), elle est conçue comme ternaire, et, dans l'ordre de l'Existence universelle, elle est alors identifiée à la *Trimûrti* divine :

« *Mahat* devient distinctement conçu comme trois Dieux (au sens de trois aspects de la Lumière intelligible, car c'est là proprement la signification du mot sanskrit *Dêva*, dont le mot « Dieu » est d'ailleurs, étymologiquement, l'équivalent exact)[48], par l'influence des trois *gunas*, étant une seule

---

[47] Il est évident que nous voulons parler ici, non d'un point mathématique, mais de ce qu'on pourrait appeler analogiquement un point métaphysique, sans toutefois qu'une telle expression doive évoquer l'idée de la monade leibnitzienne, puisque *jîvâtmâ* n'est qu'une manifestation particulière et contingente d'*Âtmâ*, et que son existence séparée est proprement illusoire. Le symbolisme géométrique auquel nous nous référons sera d'ailleurs exposé dans une autre étude avec tous les développements auxquels il est susceptible de donner lieu.

[48] Si l'on donnait à ce mot « Dieu » le sens qu'il a pris ultérieurement dans les langues occidentales, le pluriel serait un non-sens, aussi bien au point de vue hindou qu'au point de vue judéo-chrétien et islamique, car ce mot, comme nous

manifestation (*mûrti*) en trois Dieux. Dans l'universel, il est la Divinité (*Îshwara*, non en soi, mais sous ses trois aspects principaux de *Brahmâ*, *Vishnu* et *Shiva*, constituant la *Trimûrti* ou « triple manifestation ») ; mais, envisagé distributivement (sous l'aspect, d'ailleurs purement contingent, de la « séparativité »), il appartient (sans pourtant être individualisé lui-même) aux êtres individuels (auxquels il communique la possibilité de participation aux attributs divins, c'est-à-dire à la nature même de l'Être Universel, principe de toute existence)[49]. Il est facile de voir que *Buddhi* est considérée ici dans ses rapports respectifs avec les deux premiers des trois *Purushas* dont il est parlé dans la *Bhagavad-Gîtâ* : dans l'ordre « macrocosmique », en effet, celui qui est désigné comme « immuable » est *Îshwara* même, dont la *Trimûrti* est l'expression en mode manifesté (il s'agit, bien entendu, de la manifestation informelle, car il n'y a là rien d'individuel) ; et il est dit que l'autre est « réparti entre tous les êtres ». De même, dans l'ordre « microcosmique » *Buddhi* peut être envisagée à la fois par rapport à la personnalité (*Âtmâ*) et par rapport à l'« âme vivante » (*jîvâtmâ*), cette dernière n'étant d'ailleurs que la réflexion de la personnalité dans l'état individuel humain, réflexion qui ne saurait exister sans l'intermédiaire de *Buddhi* : qu'on se

---

l'avons fait remarquer précédemment, ne pourrait s'appliquer alors qu'à *Îshwara* exclusivement, dans son indivisible unité qui est celle de l'Être Universel, quelle que soit la multiplicité des aspects que l'on peut y envisager secondairement.

[49] *Matsya-Purâna*. — On remarquera que *Buddhi* n'est pas sans rapports avec le *Logos* alexandrin.

rappelle ici le symbole du soleil et de son image réfléchie dans l'eau ; *Buddhi* est, nous l'avons dit, le rayon qui détermine la formation de cette image et qui, en même temps, la relie à la source lumineuse.

C'est en vertu du double rapport qui vient d'être indiqué, et de ce rôle d'intermédiaire entre la personnalité et l'individualité, que l'on peut, malgré tout ce qu'il y a nécessairement d'inadéquat dans une telle façon de parler, regarder l'intellect comme passant en quelque sorte de l'état de puissance universelle à l'état individualisé, mais sans cesser véritablement d'être tel qu'il était, et seulement par son intersection avec le domaine spécial de certaines conditions d'existence, par lesquelles est définie l'individualité considérée ; et il produit alors, comme résultante de cette intersection, la conscience individuelle (*ahankâra*), impliquée dans l'« âme vivante » (*jîvâtmâ*) à laquelle elle est inhérente. Comme nous l'avons déjà indiqué, cette conscience qui est le troisième principe du *Sânkhya*, donne naissance à la notion du « moi » (*aham*, d'où le nom d'*ahankâra*, littéralement « ce qui fait le moi »), car elle a pour fonction propre de prescrire la conviction individuelle (*abhimâna*), c'est-à-dire précisément la notion que « je suis » concerné par les objets externes (*bâhya*) et internes (*abhyantara*), qui sont respectivement les objets de la perception (*pratyaksha*) et de la contemplation (*dhyâna*) ; et l'ensemble de ces objets est désigné par le terme *idam*, « ceci », quand il est ainsi conçu par opposition avec *aham* ou le « moi », opposition toute relative d'ailleurs, et bien différente en cela de celle que les philosophes modernes prétendent établir entre le « sujet » et l'« objet », ou entre l'« esprit » et les « choses ». Ainsi, la conscience individuelle procède immédiatement, mais à titre de simple modalité « conditionnelle », du principe intellectuel, et, à son tour, elle produit tous les autres principes ou éléments spéciaux de l'individualité humaine, dont nous allons avoir à nous occuper maintenant.

Chapitre VIII

MANAS OU LE SENS INTERNE ; LES DIX FACULTÉS EXTERNES DE SENSATION ET D'ACTION

Après la conscience individuelle (*ahankâra*), l'énumération des *tattwas* du *Sânkhya* comporte, dans le même groupe des « productions productives », les cinq *tanmâtras*, déterminations élémentaires subtiles, donc incorporelles et non perceptibles extérieurement, qui sont, d'une façon directe, les principes respectifs des cinq *bhûtas* ou éléments corporels et sensibles, et qui ont leur expression définie dans les conditions mêmes de l'existence individuelle au degré où se situe l'état humain. Le mot *tanmâtra* signifie littéralement une « assignation » (*mâtra*, mesure, détermination) délimitant le domaine propre d'une certaine qualité (*tad* ou *tat*, pronom neutre, « cela », pris ici au sens de « quiddité », comme l'arabe *dhât*)[50] dans l'Existence universelle ; mais ce n'est pas ici le lieu d'entrer dans de plus amples

---

[50] Il y a lieu de remarquer que ces mots *tat* et *dhât* sont phonétiquement identiques entre eux, et qu'ils le sont aussi à l'anglais *that*, qui a le même sens.

développements sur ce point. Nous dirons seulement que les cinq *tanmâtras* sont désignés habituellement par les noms des qualités sensibles : auditive ou sonore (*shabda*), tangible (*sparsha*), visible (*rûpa*, avec le double sens de forme et de couleur), sapide (*rasa*), olfactive (*gandha*) ; mais ces qualités ne peuvent être envisagées ici qu'à l'état principiel, en quelque sorte, et « non-développé », puisque c'est seulement par les *bhûtas* qu'elles seront manifestées effectivement dans l'ordre sensible ; et le rapport des *tanmâtras* aux *bhûtas* est, à son degré relatif, analogue au rapport de l'« essence » à la « substance », de sorte qu'on pourra assez justement donner aux *tanmâtras* la dénomination d'« essences élémentaires »[51]. Les cinq *bhûtas* sont, dans l'ordre de leur production ou de leur manifestation (ordre correspondant à celui qui vient d'être indiqué pour les *tanmâtras*, puisqu'à chaque élément appartient en propre une qualité sensible), l'Éther (*Âkâsha*), l'Air (*Vâyu*), le Feu (*Têjas*), l'Eau (*Ap*) et la Terre (*Prithwî* ou *Prithivî*) ; et c'est d'eux qu'est formée toute la manifestation grossière ou corporelle.

Entre les *tanmâtras* et les *bhûtas*, et constituant avec ces derniers le groupe des « productions improductives », il y a onze facultés distinctes, proprement individuelles, qui procèdent d'*ahankâra*, et qui, en même temps, participent toutes des cinq *tanmâtras*. Des onze facultés dont il s'agit, dix

---

[51] C'est en un sens très proche de cette considération des *tanmâtras* que Fabre d'Olivet, dans son interprétation de la *Genèse* (*La Langue hébraïque restituée*), emploie l'expression d'« élémentisation intelligible ».

sont externes : cinq de sensation et cinq d'action ; la onzième, dont la nature tient à la fois des unes et des autres, est le sens interne ou faculté mentale (*manas*), et cette dernière est unie directement à la conscience (*ahankâra*)[52]. C'est à *manas* que doit être rapportée la pensée individuelle, qui est d'ordre formel (et nous y comprenons la raison aussi bien que la mémoire et l'imagination)[53], et qui n'est nullement inhérente à l'intellect transcendant (*Buddhi*), dont les attributions sont essentiellement informelles. Nous ferons remarquer à ce propos que, pour Aristote également, l'intellect pur est d'ordre transcendant et a pour objet propre la connaissance des principes universels ; cette connaissance qui n'a rien de discursif, est obtenue directement et immédiatement par l'intuition intellectuelle, laquelle, disons-le pour éviter toute confusion, n'a aucun point commun avec la prétendue « intuition », d'ordre uniquement sensitif et vital, qui joue un si grand rôle dans les théories, nettement antimétaphysiques, de certains philosophes contemporains.

Quant au développement des différentes facultés de l'homme individuel, nous n'avons qu'à reproduire ce qui est enseigné sur cette question par les *Brahma-Sûtras* : « l'intellect, le sens interne, ainsi que les facultés de sensation

---

[52] Sur la production de ces divers principes, envisagée au point de vue « macrocosmique », cf. *Mânava-Dharma-Shâstra* (Loi de Manu), 1er Adhyâya, shlokas 14 à 20.

[53] C'est sans doute de cette façon qu'il faut comprendre ce que dit Aristote, que « l'homme (en tant qu'individu) ne pense jamais sans images », c'est-à-dire sans formes.

et d'action, sont développés (dans la manifestation) et résorbés (dans le non-manifesté) dans un ordre semblable (mais, pour la résorption, en sens inverse du développement)[54], ordre qui est toujours celui des éléments dont ces facultés procèdent quant à leur constitution[55] (à l'exception cependant de l'intellect, qui est développé, dans l'ordre informel, préalablement à tout principe formel ou proprement individuel). Quant à *Purusha* (ou *Âtmâ*), son émanation (en tant qu'on l'envisage comme la personnalité d'un être) n'est pas une naissance (même dans l'acception la plus étendue dont ce mot est susceptible)[56], ni une production (déterminant un point de départ pour son existence effective, ainsi qu'il en est pour tout ce qui provient de *Prakriti*). On ne peut, en effet, lui assigner aucune limitation (par quelque condition particulière d'existence), car, étant identifié avec le Suprême *Brahma*, il participe de Son Essence infinie[57]

---

[54] Nous rappelons qu'il ne s'agit nullement d'un ordre de succession temporelle.

[55] Il peut s'agir ici à la fois des *tanmâtras* et des *bhûtas*, suivant que les *indriyas* sont envisagés à l'état subtil ou à l'état grossier, c'est-à-dire comme facultés ou comme organes.

[56] On peut, en effet, appeler « naissance » et « mort » le commencement et la fin d'un cycle quelconque, c'est-à-dire de l'existence dans n'importe quel état de manifestation, et non pas seulement dans l'état humain ; comme nous l'expliquerons plus loin, le passage d'un état à un autre est alors à la fois une mort et une naissance, suivant qu'on l'envisage par rapport à l'état antécédent ou l'état conséquent.

[57] Le mot « essence » quand on l'applique ainsi analogiquement n'est plus aucunement le corrélatif de « substance » ; d'ailleurs, ce qui a un corrélatif quelconque ne peut être infini. De même, le mot « nature », appliqué à l'Être Universel ou même au-delà de l'Être, perd entièrement son sens propre et étymologique, avec l'idée de « devenir » qui s'y trouve impliquée.

(impliquant la possession des attributs divins, virtuellement au moins, et même actuellement en tant que cette participation est effectivement réalisée par l'« Identité Suprême », sans parler de ce qui est au-delà de toute attribution, puisqu'il s'agit ici du Suprême *Brahma*, qui est *nirguna*, et non pas seulement de *Brahma* comme *saguna*, c'est-à-dire d'*Îshwara*) [58]. Il est actif, mais en principe seulement (donc « non-agissant ») [59], car cette activité (*kârtritwa*) ne lui est pas essentielle et inhérente, mais n'est pour lui qu'éventuelle et contingente (relative seulement à ses états de manifestation). Comme le charpentier, ayant à la main sa hache et ses autres outils, et les mettant ensuite de côté, jouit de la tranquillité et du repos, de même cet *Âtmâ*, dans son union avec ses instruments (par le moyen desquels ses facultés principielles sont exprimées et développées dans chacun de ses états de manifestation, et qui ainsi ne sont autre chose que ces facultés manifestées avec leurs organes respectifs), est actif (bien que cette activité n'affecte en rien sa nature intime), et, en les quittant, il jouit du repos et de la tranquillité (dans le « non-agir », dont, en soi même, il n'est jamais sorti) »[60].

---

[58] La possession des attributs divins est appelée en sanskrit *aishwarya* comme étant une véritable « connaturalité », avec *Îshwara*.

[59] Aristote a eu raison d'insister aussi sur ce point, que le premier moteur de toutes choses (ou le principe du mouvement) doit être lui-même immobile, ce qui revient à dire, en d'autres termes, que le principe de toute action doit être « non-agissant ».

[60] *Brahma-Sûtras*, 2e Adhyâya, 3e Pâda, sûtras 15 à 17 et 33 à 40.

« Les diverses facultés de sensation et d'action (désignées par le terme *prâna* dans une acception secondaire) sont au nombre de onze : cinq de sensation (*buddhîndriyas* ou *jnânêndriyas*, moyens ou instruments de connaissance dans leur domaine particulier), cinq d'action (*karmêndriyas*), et le sens interne (*manas*). Là où un nombre plus grand (treize) est spécifié, le terme *indriya* est employé dans son sens le plus étendu et le plus compréhensif, en distinguant dans le *manas*, en raison de la pluralité de ses fonctions, l'intellect (non en lui-même et dans l'ordre transcendant, mais en tant que détermination particulière par rapport à l'individu), la conscience individuelle (*ahankâra*, dont le *manas* ne peut être séparé), et le sens interne proprement dit (ce que les philosophes scolastiques appellent « sensorium commune »). Là où un nombre moindre (ordinairement sept) est mentionné, le même terme est employé dans une acception plus restreinte : ainsi, il est parlé de sept organes sensitifs, relativement aux deux yeux, aux deux oreilles, aux deux narines et à la bouche ou à la langue (de sorte que, dans ce cas, il s'agit seulement des sept ouvertures ou orifices de la tête). Les onze facultés ci-dessus mentionnées (bien que désignées dans leur ensemble par le terme *prâna*) ne sont pas (comme les cinq *vâyus*, dont nous parlerons plus loin) de simples modifications du *mukhya-prâna* ou de l'acte vital principal (la respiration, avec l'assimilation qui en résulte), mais des principes distincts (au point de vue spécial de l'individualité humaine) »[61].

Le terme *prâna*, dans son acception la plus habituelle, signifie proprement « souffle vital » ; mais, dans certains textes védiques, ce qui est ainsi désigné est, au sens universel, identifié en principe avec *Brahma* même, comme lorsqu'il est dit que, dans le sommeil profond (*sushupti*), toutes les facultés sont résorbées en *prâna*, car, « pendant qu'un homme dort sans rêver, son principe spirituel (*Âtmâ* envisagé par rapport à lui) est un avec *Brahma* »[62], cet état étant au-delà de la distinction, donc véritablement supra-individuel : c'est pourquoi le mot *swapiti*, « il dort », est interprété par *swam apîto bhavati*, « il est entré dans son propre (« Soi ») »[63].

Quant au mot *indriya*, il signifie proprement « pouvoir », ce qui est aussi le sens premier du mot « faculté » ; mais, par extension, sa signification, comme nous l'avons déjà indiqué, comprend à la fois la faculté et son organe corporel, dont l'ensemble est considéré comme constituant un instrument, soit de connaissance (*buddhi* ou *jnâna*, ces termes étant pris ici dans leur acception la plus large), soit d'action (*karma*), et qui sont désignés ainsi par un seul et même mot. Les cinq instruments de sensation sont : les oreilles ou l'ouïe (*shrotra*),

---

[61] *Brahma-Sûtras*, 2e Adhyâya, 4e Pâda, sûtras 1 à 7.

[62] Commentaire de Shankarâchârya sur les *Brahma-Sûtras*, Adhyâya, 2e Pâda, sûtra 7.

[63] *Chhândogya Upanishad*, 6e Prapâthaka, 8e Khanda, shruti 1. — Il va sans dire qu'il s'agit d'une interprétation par les procédés du *Nirukta*, et non d'une dérivation étymologique.

la peau ou le toucher (*twach*), les yeux ou la vue (*chakshus*), la langue ou le goût (*rasana*), le nez ou l'odorat (*ghrâna*), étant ainsi énumérés dans l'ordre du développement des sens, qui est celui des éléments (*bhûtas*) correspondants ; mais, pour exposer en détail cette correspondance, il serait nécessaire de traiter complètement des conditions de l'existence corporelle, ce que nous ne pouvons faire ici. Les cinq instruments d'action sont : les organes d'excrétion (*pâyu*), les organes générateurs (*upastha*), les mains (*pâni*), les pieds (*pâda*), et enfin la voix ou l'organe de la parole (*vâch*)[64], qui est énuméré le dixième. Le *manas* doit être regardé comme le onzième, comprenant par sa propre nature la double fonction, comme servant à la fois à la sensation et à l'action, et, par suite, participant aux propriétés des uns et des autres, qu'il centralise en quelque sorte en lui-même[65].

D'après le *Sânkhya*, ces facultés, avec leurs organes respectifs, sont, en distinguant trois principes dans le *manas*, les treize instruments de la connaissance dans le domaine de l'individualité humaine (car l'action n'a pas sa fin en elle-même, mais seulement par rapport à la connaissance) : trois internes et dix externes, comparés à trois sentinelles et à dix portes (le caractère conscient étant inhérent aux premiers, mais non aux seconds en tant qu'on les envisage distinctement). Un sens corporel perçoit, et un organe d'action exécute (l'un étant en quelque sorte une « entrée » et

---

[64] Ce mot *vâch* est identique au latin *vox*.

[65] *Mânava-Dharma-Shâstra*, 2e Adhyâya, shlokas 89 à 92.

l'autre une « sortie » : il y a là deux phases successives et complémentaires, dont la première est un mouvement centripète et la seconde un mouvement centrifuge) ; entre les deux, le sens interne (*manas*) examine ; la conscience (*Ahankâra*) fait l'application individuelle, c'est-à-dire l'assimilation de la perception au « moi », dont elle fait désormais partie à titre de modification secondaire ; et enfin l'intellect pur (*Buddhi*) transpose dans l'Universel les données des facultés précédentes.

Chapitre IX

LES ENVELOPPES DU « SOI » ;
LES CINQ *VÂYUS* OU FONCTIONS VITALES

*P*urusha ou *Âtmâ*, se manifestant comme *jîvâtmâ* dans la forme vivante de l'être individuel, est regardé, selon le *Vêdânta*, comme se revêtant d'une série d'« enveloppes » (*koshas*) ou de « véhicules » successifs, représentant autant de phases de sa manifestation, et qu'il serait d'ailleurs complètement erroné d'assimiler à des « corps », puisque c'est la dernière phase seulement qui est d'ordre corporel. Il faut bien remarquer, du reste, qu'on ne peut pas dire, en toute rigueur, qu'*Âtmâ* soit en réalité contenu dans de telles enveloppes, puisque, de par sa nature même, il n'est susceptible d'aucune limitation et n'est nullement conditionné par quelque état de manifestation que ce soit[66].

---

[66] Dans la *Taittirîya Upanishad*, 2e Vallî, 8e Anuvâka, shruti 1, et 3e Vallî, 10e Anuvâka, shruti 5, les désignations des différentes enveloppes sont rapportées directement au « Soi », suivant qu'on le considère par rapport à tel ou tel état de manifestation.

La première enveloppe (*ânandamaya-kosha*, la particule *maya* signifiant « qui est fait de » ou « qui consiste en » ce que désigne le mot auquel elle est jointe) n'est autre chose que l'ensemble même de toutes les possibilités de manifestation qu'*Âtmâ* comporte en soi, dans sa « permanente actualité », à l'état principiel et indifférencié. Elle est dite « faite de Béatitude » (*Ânanda*), parce que le « Soi », dans cet état primordial, jouit de la plénitude de son propre être, et elle n'est rien de véritablement distinct du « Soi » ; elle est supérieure à l'existence conditionnée, qui la présuppose, et elle se situe au degré de l'Être pur : c'est pourquoi elle est regardée comme caractéristique d'*Îshwara*[67]. Nous sommes donc ici dans l'ordre informel ; c'est seulement quand on l'envisage par rapport à la manifestation formelle, et en tant que le principe de celle-ci s'y trouve contenu, que l'on peut dire que c'est là la forme principielle ou causale (*kârana-sharîra*), ce par quoi la forme sera manifestée et actualisée aux stades suivants.

La seconde enveloppe (*vijnânamaya-kosha*) est formée par la Lumière (au sens intelligible) directement réfléchie de la

---

[67] Tandis que les autres désignations (celles des quatre enveloppes suivantes) peuvent être regardées comme caractérisant *jîvâtmâ*, celle d'*ânandamaya* convient, non seulement à *Îshwara*, mais aussi par transposition, à *Paramâtmâ* même ou au Suprême *Brahma*, et c'est pourquoi il est dit dans la *Taittirîya Upanishad*, 2e Vallî, 5e Anuvâka, shruti 1 : « Différent de celui qui consiste en connaissance distinctive (*vijnânamaya*) est l'autre Soi intérieur (*anyo'ntara Âtmâ*) qui consiste en Béatitude (*ânandamaya*). » — Cf. *Brahma-Sûtras*, 1er Adhyâya, 1er Pâda, sûtras 12 à 19.

Connaissance intégrale et universelle (*Jnâna*, la particule *vi* impliquant le mode distinctif)[68] ; elle est composée des cinq « essences élémentaires » (*tanmâtras*), « conceptibles », mais non « perceptibles », dans leur état subtil ; et elle consiste dans la jonction de l'intellect supérieur (*Buddhi*) aux facultés principielles de perception procédant respectivement des cinq *tanmâtras*, et dont le développement extérieur constituera les cinq sens dans l'individualité corporelle [69]. La troisième enveloppe (*manomaya-kosha*), dans laquelle le sens interne (*manas*) est joint avec la précédente, implique spécialement la conscience mentale[70] ou faculté pensante, qui, comme nous l'avons dit précédemment, est d'ordre exclusivement individuel et formel, et dont le développement procède de l'irradiation en mode réfléchi de l'intellect supérieur dans un état individuel déterminé, qui est ici l'état humain. La quatrième enveloppe (*prânamaya-kosha*) comprend les facultés qui procèdent du « souffle vital » (*prâna*), c'est-à-dire

---

[68] Le mot sanskrit *Jnâna* est identique au grec Γνωσις par sa racine, qui est d'ailleurs aussi celle du mot « connaissance » (de *cognoscere*), et qui exprime une idée de « production » ou de « génération », parce que l'être « devient » ce qu'il connaît et se réalise lui-même par cette connaissance.

[69] C'est à partir de cette seconde enveloppe que s'applique proprement le terme *sharîra*, surtout si l'on donne à ce mot, interprété par les méthodes du *Nirukta*, la signification de « dépendant des six (principes) », c'est-à-dire de *Buddhi* (ou d'*ahankâra* qui en dérive directement et qui est le premier principe d'ordre individuel) et des cinq *tanmâtras* (*Mânava-Dharma-Shâstra*, 1er Adhyâya, shloka 17).

[70] Nous entendons par cette expression quelque chose de plus, en tant que détermination, que la conscience individuelle pure et simple : on pourrait dire que c'est la résultante de l'union du *manas* avec *ahankâra*.

les cinq *vâyus* (modalités de ce *prâna*), ainsi que les facultés d'action et de sensation (ces dernières existant déjà principiellement dans les deux enveloppes précédentes, comme facultés purement « conceptives », alors que, d'autre part, il ne pouvait être question d'aucune sorte d'action, non plus que d'aucune perception extérieure). L'ensemble de ces trois enveloppes (*vijnânamaya, manomaya* et *prânamaya*) constitue la forme subtile (*sûkshma-sharîra* ou *linga-sharîra*), par opposition à la forme grossière ou corporelle (*sthûla-sharîra*) ; nous retrouvons donc ici la distinction des deux modes de manifestation formelle dont nous avons déjà parlé à plusieurs reprises.

Les cinq fonctions ou actions vitales sont nommées *vâyus*, bien qu'elles ne soient pas à proprement parler l'air ou le vent (c'est là, en effet, le sens général du mot *vâyu* ou *vâta*, dérivé de la racine verbale *vâ*, aller, se mouvoir, et qui désigne habituellement l'élément air, dont la mobilité est une des propriétés caractéristiques) [71] , d'autant plus qu'elles se rapportent à l'état subtil et non à l'état corporel ; mais elles sont, comme nous venons de le dire, des modalités du « souffle vital » (*prâna*, ou plus généralement *ana*) [72] , considéré principalement dans ses rapports avec la

---

[71] On pourra se reporter ici à ce que nous avons dit, dans une note précédente, à propos des différentes applications du mot hébreu *Ruahh*, qui correspond assez exactement au sanskrit *vâyu*.

[72] La racine *an* se retrouve, avec la même signification dans le grec ανεμος, « souffle » ou « vent », et dans le latin *anima* « âme », dont le sens propre et primitif est exactement celui de « souffle vital ».

respiration. Ce sont : 1° l'aspiration, c'est-à-dire la respiration considérée comme ascendante dans sa phase initiale (*prâna*, au sens le plus strict de ce mot), et attirant les éléments non encore individualisés de l'ambiance cosmique, pour les faire participer à la conscience individuelle, par assimilation ; 2° l'inspiration, considérée comme descendante dans une phase suivante (*apâna*), et par laquelle ces éléments pénètrent dans l'individualité ; 3° une phase intermédiaire entre les deux précédentes (*vyâna*), consistant, d'une part, dans l'ensemble des actions et réactions réciproques qui se produisent au contact entre l'individu et les éléments ambiants, et, d'autre part, dans les divers mouvements vitaux qui en résultent, et dont la correspondance dans l'organisme corporel est la circulation sanguine ; 4° l'expiration (*udâna*), qui projette le souffle, en le transformant, au-delà des limites de l'individualité restreinte (c'est-à-dire réduite aux seules modalités qui sont communément développées chez tous les hommes), dans le domaine des possibilités de l'individualité étendue, envisagée dans son intégralité[73] ; 5° la digestion, ou l'assimilation substantielle intime (*samâna*), par laquelle les éléments absorbés deviennent partie intégrante de l'individualité[74]. Il est nettement spécifié qu'il ne s'agit pas

---

[73] Il est à remarquer que le mot « expirer » signifie à la fois « rejeter le souffle » (dans la respiration) et « mourir » (quant à la partie corporelle de l'individualité humaine) ; ces deux sens sont l'un et l'autre en rapport avec l'*ûdana* dont il est question.

[74] *Brahma-Sûtras*, 2e Adhyâya, 4e Pâda, sûtras 8 à 13. — Cf. *Chhândogya Upanishad*, 5e Prapâthaka, 19e à 23e Khandas ; *Maitri Upanishad*, 2e Prapâthaka, shruti 6.

d'une simple opération d'un ou de plusieurs organes corporels ; il est facile de se rendre compte, en effet, que tout cela ne doit pas être compris seulement des fonctions physiologiques analogiquement correspondantes, mais bien de l'assimilation vitale dans son sens le plus étendu.

La forme corporelle ou grossière (*sthûla-sharîra*) est la cinquième et dernière enveloppe, celle qui correspond, pour l'état humain, au mode de manifestation le plus extérieur ; c'est l'enveloppe alimentaire (*annamaya-kosha*), composée des cinq éléments sensibles (*bhûtas*) à partir desquels sont constitués tous les corps. Elle s'assimile les éléments combinés reçus dans la nourriture (*anna*, mot dérivé de la racine verbale *ad*, manger)[75], sécrétant les parties les plus fines, qui demeurent dans la circulation organique, et excrétant ou rejetant les plus grossières, à l'exception toutefois de celles qui sont déposées dans les os. Comme résultat de cette assimilation, les substances terreuses deviennent la chair ; les substances aqueuses, le sang ; les substances ignées, la graisse, la moelle et le système nerveux (matière phosphorée) ; car il est des substances corporelles dans lesquelles la nature de tel ou tel élément prédomine, bien qu'elles soient toutes formées par l'union des cinq éléments[76].

Tout être organisé, résidant dans une telle forme

---

[75] Cette racine est celle du latin *edere*, et aussi, quoique sous une forme plus altérée, de l'anglais *eat* et de l'allemand *essen*.

[76] *Brahma-Sûtras*, 2e Adhyâya, 4e Pâda, sûtra 21. — Cf. *Chhândogya Upanishad*, 6e Prapâthaka, 5e Khanda, shrutis 1 à 3.

corporelle, possède, à un degré plus ou moins complet de développement, les onze facultés individuelles dont nous avons parlé précédemment, et, ainsi que nous l'avons vu également, ces facultés sont manifestées dans la forme de l'être par le moyen de onze organes correspondants (*avayavas*, désignation qui est d'ailleurs appliquée aussi dans l'état subtil, mais seulement par analogie avec l'état grossier). On distingue, selon Shankarâchârya[77], trois classes d'êtres organisés, suivant leur mode de reproduction : 1° les vivipares (*jîvaja*, ou *yonija*, ou encore *jarâyuja*), comme l'homme et les mammifères ; 2° les ovipares (*ândaja*), comme les oiseaux, les reptiles, les poissons et les insectes ; 3° les germinipares (*udbhijja*), qui comprennent à la fois les animaux inférieurs et les végétaux, les premiers, mobiles, naissent principalement dans l'eau, tandis que les seconds qui sont fixés, naissent habituellement de la terre ; cependant, d'après divers passages du *Vêda*, la nourriture (*anna*), c'est-à-dire le végétal (*oshadhi*), procède aussi de l'eau, car c'est la pluie (*varsha*) qui fertilise la terre[78].

---

[77] Commentaire sur les *Brahma-Sûtras*, 3e Adhyâya, 1er Pâda, sûtras 20 et 21. — Cf. *Chhândogya Upanishad*, 6e Prapâthaka, 3e Khanda, shruti 1 ; *Aitarêya Upanishad*, 5e Khanda, shruti 3. Ce dernier texte, en outre des trois classes d'êtres vivants qui sont énumérées dans les autres, en mentionne une quatrième, à savoir les êtres nés de la chaleur humide (*swêdaja*) ; mais cette classe peut être rattachée à celle des germinipares.

[78] Voir notamment *Chhândogya Upanishad*, 1er Prapâthaka, 1er Khanda, shruti 2 : « les végétaux sont l'essence (*rasa*) de l'eau » ; 5e Prapâthaka, 6e Khanda shruti 2, et 7e Prapâthaka, 4e Khanda, shruti 2 : *anna* provient ou procède de *varsha*. — Le mot *rasa* signifie littéralement « sève », et on a vu plus haut qu'il signifie aussi

Chapitre X

UNITÉ ET IDENTITÉ ESSENTIELLES DU « SOI » DANS TOUS LES ÉTATS DE L'ÊTRE

Ici, il nous faut insister quelque peu sur un point essentiel : c'est que tous les principes ou éléments dont nous avons parlé, qui sont décrits comme distincts, et qui le sont en effet au point de vue individuel, ne le sont cependant qu'à ce point de vue seulement, et ne constituent en réalité qu'autant de modalités manifestées de l'« Esprit Universel » (*Âtmâ*). En d'autres termes, bien qu'accidentels et contingents en tant que manifestés, ils sont l'expression de certaines des possibilités essentielles d'*Âtmâ* (celles qui par leur nature propre, sont des possibilités de manifestation) ; et ces possibilités, en principe et dans leur

---

« goût » ou « saveur » ; du reste, en français également, les mots « sève » et « saveur » ont la même racine (*sap*), qui est en même temps celle de « savoir » (en latin *sapere*), en raison de l'analogie qui existe entre l'assimilation nutritive dans l'ordre corporel et l'assimilation cognitive dans les ordres mental et intellectuel. — Il faut encore remarquer que le mot *anna* désigne quelquefois l'élément terre lui-même, qui est le dernier dans l'ordre de développement, et qui dérive aussi de l'élément eau qui le précède immédiatement (*Chhândogya Upanishad*, 6e Prapâthaka, 2e Khanda, shruti 4).

réalité profonde, ne sont rien de distinct d'*Âtmâ*. C'est pourquoi on doit les considérer, dans l'Universel (et non plus par rapport aux êtres individuels), comme étant véritablement *Brahma* même, qui est « sans dualité », et hors duquel il n'est rien, ni manifesté ni non-manifesté [79]. D'ailleurs, ce hors de quoi il y a quelque chose ne peut être infini, étant limité, par cela même qu'il laisse en dehors ; et ainsi, le Monde, en entendant par ce mot l'ensemble de la manifestation universelle, ne peut se distinguer de Brahma qu'en mode illusoire, tandis que, par contre, Brahma est absolument « distinct de ce qu'Il pénètre »[80], c'est-à-dire du Monde, puisqu'on ne peut Lui appliquer aucun des attributs déterminatifs qui conviennent à celui-ci, et que la manifestation universelle tout entière est rigoureusement nulle au regard de Son Infinité. Comme nous l'avons déjà fait remarquer ailleurs, cette irréciprocité de relation entraîne la condamnation formelle du « panthéisme », ainsi que de tout « immanentisme » ; et elle est aussi affirmée très nettement en ces termes par la *Bhagavad-Gîtâ* : « Tous les êtres sont en moi et moi je ne suis pas en eux... Mon Être supporte les êtres, et, sans qu'Il soit en eux, c'est par Lui qu'ils existent »[81]. On pourrait dire encore que *Brahma* est le Tout absolu, par là

---

[79] Mohyiddin ibn Arabi, dans son *Traité de l'Unité* (*Risâlatul-Ahadiyah*), dit dans le même sens : « *Allah* — qu'Il soit exalté — est exempt de tout semblable ainsi que de tout rival, contraste ou opposant. » Il y a d'ailleurs, à cet égard encore, une parfaite concordance entre le *Vêdânta* et l'ésotérisme islamique.

[80] Voir le texte du traité de la *Connaissance du Soi* (*Âtmâ-Bodha*) de Shankarâchârya, qui sera cité plus loin.

[81] *Bhagavad-Gîtâ*, IX, 4 et 5.

même qu'Il est infini, mais que, d'autre part, si toutes choses sont en Brahma, elles ne sont point *Brahma* en tant qu'elles sont envisagées sous l'aspect de la distinction, c'est-à-dire précisément en tant que choses relatives et conditionnées, leur existence comme telles n'étant d'ailleurs qu'une illusion vis-à-vis de la réalité suprême ; ce qui est dit des choses et ne saurait convenir à *Brahma*, ce n'est que l'expression de la relativité, et en même temps, celle-ci étant illusoire, la distinction l'est pareillement, parce que l'un de ses termes s'évanouit devant l'autre, rien ne pouvant entrer en corrélation avec l'Infini ; c'est en principe seulement que toutes choses sont *Brahma*, mais aussi c'est cela seul qui est leur réalité profonde ; et c'est là ce qu'il ne faut jamais perdre de vue si l'on veut comprendre ce qui suivra[82].

« Aucune distinction (portant sur des modifications

---

[82] Nous citerons ici un texte taoïste dans lequel les mêmes idées se trouvent exprimées : « Ne demandez pas si le Principe est dans ceci ou dans cela ; Il est dans tous les êtres. C'est pour cela qu'on Lui donne les épithètes de grand, de suprême, d'entier, d'universel, de total... Celui qui a fait que les êtres fussent des êtres, n'est pas Lui-même soumis aux mêmes lois que les êtres. Celui qui a fait que tous les êtres fussent limités, est Lui-même illimité, infini... Pour ce qui est de la manifestation, le Principe produit la succession de ses phases, mais n'est pas cette succession (ni impliqué dans cette succession). Il est l'auteur des causes et des effets (la cause première), mais n'est pas les causes et les effets (particuliers et manifestés). Il est l'auteur des condensations et des dissipations (naissances et morts, changements d'état), mais n'est pas Lui-même condensation ou dissipation. Tout procède de Lui, et se modifie par et sous Son influence. Il est dans tous les êtres, par une terminaison de norme ; mais il n'est pas identique aux êtres, n'étant ni différencié, ni limité » (*Tchoang-tseu*. ch. XXII ; traduction du P. Wieger, pp. 395-397).

contingentes, comme la distinction de l'agent, de l'action, et du but ou du résultat de cette action) n'invalide l'unité et l'identité essentielles de *Brahma* comme cause (*kârana*) et effet (*kârya*)[83]. La mer est la même que ses eaux et n'en est pas différente (en nature), bien que les vagues, l'écume, les jaillissements, les gouttes et autres modifications accidentelles que subissent ces eaux existent séparément ou conjointement comme différentes les unes des autres (lorsqu'on les considère en particulier, soit sous l'aspect de la succession, soit sous celui de la simultanéité, mais sans que leur nature cesse pour cela d'être la même)[84]. Un effet n'est pas autre (en essence) que sa cause (bien que la cause, par contre, soit plus que l'effet) ; *Brahma* est un (en tant qu'Être) et sans dualité (en tant que Principe Suprême) ; Soi-même, il n'est pas séparé (par des limitations quelconques) de Ses modifications (tant formelles qu'informelles) ; Il est *Âtmâ* (dans tous les états possibles), et *Âtmâ* (en soi, à l'état inconditionné) est Lui (et

---

[83] C'est en tant que *nirguna* que *Brahma* est *kârana*, et en tant que *saguna* qu'il est *kârya* ; le premier est le « Suprême » ou *Para-Brahma*, et le second est le « Non-Suprême » ou *Apara-Brahma* (qui est *Îshwara*) ; mais il n'en résulte point que *Brahma* cesse en quelque façon d'être « sans dualité » (*adwaita*), car le « Non-Suprême » lui-même n'est qu'illusoire en tant qu'il se distingue du « Suprême », comme l'effet n'est rien qui soit vraiment et essentiellement différent de la cause. Notons qu'on ne doit jamais traduire *Para-Brahma* et *Apara-Brahma* par « *Brahma* supérieur » et « *Brahma* inférieur », car ces expressions supposent une comparaison ou une corrélation qui ne saurait aucunement exister.

[84] Cette comparaison avec la mer et ses eaux montre que *Brahma* est ici envisagé comme la Possibilité Universelle, qui est la totalité absolue des possibilités particulières.

non autre que Lui)[85]. La même terre offre des diamants et autres minéraux précieux, des rocs de cristal, et des pierres vulgaires et sans valeur ; le même sol produit une diversité de plantes présentant la plus grande variété dans leurs feuilles, leurs fleurs et leurs fruits ; la même nourriture est convertie dans l'organisme en sang, en chair, et en excroissances variées, telles que les cheveux et les ongles. Comme le lait se change spontanément en caillé et l'eau en glace (sans que ce passage d'un état à un autre implique d'ailleurs aucun changement de nature), ainsi *Brahma* Se modifie diversement (dans la multiplicité indéfinie de la manifestation universelle), sans l'aide d'instruments ou de moyens extérieurs de quelque espèce que ce soit (et sans que Son Unité et Son identité en soient affectées, donc sans qu'on puisse dire qu'Il soit modifié en réalité, bien que toutes choses n'existent effectivement que comme

Ses modifications)[86]. Ainsi l'araignée forme sa toile de sa

---

[85] C'est la formule même de l'« Identité Suprême », sous la forme la plus nette qu'il soit possible de lui donner.

[86] Il ne faut pas oublier, pour résoudre cette apparente difficulté que nous sommes ici bien au-delà de la distinction de *Purusha* et de *Prakriti*, et que ceux-ci, étant déjà unifiés dans l'Être, sont à plus forte raison compris l'un et l'autre dans le Suprême *Brahma*, d'où, s'il est permis de s'exprimer ainsi, deux aspects complémentaires du Principe, qui ne sont d'ailleurs deux aspects que par rapport à notre conception : en tant qu'Il se modifie, c'est l'aspect analogue de *Prakriti* ; en tant que cependant Il n'est pas modifié, c'est l'aspect analogue de *Purusha* ; et l'on remarquera que ce dernier répond plus profondément et plus adéquatement que l'autre à la réalité suprême en son immutabilité. C'est pourquoi *Brahma* même est *Purushottama*, tandis que *Prakriti* représente seulement, par rapport à la manifestation, Sa *Shakti*, c'est-à-dire Sa « Volonté productrice », qui est

propre substance, les êtres subtils prennent des formes diverses (non corporelles), et le lotus croît de marais en marais sans organes de locomotion. Que Brahma soit indivisible et sans parties (comme il l'est), n'est pas une objection (à cette conception de la multiplicité universelle dans Son unité, ou plutôt dans Sa « non-dualité ») ; ce n'est pas Sa totalité (éternellement immuable) qui est modifiée dans les apparences du Monde (ni quelqu'une de Ses parties, puisqu'Il n'en a point, mais c'est Lui-même envisagé sous l'aspect spécial de la distinction ou de la différenciation, c'est-à-dire comme *saguna* ou *savishêsha* ; et, s'Il peut être envisagé ainsi, c'est parce qu'Il comporte en Soi toutes les possibilités, sans que celles-ci soient aucunement des parties de Lui-même)[87]. Divers changements (de conditions et de modes d'existence) sont offerts à la même âme (individuelle) rêvant

---

proprement la « toute-puissance » (activité « non-agissante » quant au Principe, devenant passivité quant à la manifestation). Il convient d'ajouter que, quand la conception est ainsi transposée au-delà de l'Être, ce n'est plus de l'« essence » et de la « substance » qu'il s'agit, mais bien de l'Infini et de la Possibilité, ainsi que nous l'expliquerons sans doute en une autre occasion ; c'est aussi, ce que la tradition extrême-orientale désigne comme la « perfection active » (*Khien*) et la « perfection passive » (*Khouen*), qui coïncident d'ailleurs dans la Perfection au sens absolu.

[87] Pour l'ésotérisme islamique aussi, l'Unité, considérée en tant qu'elle contient tous les aspects de la Divinité (*Asrâr rabbâniyah* ou « Mystères dominicaux »), « est de l'Absolu la surface réverbérante à innombrables facettes qui magnifie toute créature qui s'y mire directement ». Cette surface, c'est également *Mâyâ* envisagée dans son sens le plus élevé, comme la *Shakti* de *Brahma*, c'est-à-dire la « toute-puissance » du Principe Suprême. — D'une façon toute semblable encore dans la *Qabbalah* hébraïque, *Kether* (la première des dix *Sephiroth*) est le « vêtement » d'*Aïn-Soph* (l'Infini ou l'Absolu).

(et percevant dans cet état les objets internes, qui sont ceux du domaine de la manifestation subtile)[88] ; diverses formes illusoires (correspondant à différentes modalités de manifestation formelle, autres que la modalité corporelle) sont revêtues par le même être subtil sans altérer en rien son unité (une telle forme illusoire, *mâyâvi-rûpa*, étant considérée comme purement accidentelle et n'appartenant pas en propre à l'être qui s'en revêt, de sorte que celui- ci doit être regardé comme non-affecté par cette modification toute apparente)[89]. Brahma est tout-puissant (puisqu'Il contient tout en principe), propre à tout acte (quoique « non-agissant », ou plutôt par cela même), sans organe ou instrument d'action quelconque ; ainsi aucun motif ou but spécial (tel que celui d'un acte individuel), autre que Sa volonté (qui ne se distingue pas de Sa toute-puissance) [90], ne doit être assigné à la détermination de l'Univers. Aucune différenciation

---

[88] Les modifications qui se produisent dans le rêve fournissent une des analogies les plus frappantes que l'on puisse indiquer pour aider à comprendre la multiplicité des états de l'être.

[89] Il y aurait sur ce point une comparaison intéressante à faire avec ce que les théologiens catholiques, et notamment saint Thomas d'Aquin, enseignent au sujet des formes dont peuvent se revêtir les anges ; la ressemblance est d'autant plus remarquable que les points de vue sont forcément très différents. Nous rappellerons du reste en passant, à ce propos, ce que nous avons déjà eu l'occasion de signaler ailleurs, que presque tout ce qui est dit théologiquement des anges peut aussi être dit métaphysiquement des états supérieurs de l'être.

[90] C'est Sa *Shakti*, dont nous avons parlé dans de précédentes notes, et c'est aussi Lui-même en tant qu'Il est envisagé comme la Possibilité Universelle ; d'ailleurs, en soi, la *Shakti* ne peut être qu'un aspect du Principe, et, si on l'en distingue pour la considérer « séparativement », elle n'est plus que la « Grande Illusion » (*Mahâ-Mohâ*), c'est-à-dire *Mâyâ* dans son sens inférieur et exclusivement cosmique.

accidentelle ne doit Lui être imputée (comme à une cause particulière), car chaque être individuel se modifie (en développant ses possibilités) conformément à sa propre nature[91] ; ainsi le nuage pluvieux distribue la pluie avec impartialité (sans égard pour les résultats spéciaux qui proviendront de circonstances secondaires), et cette même pluie fécondante fait croître diversement différentes semences, produisant une variété de plantes selon leurs espèces (en raison des différentes potentialités respectivement propres à ces semences)[92]. Tout attribut d'une cause première est (en principe) en *Brahma*, qui (en Soi-même) est cependant dénué de toute qualité (distincte) »[93].

---

[91] C'est l'idée même du *Dharma*, comme « conformité à la nature essentielle des êtres », appliquée à l'ordre total de l'Existence universelle.

[92] « O Principe ! Toi qui donnes à tous les êtres ce qui leur convient, Tu n'as jamais prétendu à être appelé équitable. Toi dont les bienfaits s'étendent à tous les temps, Tu n'as jamais prétendu à être appelé charitable. Toi qui fus avant l'origine, et qui ne prétend pas être appelé vénérable ; Toi qui enveloppes et supportes l'Univers, produisant toutes les formes, sans prétendre être appelé habile ; c'est en Toi que je me meus » (*Tchoang-tseu*, ch. VI ; traduction du P. Wieger, p. 261). — « On peut dire du Principe seulement qu'il est l'origine de tout, et qu'il influence tout en restant indifférent » (*id.*, ch. XXII ; *ibid.*, p. 391). — « Le Principe, indifférent, impartial, laisse toutes les choses suivre leur cours, sans les influencer. Il ne prétend à aucun titre (qualification ou attribution quelconque). Il n'agit pas. Ne faisant rien, il n'est rien qu'il ne fasse » (*id.*, ch. XXV ; *ibid.* p. 437).

[93] *Brahma-Sûtras*, 2e Adhyâya, 1er Pâda, sûtras 13 à 37. — Cf. *Bhagavad-Gîtâ*, IX, 4 et 8 : « C'est moi, dénué de toute forme sensible, qui ait développé tout cet Univers... Immuable dans ma puissance productrice (la *Shakti*, qui est appelée ici *Prakriti* parce qu'elle est envisagée par rapport à la manifestation), je produis et reproduis (dans tous les cycles) la multitude des êtres, sans but déterminé, par la seule vertu de cette puissance productrice. »

« Ce qui fut, ce qui est et ce qui sera, tout est véritablement *Omkâra* (l'Univers principiellement identifié à *Brahma*, et, comme tel, symbolisé par le monosyllabe sacré *Om*) ; et toute autre chose, qui n'est pas soumise au triple temps (*trikâla*, c'est-à-dire la condition temporelle envisagée sous ses trois modalités de passé, de présent et de futur), est aussi véritablement *Omkâra*. Assurément, cet *Âtmâ* (dont toutes choses ne sont que la manifestation) est *Brahma*, et cet *Âtmâ* (par rapport aux divers états de l'être) a quatre conditions (*pâdas*, mot qui signifie littéralement « pieds ») ; en vérité, tout ceci est *Brahma* »[94].

« Tout ceci » doit s'entendre, comme le montre d'ailleurs clairement la suite de ce dernier texte, que nous donnerons plus loin, des différentes modalités de l'être individuel envisagé dans son intégralité, aussi bien que des états non-individuels de l'être total ; les uns et les autres sont également désignés ici comme les conditions d'*Âtmâ*, bien que d'ailleurs, en soi, *Âtmâ* soit véritablement inconditionné et ne cesse jamais de l'être.

---

[94] *Mândûkya Upanishad*, shrutis 1 et 2.

Chapitre XI

LES DIFFÉRENTES CONDITIONS D'*ÂTMÂ* DANS L'ÊTRE HUMAIN

Nous aborderons maintenant l'étude des différentes conditions de l'être individuel, résidant dans la forme vivante, laquelle, comme nous l'avons expliqué plus haut, comprend, d'une part, la forme subtile (*sûkshma-sharîra* ou *linga-sharîra*), et, d'autre part, la forme grossière ou corporelle (*sthûla-sharîra*). Lorsque nous parlons de ces conditions, nous n'entendons nullement par là la condition spéciale qui, suivant ce que nous avons déjà dit, est propre à chaque individu et le distingue de tous les autres, ni l'ensemble des conditions limitatives qui définit chaque état d'existence envisagé en particulier ; ce dont il s'agit ici, ce sont exclusivement les divers états ou, si l'on veut, les diverses modalités dont est susceptible, d'une façon tout à fait générale, un même être individuel quel qu'il soit. Ces modalités peuvent toujours, dans leur ensemble, être rapportées à l'état grossier et à l'état subtil, le premier étant borné à la seule modalité corporelle, et le second comprenant tout le reste de l'individualité (il n'est pas question ici des autres états individuels, puisque c'est l'état humain qui est envisagé spécialement). Ce qui est au-delà de ces deux états n'appartient plus à l'individu comme tel : nous voulons parler de ce qu'on pourrait appeler l'état « causal », c'est-à-dire de celui qui correspond au *kârana-sharîra*, et qui, par conséquent, est d'ordre universel et informel. Avec cet état « causal », d'ailleurs, si nous ne sommes plus dans le domaine de l'existence individuelle, nous sommes encore dans celui de l'Être ; il faut donc considérer en outre, au-delà de l'Être, un quatrième état principiel, absolument inconditionné. Métaphysiquement, tous ces états, même ceux qui appartiennent proprement à l'individu, sont rapportés à *Âtmâ*, c'est-à-dire à la personnalité, parce que c'est celle-ci qui constitue seule la réalité profonde de l'être, et parce que tout état de cet être serait purement illusoire si l'on prétendait l'en séparer. Les états de l'être, quels qu'ils soient, ne représentent rien d'autre que des possibilités d'*Âtmâ* ; c'est pourquoi on peut parler des diverses conditions où se trouve l'être comme étant véritablement les conditions d'*Âtmâ*, quoiqu'il doive être bien entendu qu'*Âtmâ*, en soi, n'en est point affecté et ne cesse aucunement pour cela d'être inconditionné, de même qu'il ne devient jamais manifesté, tout en étant le principe essentiel et transcendant de la manifestation sous tous ses modes.

Laissant momentanément de côté le quatrième état, sur lequel nous reviendrons par la suite, nous dirons que les trois premiers sont : l'état de veille, qui correspond à la manifestation grossière ; l'état de rêve, qui correspond à la manifestation subtile ; le sommeil profond, qui est l'état « causal » et informel. À ces trois états, on en ajoute parfois un autre, celui de la mort, et même un autre encore, l'évanouissement extatique, considéré comme intermédiaire (*sandhyâ*)[95] entre le sommeil profond et la mort, de même que le rêve l'est entre la veille et le sommeil profond[96]. Cependant, ces deux derniers états, en général, ne sont pas énumérés à part, car ils ne sont pas essentiellement distincts de celui du sommeil profond, état extra-individuel en réalité, comme nous l'avons expliqué tout à l'heure, et où l'être rentre également dans la non-manifestation, où tout au moins dans l'informel, « l'âme vivante (*jîvâtmâ*) se retirant au sein de l'Esprit Universel (*Âtmâ*) par la voie qui conduit au centre même de l'être, là où est le séjour de *Brahma* »[97].

Pour la description détaillée de ces états, nous n'avons qu'à nous reporter au texte de la *Mândûkya Upanishad*, dont nous avons déjà cité plus haut le début, à l'exception cependant d'une phrase, la première de toutes, qui est celle-ci : « *Om*, cette syllabe (*akshara*)[98] est tout ce qui est ; son explication

---

[95] Ce mot *sandhyâ* (dérivé de *sandhi*, point de contact ou de jonction entre deux choses) sert aussi dans une acception plus ordinaire, à désigner le crépuscule (du matin ou du soir), considéré de même comme intermédiaire entre le jour et la nuit ; dans la théorie des cycles cosmiques, il désigne l'intervalle de deux *Yugas*.

[96] Sur cet état, cf. *Brahma-Sûtras*, 3e Adhyâya, 2e Pâda, sûtra 10.

[97] *Brahma-Sûtras*, 3e Adhyâya, 2e Pâda, sûtras 7 et 8.

[98] Le mot *akshara*, dans son acception étymologique signifie « indissoluble » ou « indestructible » ; si la syllabe est désignée par ce mot, c'est parce que c'est elle (et non le caractère alphabétique) qui est regardée comme constituant l'unité primitive et l'élément fondamental du langage ; toute racine verbale est d'ailleurs

suit. » Le monosyllabe sacré *Om*, dans lequel s'exprime l'essence du *Vêda*[99], est considéré ici comme le symbole idéographique d'*Âtmâ* ; et, de même que cette syllabe, composée de trois caractères (*mâtrâs*, ces caractères étant *a, u* et *m*, dont les deux premiers se contractent en *o*)[100], a quatre éléments, dont le quatrième, qui n'est autre que le monosyllabe lui-même envisagé synthétiquement sous son aspect principiel, est « non-exprimé » par un caractère (*amâtra*), étant antérieur à toute distinction dans l'« indissoluble » (*akshara*), de même *Âtmâ* a quatre conditions (*pâdas*), dont la quatrième n'est en vérité aucune condition spéciale, mais est *Âtmâ* envisagé en Soi- même, d'une façon absolument transcendante et indépendamment de toute condition, et qui, comme tel, n'est susceptible d'aucune représentation. Nous allons maintenant exposer successivement ce qui est dit, dans le texte auquel nous nous référons, de chacune de ces quatre conditions d'*Âtmâ*, en

---

syllabique. La racine verbale est appelée en sanskrit *dhâtu*, mot qui signifie proprement « semence », parce que, par les possibilités de modifications multiples qu'elle comporte et renferme en elle-même, elle est véritablement la semence dont le développement donne naissance au langage tout entier. On peut dire que la racine est l'élément fixe ou invariable du mot, qui représente sa nature fondamentale immuable, et auquel viennent s'adjoindre des éléments secondaires et variables, représentant des accidents (au sens étymologique) ou des modifications de l'idée principale.

[99] Cf. *Chhândogya Upanishad*, 1er Prapâthaka, 1er Khanda, et 2e Prapâthaka, 23e Khanda ; *Brihad-Âranyaka Upanishad*, 5e Adhyâya, 1er Brâhmana, shruti 1.

[100] En sanskrit, la voyelle *o* est en effet formée par l'union de *a* et *u*, de même que la voyelle *ê* est formée par l'union de *a* et *i*. — En arabe aussi, les trois voyelles *a, i* et *u* sont regardées comme seules fondamentales et véritablement distinctes.

partant du dernier degré de la manifestation et en remontant jusqu'à l'état suprême, total et inconditionné.

Chapitre XII

L'ÉTAT DE VEILLE OU LA CONDITION DE *VAISHWÂNARA*

« La première condition est *Vaishwânara*, dont le siège [101] est dans l'état de veille (*jâgarita-sthâna*), qui a la connaissance des objets externes (sensibles), qui a sept membres et dix-neuf bouches, et dont le domaine est le monde de la manifestation grossière » [102].

Vaishwânara est, comme l'indique la dérivation étymologique de ce nom [103], ce que nous avons appelé

---

[101] Il est évident que cette expression et toutes celles qui lui sont similaires, comme séjour, résidence, etc., doivent toujours être entendues ici symboliquement et non littéralement, c'est-à-dire comme désignant, non pas un lieu quelconque, mais bien une modalité d'existence. L'usage du symbolisme spatial est d'ailleurs extrêmement répandu, ce qui s'explique par la nature même des conditions auxquelles est soumise l'individualité corporelle, par rapport à laquelle doit être effectuée, dans la mesure du possible, la traduction des vérités qui concernent les autres états de l'être. — Le terme *sthâna* a pour équivalent exact le mot « état », *status*, car la racine *sthâ* se retrouve, avec les mêmes significations qu'en sanskrit, dans le latin *stare* et ses dérivés.

[102] Mândûkya Upanishad, shruti 3.

[103] Sur cette dérivation, voir le commentaire de Shankarâchârya sur les *Brahma-Sûtras*, 1er Adhyâya, 2e Pâda, sûtra 28 : c'est *Âtmâ* qui est à la fois « tout »

l'« Homme Universel », mais envisagé plus particulièrement dans le développement complet de ses états de manifestation, et sous l'aspect spécial de ce développement. Ici, l'extension de ce terme semble même être restreinte à l'un de ces états, le plus extérieur de tous, celui de la manifestation grossière qui constitue le monde corporel ; mais cet état particulier peut être pris pour symbole de tout l'ensemble de la manifestation universelle, dont il est un élément, et cela parce qu'il est pour l'être humain la base et le point de départ obligé de toute réalisation ; il suffira donc, comme en tout symbolisme, d'effectuer les transpositions convenables suivant les degrés auxquels la conception devra s'appliquer. C'est en ce sens que l'état dont il s'agit peut être rapporté à l'« Homme Universel » et décrit comme constituant son corps, conçu par analogie avec celui de l'homme individuel, analogie qui est, comme nous l'avons déjà dit, celle du « macrocosme » (*adhidêvaka*) et du « microcosme » (*adhyâtmika*). Sous cet aspect, *Vaishwânara* est aussi identifié à *Virâj*, c'est-à-dire à l'Intelligence cosmique en tant qu'elle régit et unifie dans son intégralité l'ensemble du monde corporel. Enfin, à un autre point de vue, qui corrobore d'ailleurs le précédent, *Vaishwânara* signifie encore « ce qui est commun à tous les hommes » ; c'est alors l'espèce humaine, entendue comme nature spécifique, ou plus précisément ce qu'on peut appeler

---

(*vishwa*), en tant que personnalité, et « homme » (*nara*), en tant qu'individualité (c'est-à-dire comme *jîvâtmâ*). *Vaishwânara* est donc bien une dénomination qui convient proprement à *Âtmâ* ; d'autre part, c'est aussi un nom d'*Agni*, ainsi que nous le verrons plus loin (cf. *Shatapata Brâhmana*).

le « génie de l'espèce » [104] ; et, en outre, il convient de remarquer que l'état corporel est effectivement commun à toutes les individualités humaines, quelles que soient les autres modalités dans lesquelles elles sont susceptibles de se développer pour réaliser, en tant qu'individualités et sans sortir du degré humain, l'extension intégrale de leurs possibilités respectives[105].

Par ce qui vient d'être dit, on peut comprendre comment il faut entendre les sept membres dont il est question dans le texte de la *Mândûkya Upanishad*, et qui sont les sept parties principales du corps « macrocosmique » de *Vaishwânara* : 1° l'ensemble des sphères lumineuses supérieures, c'est-à-dire des états supérieurs de l'être, mais envisagés ici uniquement

---

[104] Sous ce rapport, *nara* ou *nri* est l'homme en tant qu'individu appartenant à l'espèce humaine, tandis que *mânava* est plus proprement l'homme en tant qu'être pensant, c'est-à-dire l'être doué du « mental », ce qui est d'ailleurs l'attribut essentiel inhérent à son espèce et par lequel sa nature est caractérisée. D'autre part, le nom de *Nara* n'en est pas moins susceptible d'une transposition analogique, par laquelle il s'identifie à *Purusha* ; et c'est ainsi que Vishnu est parfois appelé *Narottama* ou l'« Homme Suprême », désignation dans laquelle il ne faut pas voir le moindre anthropomorphisme, pas plus que dans la conception même de l'« Homme Universel » sous tous ses aspects, et cela précisément en raison de cette transposition. Nous ne pouvons entreprendre de développer ici les sens multiples et complexes qui sont impliqués dans le mot *nara* ; et, pour ce qui est de la nature de l'espèce, il faudrait toute une étude spéciale pour exposer les considérations auxquelles elle peut donner lieu.

[105] Il conviendrait encore d'établir des rapprochements avec la conception de la nature « adamique » dans les traditions judaïque et islamique, conception qui, elle aussi, s'applique à des degrés divers et en des sens hiérarchiquement superposés ; mais cela nous entraînerait beaucoup trop loin de notre sujet, et nous devons présentement nous borner à cette simple indication.

dans leurs rapports avec l'état dont il s'agit spécialement, est comparé à la partie de la tête qui contient le cerveau, lequel, en effet, correspond organiquement à la fonction « mentale », qui n'est qu'un reflet de la Lumière intelligible ou des principes supra-individuels ; 2° le Soleil et la Lune, ou plus exactement les principes représentés dans le monde sensible par ces deux astres[106], sont les deux yeux ; 3° le principe igné est la bouche[107] ; 4° les directions de l'espace (*dish*) sont les oreilles[108] ; 5° l'atmosphère, c'est-à-dire le milieu cosmique dont procède le « souffle vital » (*prâna*), correspond aux poumons ; 6° la région intermédiaire (*Antariksha*) qui s'étend entre la Terre (*Bhû* ou *Bhûmi*) et les sphères lumineuses où les Cieux (*Swar* ou *Swarga*), région considérée comme le milieu ou s'élaborent les formes (encore potentielles par

---

[106] On se souviendra ici des significations symboliques qu'ont aussi, en occident, le Soleil et la Lune dans la tradition hermétique et dans les théories cosmologiques que les alchimistes ont basées sur celle-ci ; pas plus dans un cas que dans l'autre, la désignation de ces astres ne doit être prise littéralement. On doit d'ailleurs remarquer que le présent symbolisme est différent de celui auquel nous avons fait allusion précédemment, et dans lequel le Soleil et la Lune correspondent respectivement au cœur et au cerveau ; il faudrait encore de longs développements pour montrer comment ces divers points de vue se concilient et s'harmonisent dans l'ensemble des concordances analogiques.

[107] Nous avons déjà noté que *Vaishwânara* est parfois un nom d'*Agni*, qui est alors considéré surtout comme chaleur animatrice, donc en tant qu'il réside dans les êtres vivants ; nous aurons encore l'occasion d'y revenir plus loin. D'autre part, *mukhya-prâna* est à la fois le souffle de la bouche (*mukha*) et l'acte vital principal (c'est dans ce second sens que les cinq vâyus sont ses modalités) ; et la chaleur est intimement associée à la vie même.

[108] On notera le rapport très remarquable que ceci présente avec le rôle physiologique des canaux semi-circulaires.

rapport à l'état grossier), correspond à l'estomac[109] ; 7° enfin, la Terre, c'est-à-dire, au sens symbolique, l'aboutissement en acte de toute la manifestation corporelle, correspond aux pieds, qui sont pris ici comme l'emblème de toute la partie inférieure du corps. Les relations de ces divers membres entre eux et leurs fonctions dans l'ensemble cosmique auquel ils appartiennent sont analogues (mais non identiques bien entendu) à celles des parties correspondantes de l'organisme humain. On remarquera qu'il n'est pas question ici du cœur, parce que sa relation directe avec l'Intelligence universelle le place en dehors du domaine des fonctions proprement individuelles, et parce que ce « séjour de *Brahma* » est véritablement le point central, tant dans l'ordre cosmique que dans l'ordre humain, tandis que tout ce qui est de la manifestation, et surtout de la manifestation formelle, est extérieur et « périphérique », si l'on peut s'exprimer ainsi, appartenant exclusivement à la circonférence de la « roue des

---

[109] En un certain sens, le mot *Antariksha* comprend aussi l'atmosphère, considérée alors comme milieu de propagation de la lumière ; il importe de remarquer, d'ailleurs, que l'agent de cette propagation n'est pas l'air (*Vâyu*), mais l'Ether (*Âkâsha*). Quand on transpose les termes pour les rendre applicables à tout l'ensemble des états de la manifestation universelle, dans la considération du *Tribhuvana, Antariksha* s'identifie à *Bhuvas*, qu'on désigne ordinairement comme l'atmosphère, mais en prenant ce mot dans une acception beaucoup plus étendue et moins déterminée que précédemment. — Les noms des trois mondes, *Bhû, Bhuvas* et *Swar*, sont les trois *vyâhritis*, mots qui sont prononcés habituellement après le monosyllabe *Om* dans les rites hindous de la *sandhyâ-upâsanâ* (méditation répétée le matin, à midi et le soir). On remarquera que les deux premiers de ces trois noms ont la même racine, parce qu'ils se réfèrent à des modalités d'un même état d'existence, celui de l'individualité humaine, tandis que le troisième représente, dans cette division, l'ensemble des états supérieurs.

choses ».

Dans la condition dont il s'agit, *Âtmâ*, en tant que *Vaishwânara*, prend conscience du monde de la manifestation sensible (considéré aussi comme le domaine de cet aspect du « Non-Suprême » *Brahma* qui est appelé *Virâj*), et cela par dix-neuf organes, qui sont désignés comme autant de bouches, parce qu'ils sont les « entrées » de la connaissance pour tout ce qui se rapporte à ce domaine particulier ; et l'assimilation intellectuelle qui s'opère dans la connaissance est souvent comparée symboliquement à l'assimilation vitale qui s'effectue par la nutrition. Ces dix-neuf organes (en impliquant d'ailleurs dans ce terme les facultés correspondantes, conformément à ce que nous avons dit de la signification générale du mot *indriya*) sont : les cinq organes de sensation, les cinq organes d'action, les cinq souffles vitaux (*vâyus*), le « mental » ou le sens interne (*manas*), l'intellect (*Buddhi*, considérée ici exclusivement dans ses rapports avec l'état individuel), la pensée (*chitta*), conçue comme la faculté qui donne une forme aux idées et qui les associe entre elles, et enfin la conscience individuelle (*ahankâra*) ; ces facultés sont celles que nous avons précédemment étudiées en détail. Chaque organe et chaque faculté de tout être individuel compris dans le domaine considéré, c'est-à-dire dans le monde corporel, procèdent respectivement de l'organe et de la faculté qui leur correspondent en *Vaishwânara* organe et faculté dont ils sont en quelque sorte un des éléments constituants, au même titre que l'individu auquel ils appartiennent est un élément de l'ensemble cosmique, dans lequel, pour sa part et à la place qui lui revient en propre (du fait qu'il est cet individu et non un autre), il concourt nécessairement à la constitution de l'harmonie totale[110].

L'état de veille, dans lequel s'exerce l'activité des organes et des facultés dont il vient d'être question, est considéré comme la première des conditions d'*Âtmâ*, bien que la modalité grossière ou corporelle à laquelle il correspond constitue le dernier degré dans l'ordre de développement (*prapancha*) du manifesté à partir de son principe primordial et non-manifesté, marquant le terme de ce développement, du moins par rapport à l'état d'existence dans lequel se situe l'individualité humaine. La raison de cette anomalie apparente a déjà été indiquée : c'est dans cette modalité corporelle que se trouve pour nous la base et le point de départ de la réalisation individuelle d'abord (nous voulons dire de l'extension intégrale rendue effective pour l'individualité), et ensuite de toute autre réalisation qui dépasse les possibilités de l'individu et implique une prise de possession des états supérieurs de l'être. Par suite, si l'on se place, comme nous le faisons ici non au point de vue du développement de la manifestation, mais au point de vue et dans l'ordre de cette réalisation avec ses divers degrés, ordre

---

[110] Cette harmonie est encore un aspect du *Dharma* : elle est l'équilibre en lequel se compensent tous les déséquilibres, l'ordre qui est fait de la somme de tous les désordres partiels et apparents.

allant au contraire nécessairement du manifesté au non-manifesté, cet état de veille doit bien être regardé comme précédant en effet les états de rêve et de sommeil profond, qui correspondent, l'un aux modalités extra-corporelles de l'individualité, l'autre aux états supra-individuels de l'être.

Chapitre XIII

L'ÉTAT DE RÊVE OU LA
CONDITION DE *TAIJASA*

L a seconde condition est *Taijasa* (le « Lumineux », « nom dérivé de *Têjas*, qui est la désignation de l'élément igné), dont le siège est dans l'état de rêve (*swapna-sthâna*), qui a la connaissance des objets internes (mentaux), qui a sept membres et dix-neuf bouches, et dont le domaine est le monde de la manifestation subtile »[111].

Dans cet état, les facultés externes, tout en subsistant potentiellement, se résorbent dans le sens interne (*manas*), qui est leur source commune, leur support et leur fin immédiate, et qui réside dans les artères lumineuses (*nâdîs*) de la forme subtile, où il est répandu d'une façon indivisée, à la manière d'une chaleur diffuse. D'ailleurs, l'élément igné lui-même, considéré dans ses propriétés essentielles, est à la fois lumière et chaleur ; et, comme l'indique le nom même de

---

[111] *Mândûkya Upanishad*, shruti 4. —L'état subtil est appelé dans ce texte *pravivikta*, littéralement « prédistingué », parce que c'est un état de distinction qui précède la manifestation grossière ; ce mot signifie aussi « séparé » parce que l'« âme vivante », dans l'état de rêve, est en quelque sorte enfermée en elle-même, contrairement ce qui a lieu dans l'état de veille, « commun à tous les hommes ».

Taijasa appliqué à l'état subtil, ces deux aspects, convenablement transposés (puisqu'il ne s'agit plus alors de qualités sensibles), doivent se retrouver également dans cet état. Tout ce qui se rapporte à celui-ci, comme nous avons eu déjà l'occasion de le faire remarquer en d'autres circonstances, touche de très près à la nature même de la vie, qui est inséparable de la chaleur ; et nous rappellerons que, sur ce point comme sur bien d'autres, les conceptions d'Aristote s'accordent pleinement avec celles des Orientaux. Quant à la luminosité dont il vient d'être question, il faut entendre par là la réflexion et la diffraction de la Lumière intelligible dans les modalités extra-sensibles de la manifestation formelle (dont nous n'avons d'ailleurs à considérer en tout ceci que ce qui concerne l'état humain). D'autre part, la forme subtile elle-même (*sûkshma- sharîra* ou *linga-sharîra*), dans laquelle réside *Taijasa*, est assimilée aussi à un véhicule igné[112], bien que devant être distinguée du feu corporel (l'élément *Têjas* ou ce qui en procède) qui est perçu par les sens de la forme grossière (*sthûla-sharîra*), véhicule de *Vaishwânara*, et plus spécialement par la vue, puisque la visibilité, supposant nécessairement la présence de la lumière, est, parmi les qualités sensibles, celle qui appartient en propre à *Têjas* ; mais, dans l'état subtil, il ne peut plus s'agir aucunement des *bhûtas*, mais seulement des *tanmâtras* correspondants, qui sont leurs principes déterminants immédiats. Pour ce qui est des *nâdîs* ou artères de la forme

---

[112] Nous avons rappelé ailleurs, à ce propos, le « char de feu » sur lequel le prophète Élie monta aux cieux (*IIe Livre des Rois*, II, 11).

subtile, elles ne doivent point être confondues avec les artères corporelles par lesquelles s'effectue la circulation sanguine, et elles correspondent plutôt, physiologiquement, aux ramifications du système nerveux, car elles sont expressément décrites comme lumineuses ; or, comme le feu est en quelque sorte polarisé en chaleur et lumière, l'état subtil est lié à l'état corporel de deux façons différentes et complémentaires, par le sang quant à la qualité calorique, et par le système nerveux quant à la qualité lumineuse[113]. Toutefois, il doit être bien entendu que, entre les *nâdîs* et les nerfs, il n'y a encore qu'une simple correspondance, et non une identification, puisque les premières ne sont pas corporelles, et qu'il s'agit en réalité de deux domaines différents dans l'individualité intégrale. De même, quand on établit un rapport entre les fonctions de ces *nâdîs* et la respiration[114], parce que celle- ci est essentielle à

---

[113] Nous avons déjà indiqué, à propos de la constitution de l'*annamaya-kosha*, qui est l'organisme corporel, que les éléments du système nerveux proviennent de l'assimilation des substances ignées. Quant au sang, étant liquide, il est formé à partir des substances aqueuses, mais il faut que celles-ci aient subi une élaboration due à l'action de la chaleur vitale, qui est la manifestation d'*Agni Vaishwânara*, et elles jouent seulement le rôle d'un support plastique servant à la fixation d'un élément de nature ignée : le feu et l'eau sont ici, l'un par rapport à l'autre, « essence » et « substance » en un sens relatif. Ceci pourrait facilement être rapproché de certaines théories alchimiques, comme celles où intervient la considération des principes appelés « soufre » et « mercure », l'un actif et l'autre passif, et respectivement analogues, dans l'ordre des « mixtes », du feu et de l'eau dans l'ordre des éléments, sans parler des autres désignations multiples qui sont encore données symboliquement, dans le langage hermétique, aux deux termes corrélatifs d'une semblable dualité.

[114] Nous faisons plus spécialement allusion ici aux enseignements qui se rattachent au *Hatha-Yoga*, c'est-à-dire aux méthodes préparatoires à l'« Union » (*Yoga* au

l'entretien de la vie et correspond véritablement à l'acte vital principal, il ne faut point en conclure qu'on peut se les représenter comme des sortes de canaux dans lesquels l'air circulerait ; ce serait confondre avec un élément corporel le « souffle vital » (*prâna*), qui appartient proprement à l'ordre de la manifestation subtile[115]. Il est dit que le nombre total des *nâdîs* est de soixante-douze mille ; d'après d'autres textes, cependant, il serait de sept cent vingt millions ; mais la différence est ici plus apparente que réelle, car, ainsi qu'il arrive toujours en pareil cas, ces nombres doivent être pris symboliquement, et non littéralement ; et il est facile de s'en rendre compte si l'on remarque qu'ils sont en relation évidente avec les nombres cycliques[116]. Nous aurons encore

---

sens propre du mot) et basées sur l'assimilation de certains rythmes, principalement liés au règlement de la respiration. Ce qui est appelé *dhikr* dans les écoles ésotériques arabes a exactement la même raison d'être, et souvent même les procédés mis en œuvre sont tout à fait similaires dans les deux traditions, ce qui, d'ailleurs, n'est pour nous l'indice d'aucun emprunt ; la science du rythme, en effet, peut être connue de part et d'autre d'une façon complètement indépendante, car il s'agit bien là d'une science ayant son objet propre et correspondant à un ordre de réalité nettement défini, quoiqu'elle soit entièrement ignorée des Occidentaux.

[115] Cette confusion a été effectivement commise par certains orientalistes, dont la compréhension est sans doute incapable de dépasser les bornes du monde corporel.

[116] Les nombres cycliques fondamentaux sont : $72 = 2^3 \times 3^2$; $108 = 2^2 \times 3^3$; $432 = 2^4 \times 3^3 = 72 \times 6 = 108 \times 4$; ils s'appliquent notamment à la division géométrique du cercle ($360 = 72 \times 5 = 12 \times 30$) et à la durée de la période astronomique de la précession des équinoxes ($72 \times 360 = 432 \times 60 = 25920$ ans) ; mais ce ne sont là que leurs applications les plus immédiates et les plus élémentaires, et nous ne pouvons entrer ici dans les considérations proprement symboliques auxquelles on arrive par la transposition de ces données dans des ordres différents.

par la suite l'occasion de donner d'autres développements sur cette question des artères subtiles, ainsi que sur le processus des divers degrés de résorption des facultés individuelles, résorption qui, comme nous l'avons dit, s'effectue en sens inverse du développement de ces mêmes facultés.

Dans l'état de rêve, l'« âme vivante » individuelle (*jîvâtmâ*) « est à elle-même sa propre lumière », et elle produit, par l'effet de son seul désir (*kâma*), un monde qui procède tout entier d'elle-même, et dont les objets consistent exclusivement dans des conceptions mentales, c'est-à-dire dans des combinaisons d'idées revêtues de formes subtiles, dépendant substantiellement de la forme subtile de l'individu lui-même, dont ces objets idéaux ne sont en somme qu'autant de modifications accidentelles et secondaires [117]. Cette production, d'ailleurs, a toujours quelque chose d'incomplet et d'incoordonné ; c'est pourquoi elle est regardée comme illusoire (*mâyâmaya*) ou comme n'ayant qu'une existence apparente (*prâtibhâsika*), tandis que, dans le monde sensible où elle se situe à l'état de veille, la même « âme vivante » a la faculté d'agir dans le sens d'une production « pratique » (*vyâvahârika*), illusoire aussi sans doute au regard de la réalité absolue (*paramârtha*), et transitoire comme toute manifestation, mais possédant néanmoins une réalité relative et une stabilité suffisantes pour servir aux besoins de la vie ordinaire et « profane » (*laukika*, mot dérivé de *loka*, le « monde », qui doit être entendu ici dans un sens tout à fait

---

[117] Cf. *Brihad-Âranyaka Upanishad*, 4e Adhyâya, 3e Brâhmana, shrutis 9 et 10.

comparable à celui qu'il a habituellement dans l'Évangile).
Toutefois, il convient de remarquer que cette différence,
quant à l'orientation respective de l'activité de l'être dans les
deux états, n'implique pas une supériorité effective de l'état
de veille sur l'état de rêve lorsque chaque état est considéré en
lui-même ; du moins, une supériorité qui ne vaut que d'un
point de vue « profane » ne peut pas, métaphysiquement, être
considérée comme une vraie supériorité ; et même, sous un
autre rapport, les possibilités de l'état de rêve sont plus
étendues que celle de l'état de veille, et elles permettent à
l'individu d'échapper, dans une certaine mesure, à quelques-
unes des conditions limitatives auxquelles il est soumis dans
sa modalité corporelle [118]. Quoi qu'il en soit, ce qui est
absolument réel (*pâramârthika*), c'est le « Soi » (*Âtmâ*),
exclusivement ; c'est ce que ne peut atteindre en aucune façon
toute conception qui, sous quelque forme que ce soit, se
renferme dans la considération des objets externes et internes,
dont la connaissance constitue respectivement l'état de veille
et l'état de rêve, et qui ainsi, n'allant pas plus loin que
l'ensemble de ces deux états, tient tout entière dans les limites
de la manifestation formelle et de l'individualité humaine.

Le domaine de la manifestation subtile peut, en raison de
sa nature « mentale », être désigné comme un monde idéal,
afin de le distinguer par là du monde sensible, qui est le
domaine de la manifestation grossière ; mais il ne faudrait pas
prendre cette désignation dans le sens de celle du « monde

---

[118] Sur l'état de rêve, cf. *Brahma-Sûtras*, 3e Adhyâya, 2e Pâda, sûtras 1 à 6.

intelligible » de Platon, car les « idées » de celui-ci sont les possibilités à l'état principiel, qui doivent être rapportées au domaine informel ; dans l'état subtil, il ne peut être question encore que des idées revêtues de formes, puisque les possibilités qu'il comporte ne dépassent pas l'existence individuelle[119]. Surtout, il ne faudrait pas songer ici à une opposition comme celle que certains philosophes modernes se plaisent à établir entre « idéal » et « réel », opposition qui n'a pour nous aucune signification : tout ce qui est, sous quelque mode que ce soit, est réel par là même, et possède précisément le genre et le degré de réalité qui conviennent à sa nature propre ; ce qui consiste en idées (c'est là tout le sens que nous donnons au mot « idéal ») n'est ni plus ni moins réel pour cela que ce qui consiste en autre chose, toute possibilité trouvant place nécessairement au rang que sa détermination même lui assigne hiérarchiquement dans l'Univers.

Dans l'ordre de la manifestation universelle, de même que le monde sensible, dans son ensemble, est identifié à *Virâj*, ce monde idéal dont nous venons de parler est identifié à *Hiranyagarbha* (c'est-à-dire littéralement l'« Embryon d'or »)[120], qui est *Brahmâ* (détermination de *Brahma* comme

---

[119] L'état subtil est proprement le domaine de la ψυχη et non celui du νους ; celui-ci correspond en réalité à *Buddhi*, c'est-à-dire à l'intellect supra-individuel.

[120] Ce nom a un sens très proche de celui de *Taijasa*, car l'or, suivant la doctrine hindoue, est la « lumière minérale » ; les alchimistes le regardaient aussi comme correspondant analogiquement, parmi les métaux, au soleil parmi les planètes ; et il est au moins curieux de noter que le nom même de l'or (*aurum*) est identique

effet, *kârya*) [121] s'enveloppant dans l'« Œuf du Monde » (*Brahmânda*)[122], à partir duquel se développera, suivant son mode de réalisation, toute la manifestation formelle qui y est virtuellement contenue comme conception de ce *Hiranyagarbha*, germe primordial de la Lumière cosmique[123]. En outre, *Hiranyagarbha* est désigné comme « ensemble synthétique de vie » (*jîva-ghana*) [124] ; en effet, il est véritablement la « Vie Universelle »[125], en raison de cette connexion déjà signalée de l'état subtil avec la vie, laquelle, même envisagée dans toute l'extension dont elle est susceptible (et non pas limitée à la seule vie organique ou corporelle à laquelle se borne le point de vue

---

au mot hébreu *aôr*, qui signifie « lumière ».

[121] Il faut remarquer que *Brahmâ* est une forme masculine, tandis que *Brahma* est neutre ; cette distinction indispensable, et de la plus haute importance (puisqu'elle n'est autre que celle du « Suprême » et du « Non Suprême »), ne peut être faite par l'emploi, courant chez les orientalistes, de l'unique forme *Brahman*, qui appartient également à l'un et a l'autre genre, d'où de perpétuelles confusions, surtout dans une langue telle que le français, ou le genre neutre n'existe pas.

[122] Ce symbole cosmogonique de l'« Œuf du Monde » n'est nullement spécial à l'Inde ; il se retrouve notamment dans le Mazdéisme, dans la tradition égyptienne (l'Œuf de *Kneph*), dans celle des Druides et dans celle des Orphiques. — La condition embryonnaire, qui correspond pour chaque être individuel à ce qu'est le *Brahmânda* dans l'ordre cosmique, est appelé en sanskrit *pinda* ; et l'analogie constitutive du « microcosme » et du « macrocosme » considérés sous cet aspect est exprimée par cette formule : *Yathâ pinda tathâ Brahmânda*, « tel l'embryon individuel, tel l'Œuf du Monde ».

[123] C'est pourquoi *Virâj* procède de *Hiranyagarbha*, et *Manu*, à son tour, procède de *Virâj*.

[124] Le mot *ghana* signifie primitivement un nuage, et par suite une masse compacte et indifférenciée.

[125] « Et la Vie était la Lumière des hommes » (St Jean, I, 4).

physiologique) [126] , n'est d'ailleurs qu'une des conditions spéciales de l'état d'existence auquel appartient l'individualité humaine ; le domaine de la vie ne dépasse donc pas les possibilités que comporte cet état, qui, bien entendu, doit être pris ici intégralement, et dont les modalités subtiles font partie tout aussi bien que la modalité grossière.

Que l'on se place au point de vue « macrocosmique », comme nous venons de le faire en dernier lieu, ou au point de vue « microcosmique » que nous avions envisagé tout d'abord, le monde idéal dont il s'agit est conçu par des facultés qui correspondent analogiquement à celles par lesquelles est perçu le monde sensible, ou, si l'on préfère, qui sont les mêmes facultés que celles-ci en principe (puisque ce sont toujours les facultés individuelles), mais considérées dans un autre mode d'existence et à un autre degré de développement, leur activité s'exerçant dans un domaine différent. C'est pourquoi *Âtmâ*, dans cet état de rêve, c'est-à-dire en tant que *Taijasa*, a le même nombre de membres et de bouches (ou instruments de connaissance) que dans l'état de veille, en tant que *Vaishwânara* [127] ; il est d'ailleurs inutile d'en répéter

---

[126] Nous faisons plus particulièrement allusion à l'extension de l'idée de vie qui est impliquée dans le point de vue des religions occidentales, et qui se rapporte effectivement à des possibilités située dans un prolongement de l'individualité humaine ; c'est, comme nous l'avons expliqué ailleurs, ce que la tradition extrême-orientale désigne sous le nom de « longévité ».

[127] Ces facultés doivent être regardées ici comme se répartissant dans les trois « enveloppes » dont la réunion constitue la forme subtile (*vijnânamaya-kosha, manomaya-kosha* et *prânamaya-kosha*).

l'énumération, car les définitions que nous avons données précédemment peuvent s'appliquer également, par une transposition appropriée, aux deux domaines de la manifestation grossière ou sensible et de la manifestation subtile ou idéale.

Chapitre XIV

L'ÉTAT DE SOMMEIL PROFOND OU LA CONDITION DE *PRÂJNA*

« Quand l'être qui dort n'éprouve aucun désir et n'est sujet à aucun rêve, son état est celui du sommeil profond (*sushupta-sthâna*) ; celui (c'est-à-dire *Âtmâ* lui-même dans cette condition) qui dans cet état est devenu un (sans aucune distinction ou différenciation) [128], qui s'est identifié soi-même avec un ensemble synthétique (unique et sans détermination particulière) de Connaissance intégrale (*Prajnâna-ghana*) [129], qui est rempli (par pénétration et assimilation intime) de la Béatitude (*ânandamaya*), jouissant véritablement de cette Béatitude (*Ânanda*, comme de son domaine propre), et dont

---

[128] « Tout est un, dit également le Taoïsme ; durant le sommeil, l'âme non distraite s'absorbe dans cette unité ; durant la veille, distraite, elle distingue des êtres divers » (*Tchoang-tseu*, ch. II ; traduction du P. Wieger, p. 215).

[129] « Concentrer toute son énergie intellectuelle comme en une masse », dit aussi, dans le même sens, la doctrine taoïste (*Tchoang-tseu*, ch. IV ; traduction du P. Wieger, p. 233). — *Prajnâna* ou la Connaissance intégrale s'oppose ici à *vijnâna* ou la connaissance distinctive, qui, s'appliquant spécialement au domaine individuel ou formel, caractérise les deux états précédents ; *vijnânamaya-kosha* est la première des « enveloppes » dont se revêt *Âtmâ* en pénétrant dans « le monde des noms et des formes », c'est-à-dire en se manifestant comme *jîvâtmâ*.

la bouche (l'instrument de connaissance) est (uniquement) la Conscience totale (*Chit*) elle-même (sans intermédiaire ni particularisation d'aucune sorte), celui-là est appelé *Prâjna* (Celui qui connaît en dehors et au-delà de toute condition spéciale) : ceci est la troisième condition »[130].

Comme on peut s'en rendre compte immédiatement, le véhicule d'*Âtmâ* dans cet état est le *kârana-sharîra*, puisque celui-ci est *ânandamaya-kosha* ; et, bien qu'on en parle analogiquement comme d'un véhicule ou d'une enveloppe, ce n'est rien qui soit véritablement distinct d'*Âtmâ* lui-même, puisque nous sommes ici au-delà de la distinction. La Béatitude est faite de toutes les possibilités d'*Âtmâ*, elle est, pourrait- on dire, la somme même de ces possibilités ; et, si *Âtmâ* en tant que *Prâjna*, jouit de cette Béatitude comme de son domaine propre, c'est qu'elle n'est en réalité autre chose que la plénitude de son être, ainsi que nous l'avons déjà indiqué précédemment. C'est là un état essentiellement informel et supra-individuel ; il ne saurait donc aucunement s'agir d'un état « psychique » ou « psychologique », comme l'ont cru quelques orientalistes. Ce qui est proprement « psychique », en effet, c'est l'état subtil ; et, en faisant cette assimilation, nous prenons le mot « psychique » dans son sens primitif, celui qu'il avait pour les anciens, sans nous préoccuper des diverses acceptions beaucoup plus spécialisées qui lui ont été données ultérieurement, et avec lesquelles il ne pourrait même plus s'appliquer à l'état subtil tout entier. Pour

---

[130] Mândûkya Upanishad, shruti 5.

ce qui est de la psychologie des Occidentaux modernes, elle ne concerne qu'une partie fort restreinte de l'individualité humaine, celle où le « mental » se trouve en relation immédiate avec la modalité corporelle, et, étant données les méthodes qu'elle emploie, elle est incapable d'aller plus loin ; en tout cas, l'objet même qu'elle se propose, et qui est exclusivement l'étude des phénomènes mentaux, la limite strictement au domaine de l'individualité, de sorte que l'état dont il s'agit maintenant échappe nécessairement à ses investigations, et l'on pourrait même dire qu'il lui est doublement inaccessible, d'abord parce qu'il est au-delà du « mental » ou de la pensée discursive et différenciée, et ensuite parce qu'il est également au-delà de tout « phénomène » quel qu'il soit, c'est-à-dire de toute manifestation formelle.

Cet état d'indifférenciation, dans lequel toute la connaissance, y compris celle des autres états, est centralisée synthétiquement dans l'unité essentielle et fondamentale de l'être, est l'état non-manifesté ou « non-développé » (*avyakta*), principe et cause (*kârana*) de toute la manifestation, et à partir duquel celle-ci est développée dans la multiplicité de ses divers états, et plus particulièrement, en ce qui concerne l'être humain, dans ses états subtil et grossier. Ce non-manifesté, conçu comme racine du manifesté (*vyakta*) qui n'est que son effet (*kârya*), est identifié sous ce rapport à *Mûla-Prakriti*, la « Nature primordiale » ; mais, en réalité, il est à la fois *Purusha* et *Prakriti*, les contenant l'un et l'autre dans son indifférenciation même, car il est cause au sens total de ce mot, c'est-à-dire tout à la fois « cause efficiente » et « cause matérielle », pour nous servir de la terminologie ordinaire, à laquelle nous préférerions d'ailleurs de beaucoup les expressions de « cause essentielle » et « cause substantielle », puisque c'est bien à l'« essence » et à la « substance », définies comme nous l'avons fait précédemment, que se rapportent respectivement ces deux aspects complémentaires de la causalité. Si *Âtmâ*, dans ce troisième état, est ainsi au-delà de la distinction de *Purusha* et de *Prakriti*, ou des deux pôles de la manifestation, c'est qu'il est, non plus dans l'existence conditionnée, mais bien au degré de l'Être pur ; cependant, nous devons en outre y comprendre *Purusha* et *Prakriti*, qui sont encore non-manifestés, et même en un sens, comme nous le verrons tout à l'heure, les états informels de manifestation, que nous avons dû déjà rattacher à l'Universel, puisque ce sont véritablement des états supra-individuels de l'être ; et d'ailleurs, rappelons-le encore, tous les états manifestés sont contenus, en principe et synthétiquement, dans l'Être non-manifesté.

Dans cet état, les différents objets de la manifestation, même ceux de la manifestation individuelle, tant externes qu'internes, ne sont d'ailleurs point détruits, mais subsistent en mode principiel, étant unifiés par la même qu'ils ne sont plus conçus sous l'aspect secondaire et contingent de la distinction ; ils se retrouvent nécessairement parmi les possibilités du « Soi », et celui-ci demeure conscient par lui-même de toutes ces possibilités, envisagées « non-distinctivement » dans la Connaissance intégrale, dès lors qu'il est conscient de sa propre permanence dans l'« éternel présent »[131]. S'il en était autrement, et si les objets de la manifestation ne subsistaient pas ainsi principiellement (supposition qui est d'ailleurs impossible en elle-même, car ces objets ne seraient alors qu'un pur néant, qui ne saurait exister en aucune façon, pas même en mode illusoire), il ne pourrait y avoir aucun retour de l'état de sommeil profond aux états de rêve et de veille, puisque toute manifestation formelle serait irrémédiablement détruite pour l'être dès qu'il est entré dans le sommeil profond ; or un tel retour est toujours possible, au contraire, et se produit effectivement, du moins pour l'être qui n'est pas actuellement « délivré », c'est-à-dire affranchi définitivement des conditions de l'existence individuelle.

Le terme *Chit* doit être entendu, non pas, comme l'était précédemment son dérivé *chitta*, au sens restreint de la pensée individuelle et formelle (cette détermination restrictive, qui implique une modification par réflexion, étant marquée dans le dérivé par le suffixe *kta*, qui est la terminaison du participe passif), mais bien au sens universel, comme la Conscience

---

[131] C'est là ce qui permet de transposer métaphysiquement la doctrine théologique de la « résurrection des morts », ainsi que la conception du « corps glorieux » ; celui-ci, d'ailleurs, n'est point un corps au sens propre de ce mot, mais il en est la « transformation » (ou la « transfiguration »), c'est-à-dire la transposition hors de la forme et des autres conditions de l'existence individuelle, ou encore, en d'autres termes, il est la « réalisation » de la possibilité permanente et immuable dont le corps n'est que l'expression transitoire en mode manifesté.

totale du « Soi » envisagée dans son rapport avec son unique objet, lequel est *Ânanda* ou la Béatitude[132]. Cet objet, tout en constituant alors en quelque façon l'enveloppe du « Soi » (*ânandamaya-kosha*), ainsi que nous l'avons expliqué plus haut, est identique au sujet lui-même, qui est *Sat* ou l'Être pur, et n'en est point véritablement distinct, ne pouvant pas l'être en effet là où il n'y a plus aucune distinction réelle[133]. Ainsi ces trois, *Sat*, *Chit* et *Ânanda* (généralement réunis en *Sachchidânanda*)[134], ne sont absolument qu'un seul et même être, et cet « un » est *Âtmâ*, considéré en dehors et au-delà de toutes les conditions particulières qui déterminent chacun de

---

[132] L'état de sommeil profond a été qualifié d'« inconscient » par certains orientalistes, qui semblent même tentés de l'identifier à l'« Inconscient » de quelques philosophes allemands tels que Hartmann ; cette erreur vient sans doute de ce qu'ils ne peuvent concevoir de conscience autre qu'individuelle et « psychologique », mais elle ne nous en paraît pas moins inexplicable, car nous ne voyons pas comment ils peuvent, avec une semblable interprétation, comprendre des termes tels que *Chit*, *Prajnâna* et *Prâjna*.

[133] Les termes de « sujet » et d'« objet », dans le sens où nous les employons ici, ne peuvent prêter à aucune équivoque : le sujet est « celui qui connaît », l'objet est « ce qui est connu », et leur rapport est la connaissance elle-même. Cependant, dans la philosophie moderne, la signification de ces termes, et surtout celle de leurs dérivés « subjectif » et « objectif », a varié à un tel point qu'ils ont reçu des acceptions à peu près diamétralement opposées, et certains philosophes les ont pris indistinctement dans des sens fort différents ; aussi leur emploi présente-t-il souvent de graves inconvénients au point de vue de la clarté, et, dans bien des cas, il est préférable de s'en abstenir autant que possible.

[134] En arabe, on a, comme équivalent de ces trois termes, l'Intelligence (*El-Aqlu*), l'Intelligent (*El-Âqil*) et l'Intelligible (*El-Maqûl*) : la première est la Conscience universelle (*Chit*), le second est son sujet (*Sat*), et le troisième est son objet (*Ânanda*), les trois n'étant qu'un dans l'Être « qui Se connaît Soi-même par Soi-même ».

ses divers états de manifestation.

Dans cet état, qui est encore désigné parfois sous le nom de *samprasâda* ou « sérénité »[135], la lumière intelligible est saisie directement, ce qui constitue l'intuition intellectuelle, et non plus par réflexion à travers le « mental » (*manas*) comme dans les états individuels. Nous avons appliqué précédemment cette expression d'« intuition intellectuelle » à *Buddhi*, faculté de connaissance supra- rationnelle et supra-individuelle, bien que déjà manifestée ; sous ce rapport, il faut donc inclure d'une certaine façon *Buddhi* dans l'état de *Prâjna*, qui comprendra ainsi tout ce qui est au-delà de l'existence individuelle. Nous avons alors à considérer dans l'Être un nouveau ternaire, qui est constitué par *Purusha*, *Prakriti* et *Buddhi*, c'est-à-dire par les deux pôles de la manifestation, « essence » et « substance », et par la première production de *Prakriti* sous l'influence de *Purusha*, production qui est la manifestation informelle. Il faut ajouter, d'ailleurs, que ce ternaire ne représente que ce qu'on pourrait appeler l'« extériorité » de l'Être, et qu'ainsi il ne coïncide nullement avec l'autre ternaire principiel que nous venons d'envisager, et qui se rapporte véritablement à son « intériorité », mais qu'il en serait plutôt comme une première particularisation en mode distinctif[136] ; il va de soi

---

[135] *Brihad-Âranyaka Upanishad*, 4e Adhyâya, 3e Brâhmana, shruti 15 ; cf. *Brahma-Sûtras*, 1er Adhyâya, 3e Pâda, sûtra 8. — Voir aussi ce que nous dirons plus loin sur la signification du mot *Nirvâna*.

[136] On pourrait dire, avec les réserves que nous avons faites sur l'emploi de ces mots, que *Purusha* est le pôle « subjectif » de la manifestation, et que *Prakriti* en

que, en parlant ici d'« extérieur » et d'« intérieur », nous n'employons qu'un langage purement analogique, basé sur un symbolisme spatial, et qui ne saurait littéralement s'appliquer à l'Être pur. D'autre part, le ternaire de *Sachchidânanda*, qui est coextensif à l'Être, se traduit encore, dans l'ordre de la manifestation informelle, par celui que l'on distingue en *Buddhi*, et dont nous avons déjà parlé : le *Matsya-Purâna*, que nous citions alors, déclare que, « dans l'Universel, *Mahat* (ou *Buddhi*) est *Îshwara* » ; et *Prâjna* est aussi *Îshwara*, auquel appartient proprement le *kârana-sharîra*. On peut dire encore que la *Trimûrti* ou « triple manifestation » est seulement l'« extériorité » d'*Îshwara* ; en soi, celui-ci est indépendant de toute manifestation, dont il est le principe, étant l'Être même ; et tout ce qui est dit d'*Îshwara*, aussi bien en soi que par rapport à la manifestation, peut être dit également de *Prâjna* qui lui est identifié. Ainsi, en dehors du point de vue spécial de la manifestation et des divers états

---

est le pôle « objectif » ; *Buddhi* correspond alors naturellement à la connaissance, qui est comme une résultante du sujet et de l'objet, ou leur « acte commun », pour employer le langage d'Aristote. Cependant, il importe de remarquer que, dans l'ordre de l'Existence universelle, c'est *Prakriti* qui « conçoit » ses productions sous l'influence « non-agissante » de *Purusha*, tandis que, dans l'ordre des existences individuelles, le sujet connaît au contraire sous l'action de l'objet ; l'analogie est donc inversée dans ce cas comme dans ceux que nous avons rencontrés précédemment. Enfin, si l'on regarde l'intelligence comme inhérente au sujet (bien que son « actualité » suppose la présence des deux termes complémentaires), on devra dire que l'Intellect universel est essentiellement actif, tandis que l'intelligence individuelle est passive, relativement du moins (et tout en étant aussi active en même temps sous un autre rapport), ce qu'implique d'ailleurs son caractère de « reflet » ; et ceci concorde encore entièrement avec les théories d'Aristote.

conditionnés qui dépendent de lui dans cette manifestation, l'intellect n'est point différent d'*Âtmâ*, car celui-ci doit être considéré comme « se connaissant soi-même par soi-même », puisqu'il n'y a plus alors aucune réalité qui soit véritablement distincte de lui, tout étant compris dans ses propres possibilités ; et c'est dans cette « Connaissance de Soi » que réside proprement la Béatitude.

« Celui-ci (*Prâjna*) est le Seigneur (*Îshwara*) de tout (*sarva*, mot qui implique ici, dans son extension universelle, l'ensemble des « trois mondes », c'est-à-dire de tous les états de manifestation compris synthétiquement dans leur principe) ; Il est omniscient (car tout Lui est présent dans la Connaissance intégrale, et Il connaît directement tous les effets dans la cause principielle totale, laquelle n'est aucunement distincte de Lui)[137] ; Il est l'ordonnateur interne (*antar-yâmî*, qui, résidant au centre même de l'être, régit et contrôle toutes les facultés correspondant à ses divers états, tout en demeurant Lui-même « non-agissant » dans la plénitude de Son activité principielle)[138] ; Il est la source (*yoni*,

---

[137] Les effets sont « éminemment » dans la cause, comme disent les philosophes scolastiques, et ils sont ainsi constitutifs de sa nature même, puisque rien ne peut être dans les effets qui ne soit d'abord dans la cause ; ainsi la cause première, se connaissant elle-même, connaît par là tous les effets, c'est-à-dire toutes choses, d'une façon absolument immédiate et « non-distinctive ».

[138] Cet « ordonnateur interne » est identique au « Recteur Universel » dont il est question dans un texte taoïste que nous avons cité dans une note précédente. — La tradition extrême-orientale dit aussi que « l'Activité du Ciel est non-agissante » ; dans sa terminologie, le Ciel (*Tien*) correspond à *Purusha* (envisagé aux divers degrés qui ont été indiqués précédemment), et la Terre (*Ti*) à *Prakriti* ;

matrice ou racine primordiale, en même temps que principe ou cause première) de tout (ce qui existe sous quelque mode que ce soit) ; Il est l'origine (*prabhava*, par Son expansion dans la multitude indéfinie de Ses possibilités) et la fin (*apyaya*, par Son repliement en l'unité de Soi-même)[139] de l'universalité des êtres (étant Soi-même l'Être Universel) »[140].

---

il ne s'agit donc pas de ce qu'on est obligé de rendre par les mêmes mots dans l'énumération des termes du *Tribhuvana* hindou.

[139] Ceci est applicable, dans l'ordre cosmique, aux deux phases d'« expiration » et d'« aspiration » que l'on peut envisager dans chaque cycle en particulier ; mais ici il s'agit de la totalité des cycles ou des états constituant la manifestation universelle.

[140] Mândûkya Upanishad, shruti 6.

Chapitre XV

L'ÉTAT INCONDITIONNÉ D'*ÂTMÂ*

« Veille, rêve, sommeil profond, et ce qui est au-delà, tels sont les quatre états d'*Âtmâ* ; le plus grand (*mahattara*) est le Quatrième (*Turîya*). Dans les trois premiers, *Brahma* réside avec un de ses pieds ; il a trois pieds dans le dernier »[141]. Ainsi, les proportions établies précédemment à un certain point de vue se trouvent renversées à un autre point de vue : des quatre « pieds » (*pâdas*) d'*Âtmâ*, les trois premiers quant à la distinction des états n'en sont qu'un pour l'importance métaphysique, et le dernier en est trois à lui seul sous le même rapport. Si *Brahma* n'était pas « sans parties » (*akhanda*), on pourrait dire qu'un quart de Lui seulement est dans l'Être (y compris tout ce qui en dépend, c'est-à-dire la manifestation universelle dont il est le principe), tandis que Ses trois autres quarts sont au-delà de l'Être[142]. Ces trois quarts peuvent être envisagés de la façon suivante : 1° la totalité des possibilités de manifestation en tant qu'elles ne se manifestent pas, donc à l'état absolument permanent et inconditionné, comme tout ce qui est du

---

[141] *Maitri Upanishad*, 7e Prapâthaka, shruti 11.

[142] *Pâda*, qui signifie « pied », signifie aussi « quart ».

« Quatrième » (en tant qu'elles se manifestent, elles appartiennent aux deux premiers états ; en tant que « manifestables », au troisième, principiel par rapport à ceux-là) ; 2° La totalité des possibilités de non-manifestation (dont nous ne parlons d'ailleurs au pluriel que par analogie, car elles sont évidemment au-delà de la multiplicité, et même au-delà de l'unité) ; 3° enfin, le Principe Suprême des unes et des autres, qui est la Possibilité Universelle, totale, infinie et absolue[143].

« Les Sages pensent que le Quatrième (*Chaturtha*)[144], qui n'est connaissant ni des objets internes ni des objets externes (d'une façon distinctive et analytique), ni à la fois des uns et des autres (envisagés synthétiquement et en principe) et qui n'est pas (même) un ensemble synthétique de Connaissance intégrale, n'étant ni connaissant ni non-connaissant, est invisible (*adrishta*, et également non-perceptible par quelque faculté que ce soit), non-agissant (*avyavahârya*, dans Son immuable identité), incompréhensible (*agrâhya*, puisqu'Il

---

[143] D'une façon analogue, en considérant les trois premiers états, dont l'ensemble constitue le domaine de l'Être, on pourrait dire aussi que les deux premiers ne sont qu'un tiers de l'Être, puisqu'ils contiennent seulement la manifestation formelle, tandis que le troisième en est les deux tiers à lui seul, puisqu'il comprend à la fois la manifestation informelle et l'Être non-manifesté. — Il est essentiel de remarquer que les possibilités de manifestation seules entrent dans le domaine de l'Être, même envisagé dans toute son universalité.

[144] Les deux mots *Chaturtha* et *Turîya* ont le même sens et s'appliquent identiquement au même état : *Yad vai Chaturtham tat Turîyam*, « cela assurément qui est *Chaturtha*, cela est *Turîya* » (*Brihad-Âranyaka Upanishad*, 5e Adhyâya, 14e Brâhmana, shruti 3).

comprend tout), indéfinissable (*alakshana*, puisqu'Il est sans aucune limite), impensable (*achintya*, ne pouvant être revêtu d'aucune forme), indescriptible (*avyapadêshya*, ne pouvant être qualifié par aucune attribution ou détermination particulière), l'unique essence fondamentale (*pratyaya- sâra*) du « Soi » (*Âtmâ*, présent dans tous les états), sans aucune trace du développement de la manifestation (*prapancha- upashama*, et par suite absolument et totalement affranchi des conditions spéciales de quelque mode d'existence que ce soit), plénitude de la Paix et de la Béatitude, sans dualité : Il est *Âtmâ* (Lui-même, en dehors et indépendamment de toute condition), (ainsi) Il doit être connu »[145].

On remarquera que tout ce qui concerne cet état inconditionné d'*Âtmâ* est exprimé sous une forme négative ; et il est facile de comprendre qu'il en soit ainsi, car, dans le langage, toute affirmation directe est forcément une affirmation particulière et déterminée, l'affirmation de quelque chose qui exclut autre chose, et qui limite ainsi ce dont on peut l'affirmer[146]. Toute détermination est une

---

[145] Mândûkya Upanishad, shruti 7.

[146] C'est pour la même raison que cet état est désigné simplement comme le « Quatrième », parce qu'il ne peut être caractérisé d'une façon quelconque ; mais cette explication, pourtant évidente, a échappé aux orientalistes, et nous pouvons citer a ce propos un curieux exemple de leur incompréhension : M. Oltramare s'est imaginé que ce nom de « Quatrième » indiquait qu'il ne s'agissait que d'une « construction logique », et cela parce qu'il lui a rappelé « la quatrième dimension des mathématiciens » ; voilà un rapprochement au moins inattendu, et qu'il serait sans doute difficile de justifier sérieusement.

limitation, donc une négation[147] ; par suite, c'est la négation d'une détermination qui est une véritable affirmation, et les termes d'apparence négative que nous rencontrons ici sont, dans leur sens réel, éminemment affirmatifs. D'ailleurs, le mot « Infini », dont la forme est semblable, exprime la négation de toute limite, de sorte qu'il équivaut à l'affirmation totale et absolue, qui comprend ou enveloppe toutes les affirmations particulières, mais qui n'est aucune de celles-ci à l'exclusion des autres, précisément parce qu'elle les implique toutes également et « non-distinctivement » ; et c'est ainsi que la Possibilité Universelle comprend absolument toutes les possibilités. Tout ce qui peut s'exprimer sous une forme affirmative est nécessairement enfermé dans le domaine de l'Être, puisque celui-ci est lui-même la première affirmation ou la première détermination, celle dont procèdent toutes les autres, de même que l'unité est le premier des nombres et que ceux-ci en dérivent tous ; mais, ici, nous sommes dans la « non-dualité », et non plus dans l'unité, ou, en d'autres termes, nous sommes au-delà de l'Être, par là même que nous sommes au-delà de toute détermination, même principielle[148].

---

[147] Spinoza lui-même l'a reconnu expressément : « Omnis determinatio negatio est » ; mais il est à peine besoin de dire que l'application qu'il en fait rappellerait bien plutôt l'indétermination de *Prakriti* que celle d'*Âtmâ* dans son état inconditionné.

[148] Nous nous plaçons ici au point de vue purement métaphysique, mais nous devons ajouter que ces considérations peuvent avoir aussi une application au point de vue théologique ; bien que ce dernier se maintienne ordinairement dans les limites de l'Être, certains reconnaissent que la « théologie négative » est seule rigoureuse, c'est-à-dire qu'il n'y a que les attributs de forme négative qui

En Soi-même, *Âtmâ* n'est donc ni manifesté (*vyakta*), ni non-manifesté (*avyakta*), du moins si l'on regarde seulement le non-manifesté comme le principe immédiat du manifesté (ce qui se réfère à l'état de *Prâjna*) ; mais Il est à la fois le principe du manifesté et du non-manifesté (bien que ce Principe Suprême puisse d'ailleurs aussi être dit non-manifesté en un sens supérieur, ne fût-ce que pour affirmer par là Son immutabilité absolue et l'impossibilité de Le caractériser par aucune attribution positive). « Lui (le Suprême *Brahma*, auquel *Âtmâ* inconditionné est identique), l'œil ne L'atteint point[149], ni la parole, ni le « mental »[150] ; nous ne Le reconnaissons point (comme compréhensible par autre que Lui-même), et c'est pourquoi nous ne savons comment enseigner Sa nature (par une description quelconque). Il est supérieur à ce qui est connu (distinctivement, ou à l'Univers manifesté), et Il est même au-delà de ce qui n'est pas connu (distinctivement, ou de l'Univers non- manifesté, un avec

---

conviennent véritablement à Dieu. — Cf. St Denis l'Aréopagite, *Traité de la Théologie Mystique*, dont les deux derniers chapitres se rapprochent d'une façon remarquable, même dans l'expression, du texte qui vient d'être cité.

[149] De même, le *Qorân* dit en parlant d'*Allah* : « Les regards ne peuvent L'atteindre. » — « Le Principe n'est atteint ni par la vue ni par l'ouïe » (Tchoang-tseu, ch. XXII ; traduction du P. Wieger, p. 397).

[150] Ici, l'œil représente les facultés de sensation, et la parole les facultés d'action ; on a vu plus haut que le *manas*, par sa nature et ses fonctions, participe des unes et des autres. *Brahma* ne peut être atteint par aucune faculté individuelle : Il ne peut être perçu par les sens comme les objets grossiers, ni conçu par la pensée comme les objets subtils ; Il ne peut être exprimé en mode sensible par les mots, ni en mode idéal par les images mentales.

l'Être pur)[151] ; tel est l'enseignement que nous avons reçu des Sages d'autrefois. On doit considérer que Ce qui n'est point manifesté par la parole (ni par aucune autre chose), mais par quoi la parole est manifestée (ainsi que toutes choses), est *Brahma* (dans Son Infinité), et non ce qui est envisagé (en tant qu'objet de méditation) comme « ceci » (un être individuel ou un monde manifesté, suivant que le point de vue se rapporte au « microcosme » ou au « macrocosme ») ou « cela » (*Îshwara* ou l'Être Universel lui-même, en dehors de toute individualisation et de toute manifestation) »[152].

Shankarâchârya ajoute à ce passage le commentaire suivant : « Un disciple qui a suivi attentivement l'exposition de la nature de *Brahma*, doit être amené à penser qu'il connaît parfaitement *Brahma* (du moins théoriquement) ; mais, malgré les raisons apparentes qu'il peut avoir de penser ainsi, ce n'en est pas moins une opinion erronée. En effet, la signification bien établie de tous les textes concernant le *Vêdânta* est que le « Soi » de tout être qui possède la Connaissance est identique à *Brahma* (puisque, par cette Connaissance même, l'« Identité Suprême » est réalisée). Or,

---

[151] Cf. le passage déjà cité de la *Bhagavad-Gîtâ*, XV, 18, d'après lequel *Paramâtmâ* « dépasse le destructible et même l'indestructible » ; le destructible est le manifesté, et l'indestructible est le non-manifesté, entendu comme nous venons de l'expliquer.

[152] *Kêna Upanishad*, 1er Khanda, shrutis 3 à 5. — Ce qui a été dit pour la parole (*vâch*) est ensuite répété successivement, dans les shrutis 6 à 9, et en termes identiques, pour le « mental » (*manas*), l'œil (*chakshus*), l'ouïe (*shrotra*) et le « souffle vital » (*prâna*).

de toute chose qui est susceptible de devenir un objet de connaissance, une connaissance distincte et définie est possible ; mais il n'en est pas ainsi de Ce qui ne peut devenir un tel objet. Cela est *Brahma*, car Il est le Connaisseur (total), et le Connaisseur peut connaître les autres choses (les renfermant toutes dans Son infinie compréhension, qui est identique à la Possibilité Universelle), mais non Se faire Lui-même l'objet de Sa propre Connaissance (car, dans Son identité qui ne résulte d'aucune identification, on ne peut pas même faire, comme dans la condition de *Prâjna*, la distinction principielle d'un sujet et d'un objet qui sont cependant « le même », et Il ne peut pas cesser d'être Soi-même, « tout-connaissant », pour devenir « tout connu », qui serait un autre Soi-même), de la même façon que le feu peut brûler d'autres choses, mais non se brûler lui-même (sa nature essentielle étant indivisible, comme, analogiquement, *Brahma* est « sans dualité »)[153]. D'autre part, il ne peut pas être dit non plus que *Brahma* puisse être un objet de connaissance pour un autre que Lui- même, car, en dehors de Lui, il n'est rien qui soit connaissant (toute connaissance, même relative, n'étant qu'une participation de la connaissance absolue et suprême) »[154].

---

[153] Cf. *Brihad-Âranyaka Upanishad*, 4e Adhyâya, 5e Brâhmana, shruti 14 : « Comment le Connaisseur (total) pourrait-il être connu ? »

[154] Ici encore, nous pouvons établir un rapprochement avec cette phrase du *Traité de l'Unité* (*Risâlatul-Ahadiyah*) de Mohyiddin ibn Arabi : « Il n'y a rien, absolument rien qui existe hormis Lui (*Allah*), mais Il comprend Sa propre existence sans (toutefois) que cette compréhension existe d'une façon

C'est pourquoi il est dit dans la suite du texte : « Si tu penses que tu connais bien (*Brahma*), ce que tu connais de Sa nature est en réalité peu de chose ; pour cette raison, *Brahma* doit encore être plus attentivement considéré par toi. (La réponse est celle-ci :) Je ne pense pas que je Le connais ; par là je veux dire que je ne Le connais pas bien (d'une façon distincte, comme je connaîtrais un objet susceptible d'être décrit ou défini) ; et cependant je Le connais (suivant l'enseignement que j'ai reçu concernant Sa nature). Quiconque parmi nous comprend ces paroles (dans leur véritable signification) : « Je ne Le connais pas, et cependant je Le connais », celui-là Le connaît en vérité. Par celui qui pense que *Brahma* est non-compris (par une faculté quelconque), *Brahma* est compris (car, par la Connaissance de *Brahma*, celui-là est devenu réellement et effectivement identique à *Brahma* même) ; mais celui qui pense que *Brahma* est compris (par quelque faculté sensible ou mentale) ne Le connaît point. *Brahma* (en Soi-même, dans Son incommunicable essence) est inconnu à ceux qui Le connaissent (à la façon d'un objet quelconque de connaissance, que ce soit un être particulier ou l'Être Universel), et Il est connu à ceux qui ne Le connaissent point (comme « ceci » ou « cela »)[155].

---

quelconque ».

[155] *Kêna Upanishad*, 2e Khanda, shrutis 1 à 3. — Voici un texte taoïste qui est tout à fait identique : « L'Infini a dit : je ne connais pas le Principe ; cette réponse est profonde. L'Inaction a dit : je connais le Principe ; cette réponse est superficielle. L'Infini a eu raison de dire qu'il ne savait rien de l'essence du Principe. L'Inaction

Chapitre XVI

REPRÉSENTATION SYMBOLIQUE
D'*ÂTMÂ* ET DE SES CONDITIONS
PAR LE MONOSYLLABE SACRÉ *OM*

L a suite de la *Mândûkya Upanishad* se rapporte à la correspondance du monosyllabe sacré *Om* et de ses éléments (*mâtrâs*) avec *Âtmâ* et ses conditions (*pâdas*) ; elle indique, d'une part, les raisons symboliques de cette correspondance, et, d'autre part, les effets de la méditation, portant à la fois sur le symbole et sur ce qu'il représente, c'est-à-dire sur *Om* et sur *Âtmâ*, le premier jouant le rôle de « support » pour obtenir la connaissance du second. Nous allons maintenant donner la traduction de cette

a pu dire qu'elle Le connaissait, quant à Ses manifestations extérieures... Ne pas Le connaître, c'est Le connaître (dans Son essence) ; Le connaître (dans Ses manifestations), c'est ne pas Le connaître (tel qu'Il est en réalité). Mais comment comprendre cela, que c'est en ne Le connaissant pas qu'on Le connaît ? — Voici comment, dit l'État primordial. Le Principe ne peut pas être entendu, ce qui s'entend, ce n'est pas Lui. Le Principe ne peut pas être vu ; ce qui se voit, ce n'est pas Lui. Le Principe ne peut pas être énoncé ; ce qui s'énonce, ce n'est pas Lui... Le Principe, ne pouvant être imaginé, ne peut pas non plus être décrit. Celui qui pose des questions sur le Principe, et celui qui y répond, montrent tous deux qu'ils ignorent ce qu'est le Principe. On ne peut, du Principe, demander ni répondre ce qu'Il est » (*Tchoang-tseu*, ch. XXII ; traduction du P. Wieger, pp. 397-399).

dernière partie du texte ; mais il ne nous sera pas possible de l'accompagner d'un commentaire complet, qui nous éloignerait trop du sujet de la présente étude.

« Cet *Âtmâ* est représenté par la syllabe (par excellence) *Om*, qui à son tour est représentée par des caractères (*mâtrâs*), (de telle sorte que) les conditions (d'*Âtmâ*) sont les mâtrâs (d'*Om*), et (inversement) les *mâtrâs* (d'*Om*) sont les conditions (d'*Âtmâ*) : ce sont A, U et M. « *Vaishwânara*, dont le siège est dans l'état de veille, est (représenté par) A, la première *mâtrâ*, parce qu'elle est la connexion (*âpti*, de tous les sons, le son primordial A, celui qui est émis par les organes de la parole dans leur position naturelle, étant comme immanent dans tous les autres, qui en sont des modifications diverses et qui s'unifient en lui, de même que *Vaishwânara* est présent dans toutes les choses du monde sensible et en fait l'unité), aussi bien que parce qu'elle est le commencement (*âdi*, à la fois de l'alphabet et du monosyllabe *Om*, comme *Vaishwânara* est la première des conditions d'*Âtmâ* et la base à partir de laquelle, pour l'être humain, doit s'accomplir la réalisation métaphysique). Celui qui connaît ceci obtient en vérité (la réalisation de) tous ses désirs (puisque, par son identification avec *Vaishwânara*, tous les objets sensibles deviennent dépendants de lui et partie intégrante de son propre être), et il devient le premier (dans le domaine de *Vaishwânara* ou de *Virâj*, dont il se fait le centre en vertu de cette connaissance même et par l'identification qu'elle implique lorsqu'elle est pleinement effective).

« *Taijasa*, dont le siège est dans l'état de rêve, est (représenté par) *U*, la seconde *mâtra*, parce qu'elle est l'élévation (*utkarsha*, du son à partir de sa modalité première, comme l'état subtil est, dans la manifestation formelle, d'un ordre plus élevé que l'état grossier), aussi bien que parce qu'elle participe des deux (*ubhaya*, c'est-à-dire que, par sa nature et par sa position, elle est intermédiaire entre les deux éléments extrêmes du monosyllabe *Om*, de même que l'état de rêve est intermédiaire, *sandhyâ*, entre la veille et le sommeil profond). Celui qui connaît ceci avance en vérité dans la voie de la Connaissance (par son identification avec *Hiranyagarbha*), et (étant ainsi illuminé) il est en harmonie (*samâna*, avec toutes choses, car il envisage l'Univers manifesté comme la production de sa propre connaissance, qui ne peut être séparée de lui-même), et aucun de ses descendants (au sens de « postérité spirituelle »)[156] ne sera ignorant de *Brahma*.

« *Prâjna*, dont le siège est dans l'état de sommeil profond, est (représenté par) *M*, la troisième *mâtrâ*, parce qu'elle est la mesure (*miti*, des deux autres *mâtrâs*, comme, dans un rapport mathématique, le dénominateur est la mesure du numérateur), aussi bien que parce qu'elle est l'aboutissement (du monosyllabe *Om*, considéré comme renfermant la synthèse de tous les sons, et de même le non-manifesté contient, synthétiquement et en principe, tout le manifesté

---

[156] Ce sens a même ici, en raison de l'identification avec *Hiranyagarbha*, un rapport plus particulier avec l'« Œuf du Monde » et avec les lois cycliques.

avec ses divers modes possibles, et celui-ci peut être considéré comme rentrant dans le non-manifesté, dont il ne s'est jamais distingué que d'une façon contingente et transitoire : la cause première est en même temps la cause finale, et la fin est nécessairement identique au principe)[157]. Celui qui connaît ceci mesure en vérité ce tout (c'est-à-dire l'ensemble des « trois mondes » ou des différents degrés de l'Existence universelle, dont l'Être pur est le « déterminant »)[158], et il devient l'aboutissement (de toutes choses, par la concentration dans son propre Soi ou sa personnalité, où se retrouvent, « transformés » en possibilités permanentes, tous

---

[157] Pour comprendre le symbolisme qui vient d'être indiqué, il faut considérer que les sons de A et de U s'unissent en celui de O, et que celui-ci va se perdre en quelque sorte dans le son nasal final de M, sans cependant être détruit, mais en se prolongeant au contraire indéfiniment, tout en devenant indistinct et imperceptible. — D'autre part, les formes géométriques qui correspondent respectivement aux trois mâtrâs sont une ligne droite, une demi- circonférence (ou plutôt un élément de spirale) et un point : la première symbolise le déploiement complet de la manifestation ; la seconde, un état d'enveloppement relatif par rapport à ce déploiement, mais cependant encore développé ou manifesté ; la troisième, l'état informel et « sans dimensions » ou conditions limitatives spéciales, c'est-à-dire le non-manifesté. On remarquera aussi que le point est le principe primordial de toutes les figures géométriques, comme le non-manifesté l'est de tous les états de manifestation, et qu'il est, dans son ordre, l'unité vraie et indivisible, ce qui en fait un symbole naturel de l'Être pur.

[158] Il y aurait, si ce n'était hors de propos ici, des considérations linguistiques intéressantes à développer sur l'expression de l'Être connu comme « sujet ontologique » et « déterminant universel » ; nous dirons seulement que, en hébreu, le nom divin El s'y rapporte plus particulièrement. — Cet aspect de l'Être est désigné par la tradition hindoue comme Swayambhû, « Celui qui subsiste par Soi-même » ; dans la théologie chrétienne, c'est le Verbe Eternel envisagé comme le « lieu des possibles » ; le symbole extrême-oriental du Dragon s'y réfère également.

les états de manifestation de son être)[159].

« Le Quatrième est « non-caractérisé » (*amâtra*, donc inconditionné) ; il est non- agissant (*avyavahârya*), sans aucune trace du développement de la manifestation (*prapancha-upashama*), toute Béatitude et sans dualité (*Shiva Adwaita*) : cela est *Omkâra* (le monosyllabe sacré considéré indépendamment de ses *mâtrâs*), cela assurément est *Âtmâ* (en Soi, en dehors et indépendamment de toute condition ou détermination quelconque, y compris la détermination principielle qui est l'Être même). Celui qui connaît ceci entre en vérité dans son propre « Soi » par le moyen de ce même « Soi » (sans aucun intermédiaire de quelque ordre que ce soit, sans l'usage d'aucun instrument tel qu'une faculté de connaissance, qui ne peut atteindre qu'un état du « Soi », et

---

[159] C'est seulement dans cet état d'universalisation, et non dans l'état individuel, que l'on pourrait dire véritablement que « l'homme est la mesure de toutes choses, de celles qui sont en tant qu'elles sont, et de celles qui ne sont pas en tant qu'elles ne sont pas », c'est-à-dire, métaphysiquement, du manifesté et du non-manifesté, bien que, en toute rigueur, on ne puisse parler d'une « mesure » du non-manifesté, si l'on entend par là la détermination par des conditions spéciales d'existence, comme celles qui définissent chaque état de manifestation. D'autre part, il va sans dire que le sophiste grec Protagoras, à qui l'on attribue la formule que nous venons de reproduire en en transposant le sens pour l'appliquer à l'« Homme Universel », a été certainement très loin de s'élever jusqu'à cette conception, de sorte que, l'appliquant à l'être humain individuel, il n'entendait exprimer par là que ce que les modernes appelleraient un « relativisme » radical, alors que, pour nous, il s'agit évidemment de tout autre chose, comme le comprendront sans peine ceux qui savent quels sont les rapports de l'« Homme Universel » avec le Verbe Divin (cf. notamment St Paul *Ire Epître aux Corinthiens*, XV).

non *Paramâtmâ*, le « Soi » suprême et absolu) »[160].

En ce qui concerne les effets qui sont obtenus au moyen de la méditation (*upâsanâ*) du monosyllabe *Om*, dans chacune de ses trois *mâtrâs* d'abord, et ensuite en soi-même, indépendamment de ces *mâtrâs*, nous ajouterons seulement que ces effets correspondent à la réalisation de différents degrés spirituels, qui peuvent être caractérisés de la façon suivante : le premier est le plein développement de l'individualité corporelle ; le second est l'extension intégrale de l'individualité humaine dans ses modalités extra-corporelles ; le troisième est l'obtention des états supra-individuels de l'être ; enfin, le quatrième est la réalisation de l'« Identité Suprême ».

---

[160] *Mândûkya Upanishad*, shrutis 8 à 12. — Sur la méditation d'*Om* et ses effets dans des ordres divers, en rapport avec les trois mondes, on peut trouver d'autres indications dans la *Prashna Upanishad*, 5e Prashna, shrutis 1 à 7. Cf. encore *Chhândogya Upanishad*, 1er Prapâthaka, 1er, 4e et 5e Khandas.

Chapitre XVII

L'ÉVOLUTION POSTHUME DE L'ÊTRE HUMAIN

Jusqu'ici, nous avons envisagé la constitution de l'être humain et les différents états dont il est susceptible tant qu'il subsiste comme composé des divers éléments que nous avons eu à distinguer dans cette constitution, c'est-à-dire pendant la durée de sa vie individuelle. Il est nécessaire d'insister sur ce point, que les états qui appartiennent véritablement à l'individu comme tel, c'est-à-dire non seulement l'état grossier ou corporel pour lequel la chose est évidente, mais aussi l'état subtil (à la condition, bien entendu, de n'y comprendre que les modalités extra-corporelles de l'état humain intégral, et non les autres états individuels de l'être), sont proprement et essentiellement des états de l'homme vivant. Ce n'est pas à dire qu'il faille admettre que l'état subtil cesse à l'instant même de la mort corporelle, et du seul fait de celle- ci ; nous verrons plus loin qu'il se produit alors, au contraire, un passage de l'être dans la forme subtile, mais ce passage ne constitue qu'une phase transitoire dans la résorption des facultés individuelles du manifesté au non-manifesté, phase dont l'existence s'explique tout naturellement par le caractère intermédiaire que nous avons déjà reconnu à l'état subtil. On peut cependant, il est vrai, avoir à envisager en un certain sens, et dans certains cas tout au moins, un prolongement, et même un prolongement indéfini, de l'individualité humaine, que l'on devra forcément rapporter aux modalités subtiles, c'est-à-dire extra-corporelles, de cette individualité ; mais ce prolongement n'est plus du tout la même chose que l'état subtil tel qu'il existait pendant la vie terrestre. Il faut bien se rendre compte, en effet, que, sous cette même dénomination d'« état subtil », on se trouve obligé de comprendre des modalités fort diverses et extrêmement complexes, même si l'on se borne à la considération du seul domaine des possibilités proprement humaines ; c'est pourquoi nous avons pris soin, dès le début, de prévenir qu'elle devait toujours être entendue par rapport à l'état corporel pris comme point de départ et comme terme de comparaison, de sorte qu'elle n'acquiert un sens précis que par opposition à cet état corporel ou grossier, lequel, de son côté, nous apparaît comme suffisamment défini par lui-même parce qu'il est celui où nous nous trouvons présentement. On aura pu remarquer aussi que, parmi les cinq enveloppes du « Soi », il en est trois qui sont regardées comme constitutives de la forme subtile (alors qu'une seule correspond à chacun des deux autres états conditionnés d'*Âtmâ* : pour l'un, parce qu'il n'est en réalité qu'une modalité spéciale et déterminée de l'individu ; pour l'autre, parce qu'il est un état essentiellement unifié et « non-distingué ») ; et cela est encore une preuve manifeste de la complexité de l'état dans lequel le

« Soi » a cette forme pour véhicule, complexité dont il faut toujours se souvenir si l'on veut comprendre ce qui peut en être dit suivant qu'on l'envisagera sous des points de vue divers.

Nous devons maintenant aborder la question de ce qu'on appelle ordinairement l'« évolution posthume » de l'être humain, c'est-à-dire des conséquences qu'entraîne, pour cet être, la mort ou, pour mieux préciser comment nous entendons ce mot, la dissolution de ce composé dont nous avons parlé et qui constitue son individualité actuelle. Il faut remarquer, d'ailleurs, que, lorsque cette dissolution a eu lieu, il n'y a plus d'être humain à proprement parler, puisque c'est essentiellement le composé qui est l'homme individuel ; le seul cas où l'on puisse continuer à l'appeler humain en un certain sens est celui où, après la mort corporelle, l'être demeure dans quelqu'un de ces prolongements de l'individualité auxquels nous avons fait allusion, parce que, dans ce cas, bien que cette individualité ne soit plus complète sous le rapport de la manifestation (puisque l'état corporel lui manque désormais, les possibilités qui y correspondent pour elle ayant terminé le cycle entier de leur développement), certains de ses éléments psychiques ou subtils subsistent d'une certaine façon sans se dissocier. Dans tout autre cas, l'être ne peut plus être dit humain, puisque, de l'état auquel s'applique ce nom, il est passé à un autre état, individuel ou non ; ainsi, l'être qui était humain a cessé de l'être pour devenir autre chose, de même que, par la naissance, il était devenu humain en passant d'un autre état à celui qui est présentement le nôtre. Du reste, si l'on entend la naissance et la mort au sens le plus général, c'est-à-dire comme changement d'état, on se rend compte immédiatement que ce sont là des modifications qui se correspondent analogiquement, étant le commencement et la fin d'un cycle d'existence individuelle ; et même, quand on sort du point de vue spécial d'un état déterminé pour envisager l'enchaînement des divers états entre eux, on voit que, en réalité, ce sont des phénomènes rigoureusement équivalents, la mort à un état étant en même temps la naissance dans un autre. En d'autres termes, c'est la même modification qui est mort ou naissance suivant l'état ou le cycle d'existence par rapport auquel on la considère, puisque c'est proprement le point commun aux deux états, ou le passage de l'un à l'autre ; et ce qui est vrai ici pour des états différents l'est aussi, à un autre degré, pour des modalités diverses d'un même état, si l'on regarde ces modalités comme constituant, quant au développement de leurs possibilités respectives, autant de cycles secondaires qui s'intègrent dans l'ensemble d'un cycle plus étendu[161]. Enfin, il est nécessaire d'ajouter expressément que la « spécification », au sens où nous avons pris ce mot plus haut, c'est-à-dire le rattachement à une espèce définie,

---

[161] Ces considérations sur la naissance et la mort sont d'ailleurs applicables au point de vue du « macrocosme » aussi bien qu'à celui du « microcosme » ; sans qu'il nous soit possible d'y insister présentement, on pourra sans doute entrevoir les conséquences qui en résultent en ce qui concerne la théorie des cycles cosmiques.

telle que l'espèce humaine, qui impose à un être certaines conditions générales constituant la nature spécifique, ne vaut que dans un état déterminé et ne peut s'étendre au-delà ; il ne peut en être autrement, dès lors que l'espèce n'est nullement un principe transcendant par rapport à cet état individuel, mais relève exclusivement du domaine de celui-ci, étant elle-même soumise aux conditions limitatives qui le définissent ; et c'est pourquoi l'être qui est passé à un autre état n'est plus humain, n'appartenant plus aucunement à l'espèce humaine[162].

Nous devons encore faire des réserves sur l'expression d'« évolution posthume », qui pourrait donner lieu trop facilement à diverses équivoques ; et, tout d'abord, la mort étant conçue comme la dissolution du composé humain, il est bien évident que le mot « évolution » ne peut être pris ici dans le sens d'un développement individuel, puisqu'il s'agit, au contraire, d'une résorption de l'individualité dans l'état non-manifesté[163] ; ce serait donc plutôt une « involution » au point

---

[162] Il est bien entendu que, en tout ceci, nous ne prenons le mot « humain » que dans son sens propre et littéral, celui où il s'applique seulement à l'homme individuel ; il ne s'agit pas de la transposition analogique qui rend possible la conception de l'« Homme Universel ».

[163] On ne peut dire d'ailleurs que ce soit là une destruction de l'individualité, puisque, dans le non-manifesté, les possibilités qui la constituent subsistent en principe, d'une façon permanente, comme toutes les autres possibilités de l'être ; mais cependant, l'individualité n'étant telle que dans la manifestation, on peut bien dire que, en rentrant dans le non-manifesté, elle disparaît véritablement ou cesse d'exister en tant qu'individualité : elle n'est pas annihilée (rien de ce qui est ne pouvant cesser d'être), mais elle est « transformée ».

de vue spécial de l'individu. Étymologiquement, en effet, ces termes d'« évolution » et d'« involution » ne signifient rien de plus ni d'autre que « développement » et « enveloppement »[164] ; mais nous savons bien que, dans le langage moderne, le mot « évolution » a reçu couramment une toute autre acception, qui en a fait à peu près un synonyme de « progrès ». Nous avons eu déjà l'occasion de nous expliquer suffisamment sur ces idées très récentes de « progrès » ou d'« évolution », qui, en s'amplifiant au-delà de toute mesure raisonnable, en sont arrivées à fausser complètement la mentalité occidentale actuelle ; nous n'y reviendrons pas ici. Nous rappellerons seulement qu'on ne peut valablement parler de « progrès » que d'une façon toute relative, en ayant toujours soin de préciser sous quel rapport on l'entend et entre quelles limites on l'envisage ; réduit à ces proportions, il n'a plus rien de commun avec ce « progrès » absolu dont on a commencé à parler vers la fin du XVIIIe siècle, et que nos contemporains se plaisent à décorer du nom d'« évolution », soi-disant plus « scientifique ». La pensée orientale, comme la pensée ancienne de l'Occident, ne saurait admettre cette notion de « progrès », sinon dans le sens relatif que nous venons d'indiquer, c'est-à-dire comme une idée tout à fait secondaire, d'une portée extrêmement restreinte et sans aucune valeur métaphysique, puisqu'elle est de celles qui ne peuvent s'appliquer qu'à des possibilités d'ordre particulier et

---

[164] En ce sens, mais en ce sens seulement, on pourrait appliquer ces termes aux deux phases que l'on distingue en tout cycle d'existence, ainsi que nous l'avons indiqué précédemment.

ne sont pas transposables au-delà de certaines limites. Le point de vue « évolutif » n'est pas susceptible d'universalisation, et il n'est pas possible de concevoir l'être véritable comme quelque chose qui « évolue » entre deux points définis, ou qui « progresse », même indéfiniment, dans un sens déterminé ; de telles conceptions sont entièrement dépourvues de toute signification, et elles prouveraient une complète ignorance des données les plus élémentaires de la métaphysique. On pourrait tout au plus, d'une certaine façon, parler d'« évolution » pour l'être dans le sens de passage à un état supérieur ; mais encore faudrait-il faire alors une restriction qui conserve à ce terme toute sa relativité, car, en ce qui concerne l'être envisagé en soi et dans sa totalité, il ne peut jamais être question ni d'« évolution » ni d'« involution », en quelque sens qu'on veuille l'entendre, puisque son identité essentielle n'est aucunement altérée par les modifications particulières et contingentes, quelles qu'elles soient, qui affectent seulement tel ou tel de ses états conditionnés.

Une autre réserve doit encore être faite au sujet de l'emploi du mot « posthume » : ce n'est que du point de vue spécial de l'individualité humaine, et en tant que celle-ci est conditionnée par le temps, que l'on peut parler de ce qui se produit « après la mort », aussi bien d'ailleurs que de ce qui a eu lieu « avant la naissance », du moins si l'on entend garder à ces mots « avant » et « après » la signification chronologique qu'ils ont d'ordinaire. En eux-mêmes, les états dont il s'agit, s'ils sont en dehors du domaine de l'individualité humaine, ne sont aucunement temporels et ne peuvent par conséquent être situés chronologiquement ; et cela est vrai même pour ceux qui peuvent avoir parmi leurs conditions un certain mode de durée, c'est-à-dire de succession, dès lors que ce n'est plus la succession temporelle. Quant à l'état non- manifesté, il va de soi qu'il est affranchi de toute succession, de sorte que les idées d'antériorité et de postériorité même entendues avec la plus grande extension dont elles soient susceptibles, ne peuvent aucunement s'y appliquer ; et l'on peut remarquer à cet égard que, même pendant la vie, l'être n'a plus la notion du temps lorsque sa conscience est sortie du domaine individuel, comme il arrive dans le sommeil profond ou dans l'évanouissement extatique : tant qu'il est dans de tels états, qui sont véritablement non-manifestés, le temps n'existe plus pour lui. Il resterait à considérer le cas où l'état « posthume » est un simple prolongement de l'individualité humaine : à la vérité, ce prolongement peut se situer dans la « perpétuité », c'est-à-dire dans l'indéfinité temporelle, ou, en d'autres termes, dans un mode de succession qui est encore du temps (puisqu'il ne s'agit pas d'un état soumis à d'autres conditions que le nôtre), mais un temps qui n'a plus de commune mesure avec celui dans lequel s'accomplit l'existence corporelle. D'ailleurs, un tel état n'est pas ce qui nous intéresse particulièrement au point de vue métaphysique, puisqu'il nous faut au contraire envisager essentiellement, à ce point de vue, la possibilité de sortir des conditions individuelles, et non celle d'y demeurer indéfiniment ; si nous devons cependant en parler, c'est surtout pour tenir compte de tous les cas possibles, et aussi parce que, comme on le verra par la suite, ce prolongement de l'existence humaine réserve à l'être une possibilité d'atteindre la « Délivrance » sans passer par d'autres états individuels. Quoi qu'il en soit, et en laissant de côté ce dernier cas, nous pouvons dire ceci : si l'on parle d'états non-humains comme situés « avant la naissance » et « après la mort », c'est d'abord parce qu'ils apparaissent ainsi par rapport à l'individualité ; mais il faut d'ailleurs avoir bien soin de remarquer que ce n'est pas l'individualité qui passe dans ces états ou qui les parcourt successivement, puisque ce sont des états qui sont en dehors de son domaine et qui ne la concernent pas en tant qu'individualité. D'autre part, il y a un sens dans lequel on peut appliquer les idées d'antériorité et de postériorité, en dehors de tout point de vue de succession temporelle ou autre : nous voulons parler de cet ordre, à la fois logique et ontologique, dans lequel les divers états s'enchaînent et se déterminent les uns les autres ; si un état est ainsi la conséquence d'un autre, on pourra dire qu'il lui est postérieur, en employant dans une telle façon de parler le même symbolisme temporel qui sert à exprimer toute la théorie des cycles, et bien que, métaphysiquement, il y ait une parfaite simultanéité entre tous les états, un point de vue de succession effective ne s'appliquant qu'à l'intérieur d'un état déterminé.

Tout cela étant dit pour qu'on ne soit pas tenté d'accorder à l'expression d'« évolution posthume », si l'on tient à l'employer à défaut d'une autre plus adéquate et pour se conformer à certaines habitudes, une importance et une signification qu'elle n'a pas et ne saurait avoir en réalité, nous en viendrons à l'étude de la question à laquelle elle se rapporte, question dont la solution, d'ailleurs, résulte presque immédiatement de toutes les considérations qui précèdent. L'exposé qui va suivre est emprunté aux *Brahma-Sûtras*[165] et à leur commentaire traditionnel (et par là nous entendons surtout celui de Shankarâchârya), mais nous devons avertir qu'il n'en est pas une traduction littérale ; il nous arrivera parfois de résumer le commentaire[166], et parfois aussi de le commenter à son tour, sans quoi le résumé demeurerait à peu près incompréhensible, ainsi qu'il arrive le plus souvent lorsqu'il s'agit de l'interprétation des textes orientaux[167].

---

[165] 4e Adhyâya, 2e, 3e et 4e Pâdas. — Le 1er Pâda de ce 4e Adhyâya est consacré à l'examen des moyens de la Connaissance Divine, dont les fruits seront exposés dans ce qui suit.

[166] Colebrooke a donné un résumé de ce genre dans ses *Essais sur la Philosophie des Hindous* (IVe Essai), mais son interprétation, sans être déformée par un parti pris systématique comme il s'en rencontre trop fréquemment chez d'autres orientalistes, est extrêmement défectueuse au point de vue métaphysique, par incompréhension pure et simple de ce point de vue même.

[167] Nous ferons remarquer à ce propos que, en arabe, le mot *tarjumah* signifie à la fois « traduction » et « commentaire », l'une étant regardée comme inséparable de l'autre ; son équivalent le plus exact serait donc « explication » ou « interprétation ». On peut même dire, quand il s'agit de textes traditionnels, qu'une traduction en langue vulgaire, pour être intelligible, doit correspondre exactement à un commentaire fait dans la langue même du texte ; la traduction littérale d'une langue orientale dans une langue occidentale est généralement impossible, et plus on s'efforce de suivre strictement la lettre, plus on risque de

Chapitre XVIII

LA RÉSORPTION DES FACULTÉS INDIVIDUELLES

« Lorsqu'un homme est près de mourir, la parole, suivie du reste des dix facultés externes (les cinq facultés d'action et les cinq facultés de sensation, manifestées extérieurement par le moyen des organes corporels correspondants, mais non confondues avec ces organes eux-mêmes, puisqu'elles s'en séparent ici)[168], est résorbée dans le sens interne (*manas*), car l'activité des organes extérieurs cesse avant celle de cette faculté intérieure (qui est ainsi l'aboutissement de toutes les autres facultés individuelles dont il est ici question, de même qu'elle est leur point de départ et leur source commune)[169]. Celle-ci, de la même manière, se retire ensuite dans le « souffle vital » (*prâna*), accompagnée pareillement de toutes les fonctions vitales (les cinq *vâyus*, qui sont des modalités de *prâna*, et qui

---

s'éloigner de l'esprit ; c'est ce que les philologues sont malheureusement incapables de comprendre.

[168] La parole est énumérée la dernière lorsque ces facultés sont envisagées dans leur ordre de développement ; elle doit donc être la première dans l'ordre de résorption, qui est inverse de celui-là.

[169] *Chhândogya Upanishad*, 6e Prapâthaka, 8e Khanda, shruti 6.

retournent ainsi à l'état indifférencié), car ces fonctions sont inséparables de la vie elle-même ; et, d'ailleurs, la même retraite du sens interne se remarque aussi dans le sommeil profond et dans l'évanouissement extatique (avec cessation complète de toute manifestation extérieure de la conscience). » Ajoutons que cette cessation n'implique cependant pas toujours, d'une façon nécessaire, la suspension totale de la sensibilité corporelle, sorte de conscience organique, si l'on peut dire, quoique la conscience individuelle proprement dite n'ait alors aucune part dans les manifestations de celle-ci, avec laquelle elle ne communique plus comme cela a lieu normalement dans les états ordinaires de l'être vivant ; et la raison en est facile à comprendre, puisque, à vrai dire, il n'y a plus de conscience individuelle dans les cas dont il s'agit, la conscience véritable de l'être étant transférée dans un autre état, qui est en réalité un état supra-individuel. Cette conscience organique à laquelle nous venons de faire allusion n'est pas une conscience au vrai sens de ce mot, mais elle en participe en quelque façon, devant son origine à la conscience individuelle dont elle est comme un reflet ; séparée de celle-ci, elle n'est plus qu'une illusion de conscience, mais elle peut encore en présenter l'apparence pour ceux qui n'observent les choses que de l'extérieur[170], de même que, après la mort, la persistance de certains éléments psychiques plus ou moins dissociés peut offrir la même apparence, et non moins illusoire, quand il leur est possible

---

[170] C'est ainsi que, dans une opération chirurgicale, l'anesthésie la plus complète n'empêche pas toujours les symptômes extérieurs de la douleur.

de se manifester, ainsi que nous l'avons expliqué en d'autres circonstances[171].

« Le « souffle vital », accompagné semblablement de toutes les autres fonctions et facultés (déjà résorbées en lui et n'y subsistant que comme possibilités, puisqu'elles sont désormais revenues à l'état d'indifférenciation dont elles avaient dû sortir pour se manifester effectivement pendant la vie), est retiré à son tour dans l'« âme vivante » (*jîvâtmâ*, manifestation particulière du « Soi » au centre de l'individualité humaine, comme on l'a vu précédemment, et se distinguant du « Soi » tant que cette individualité subsiste comme telle, bien que cette distinction soit d'ailleurs tout illusoire au regard de la réalité absolue, où il n'y a rien d'autre que le « Soi ») ; et c'est cette « âme vivante » qui (comme reflet du « Soi » et principe central de l'individualité) gouverne l'ensemble des facultés individuelles (envisagées dans leur intégralité, et non pas seulement en ce qui concerne la modalité corporelle)[172]. Comme les serviteurs d'un roi

---

[171] La conscience organique dont il vient d'être question rentre naturellement dans ce que les psychologues appellent la « subconscience » ; mais leur grand tort est de croire qu'ils ont suffisamment expliqué ce à quoi ils se sont bornés en réalité à donner une simple dénomination, sous laquelle ils rangent d'ailleurs les éléments les plus disparates, sans pouvoir même faire la distinction entre ce qui est vraiment conscient à quelque degré et ce qui n'en a que l'apparence, non plus qu'entre le « subconscient » véritable et le « superconscient », nous voulons dire entre ce qui procède d'états respectivement inférieurs et supérieurs par rapport à l'état humain.

[172] On peut remarquer que *prâna*, tout en se manifestant extérieurement par la respiration, est en réalité autre chose que celle-ci, car il serait évidemment inintelligible de dire que la respiration, fonction physiologique, se sépare de

s'assemblent autour de lui lorsqu'il est sur le point d'entreprendre un voyage, ainsi toutes les fonctions vitales et les facultés (externes et internes) de l'individu se rassemblent autour de l'« âme vivante » (ou plutôt en elle-même, de qui elles procèdent toutes, et dans laquelle elles sont résorbées) au dernier moment (de la vie au sens ordinaire de ce mot, c'est-à-dire de l'existence manifestée dans l'état grossier), lorsque cette « âme vivante » va se retirer de sa forme corporelle[173]. Ainsi accompagnée de toutes ses facultés (puisqu'elle les contient et les conserve en elle-même à titre de possibilités)[174], elle se retire dans une essence individuelle lumineuse (c'est-à-dire dans la forme subtile, qui est assimilée à un véhicule igné, comme nous l'avons vu à propos de *Taijasa*, la seconde condition d'*Âtmâ*), composée des cinq *tanmâtras* ou essences élémentaires suprasensibles (comme la forme corporelle est composée des cinq *bhûtas*, ou éléments corporels et sensibles), dans un état subtil (par opposition à l'état grossier, qui est celui de la manifestation extérieure ou corporelle, dont le cycle est maintenant terminé pour l'individu envisagé).

« Par conséquent (en raison de ce passage dans la forme subtile, considérée comme lumineuse), le « souffle vital » est dit se retirer dans la Lumière, sans qu'il faille entendre par là le principe igné d'une manière exclusive (car il s'agit en réalité

---

l'organisme et se résorbe dans l'« âme vivante » ; nous rappellerons encore que *prâna* et ses modalités diverses appartiennent essentiellement à l'état subtil.

[173] *Brihad-Âranyaka Upanishad*, 4e Adhyâya, 3e Brâhmana, shruti 38.

[174] D'ailleurs, une faculté est proprement un pouvoir, c'est-à-dire une possibilité, qui est, en elle-même, indépendante de tout exercice actuel.

d'une réflexion individualisée de la Lumière intelligible, réflexion dont la nature est au fond la même que celle du « mental » pendant la vie corporelle, et qui implique d'ailleurs comme support ou véhicule une combinaison des principes essentiels des cinq éléments), et sans que cette retraite s'effectue nécessairement par une transition immédiate, car un voyageur est dit aller d'une cité dans une autre, quand bien même il passe successivement par une ou plusieurs villes intermédiaires.

« Cette retraite ou cet abandon de la forme corporelle (tel qu'il a été décrit jusqu'ici) est d'ailleurs commun au peuple ignorant (*avidwân*) et au Sage contemplatif (*vidwân*), jusqu'au point où commencent pour l'un et pour l'autre leurs voies respectives (et désormais différentes) ; et l'immortalité (*amrita*, sans toutefois que l'Union immédiate avec le Suprême *Brahma* soit dès lors obtenue) est le fruit de la simple méditation (*upâsanâ*, accomplie pendant la vie sans avoir été accompagnée d'une réalisation effective des états supérieurs de l'être), alors que les entraves individuelles, qui résultent de l'ignorance (*avidyâ*), ne peuvent être encore complètement détruites »[175].

Il y a lieu de faire une remarque importante sur le sens dans lequel doit être entendue l'« immortalité » dont il est question ici : en effet, nous avons dit ailleurs que le mot sanskrit *amrita* s'applique exclusivement à un état qui est

---

[175] *Brahma-Sûtras*, 4e Adhyâya, 2e Pâda, sûtras 1 à 7.

supérieur à tout changement, alors que, par le mot correspondant, les Occidentaux entendent simplement une extension des possibilités de l'ordre humain, consistant en une prolongation indéfinie de la vie (ce que la tradition extrême-orientale appelle « longévité »), dans des conditions transposées d'une certaine façon, mais qui demeurent toujours plus ou moins comparables à celles de l'existence terrestre, puisqu'elles concernent également l'individualité humaine. Or, dans le cas présent, il s'agit d'un état qui est encore individuel, et cependant il est dit que l'immortalité peut être obtenue dans cet état ; cela peut paraître contradictoire avec ce que nous venons de rappeler, car on pourrait croire que ce n'est là que l'immortalité relative, entendue au sens occidental ; mais il n'en est rien en réalité. Il est bien vrai que l'immortalité, au sens métaphysique et oriental, pour être pleinement effective, ne peut être atteinte qu'au-delà de tous les états conditionnés, individuels ou non, de telle sorte que, étant absolument indépendante de tout mode de succession possible, elle s'identifie à l'Éternité même ; il serait donc tout à fait abusif de donner le même nom à la « perpétuité » temporelle ou à l'indéfinité d'une durée quelconque ; mais ce n'est pas ainsi qu'il faut l'entendre. On doit considérer que l'idée de « mort » est essentiellement synonyme de changement d'état, ce qui est, comme nous l'avons déjà expliqué, son acception la plus étendue ; et, quand on dit que l'être a atteint virtuellement l'immortalité, cela se comprend en ce sens qu'il n'aura plus à passer dans d'autres états conditionnés, différents de l'état humain, ou à parcourir d'autres cycles de manifestation. Ce n'est pas encore la « Délivrance » actuellement réalisée, et par laquelle l'immortalité serait rendue effective, puisque les « entraves individuelles », c'est-à-dire les conditions limitatives auxquelles l'être est soumis, ne sont pas entièrement détruites ; mais c'est la possibilité d'obtenir cette « Délivrance » à partir de l'état humain, dans le prolongement duquel l'être se trouve maintenu pour toute la durée du cycle auquel cet état appartient (ce qui constitue proprement la « perpétuité »)[176], de telle sorte qu'il puisse être compris dans la « transformation » finale qui s'accomplira lorsque ce cycle sera achevé, faisant retourner tout ce qui s'y trouvera alors impliqué à l'état principiel de non-manifestation[177]. C'est

---

[176] Le mot grec αιωνιος signifie réellement « perpétuel » et non pas « éternel », car il est dérivé de αιων (identique au latin *ævum*), qui désigne un cycle indéfini, ce qui, d'ailleurs, était aussi le sens primitif du latin *sæculum*, « siècle », par lequel on le traduit quelquefois.

[177] Il y aurait des remarques à faire sur la traduction de cette « transformation » finale en langage théologique dans les religions occidentales, et en particulier sur la conception du « Jugement dernier » qui s'y rattache fort étroitement ; mais cela nécessiterait des explications trop étendues et une mise au point trop complexe pour qu'il soit possible de nous y arrêter ici, d'autant plus que, en fait, le point de vue proprement religieux se borne à la considération de la fin d'un cycle secondaire, au-delà duquel il peut encore être question d'une continuation d'existence dans l'état individuel humain, ce qui ne serait pas possible s'il s'agissait de l'intégralité du cycle auquel appartient cet état. Cela ne veut pas dire, d'ailleurs, que la transposition ne puisse être faite en partant du point de vue religieux, ainsi que nous l'avons indiqué plus haut pour la « résurrection des morts » et le « corps glorieux » ; mais, pratiquement, elle n'est pas faite par ceux qui s'en tiennent aux conceptions ordinaires et « extérieures », et pour qui il n'y a rien au-delà de l'individualité humaine ; nous y reviendrons à propos de la différence essentielle qui existe entre la notion religieuse du « salut » et la notion métaphysique de la

pourquoi l'on donne à cette possibilité le nom de « Délivrance différée » ou de « Délivrance par degrés » (*krama-mukti*), parce qu'elle ne sera obtenue ainsi qu'au moyen d'étapes intermédiaires (états posthumes conditionnés), et non d'une façon directe et immédiate comme dans les autres cas dont il sera parlé plus loin[178].

« Délivrance ».

[178] Il va de soi que la « Délivrance différée » est la seule qui puisse être envisagée pour l'immense majorité des êtres humains, ce qui ne veut pas dire, d'ailleurs, que tous y parviendront indistinctement, puisqu'il faut aussi envisager le cas où l'être, n'ayant pas même obtenu l'immortalité virtuelle, doit passer à un autre état individuel, dans lequel il aura naturellement la même possibilité d'atteindre la « Délivrance » que dans l'état humain, mais aussi, si l'on peut dire, la même possibilité de ne l'atteindre.

Chapitre XIX

DIFFÉRENCE DES CONDITIONS POSTHUMES SUIVANT LES DEGRÉS DE LA CONNAISSANCE

« Tant qu'il est dans cette condition (encore individuelle, dont il vient d'être question), l'esprit (qui, par conséquent, est encore *jîvâtmâ*) de celui qui a pratiqué la méditation (pendant sa vie, sans atteindre la possession effective des états supérieurs de son être) reste uni à la forme subtile (que l'on peut aussi envisager comme le prototype formel de l'individualité, la manifestation subtile représentant un stade intermédiaire entre le non-manifesté et la manifestation grossière, et jouant le rôle de principe immédiat par rapport à cette dernière) ; et, dans cette forme subtile, il est associé avec les facultés vitales (à l'état de résorption ou de contraction principielle qui a été décrit précédemment). » Il faut bien, en effet, qu'il y ait encore une forme dont l'être soit revêtu, par là même que sa condition relève toujours de l'ordre individuel ; et ce ne peut être que la forme subtile, puisqu'il est sorti de la forme corporelle, et que d'ailleurs la forme subtile doit subsister après celle-ci, l'ayant précédée dans l'ordre du développement en mode manifesté, qui se trouve reproduit en sens inverse dans le retour au non-manifesté ; mais cela ne veut pas dire que cette forme subtile doive être alors exactement telle qu'elle était pendant la vie corporelle, comme véhicule de l'être humain dans l'état de rêve[179]. Nous avons déjà dit que la condition individuelle elle-même, d'une façon tout à fait générale, et non pas seulement en ce qui concerne l'état humain, peut se définir comme l'état de l'être qui est limité par une forme ; mais il est bien entendu que cette forme n'est pas nécessairement déterminée comme spatiale et temporelle, ainsi qu'elle l'est dans le cas particulier de l'état corporel ; elle ne peut aucunement l'être dans les états non- humains, qui ne sont pas soumis à l'espace et au temps, mais à de tout autres conditions. Quant à la forme subtile, si elle n'échappe pas entièrement au temps (bien que ce temps ne soit plus celui dans lequel s'accomplit l'existence corporelle), elle échappe du moins à l'espace, et c'est pourquoi on ne doit nullement chercher à se la figurer comme une sorte de « double » du corps[180], pas plus qu'on ne doit comprendre qu'elle en est un

---

[179] Il y a une certaine continuité entre les différents états de l'être, et à plus forte raison entre les diverses modalités qui font partie d'un même état de manifestation ; l'individualité humaine, même dans ses modalités extra-corporelles, doit forcément être affectée par la disparition de sa modalité corporelle, et d'ailleurs il y a des éléments psychiques, mentaux ou autres, qui n'ont de raison d'être que par rapport à l'existence corporelle, de sorte que la désintégration du corps doit entraîner celle de ces éléments, qui lui demeurent liés et qui, par conséquent, sont abandonnés aussi par l'être au moment de la mort entendue au sens ordinaire de ce mot.

[180] Les psychologues eux-mêmes reconnaissent que le « mental » ou la pensée individuelle, la seule qu'ils puissent atteindre, est en dehors de la condition

« moule » lorsque nous disons qu'elle est le prototype formel de l'individualité à l'origine de sa manifestation[181] ; nous savons trop combien les Occidentaux en arrivent facilement aux représentations les plus grossières, et combien il peut en résulter d'erreurs graves, pour ne pas prendre toutes les précautions nécessaires à cet égard.

« L'être peut demeurer ainsi (dans cette même condition individuelle où il est uni à la forme subtile) jusqu'à la dissolution extérieure (*pralaya*, rentrée dans l'état indifférencié) des mondes manifestés (du cycle actuel, comprenant à la fois l'état grossier et l'état subtil, c'est-à-dire tout le domaine de l'individualité humaine envisagée dans son intégralité)[182], dissolution à laquelle il est plongé (avec

---

spatiale ;il faut toute l'ignorance des « néo-spiritualistes » pour vouloir « localiser » les modalités extra-corporelles de l'individu, et pour penser que les états posthumes se situent quelque part dans l'espace.

[181] C'est ce prototype subtil, et non l'embryon corporel, qui est désigné en sanskrit par le mot *pinda*, ainsi que nous l'avons indiqué précédemment ; ce prototype préexiste d'ailleurs à la naissance individuelle, car il est contenu en *Hiranyagarbha* dès l'origine de la manifestation cyclique, comme représentant une des possibilités qui devront se développer au cours de cette manifestation ; mais sa préexistence n'est alors que virtuelle, en ce sens qu'il n'est point encore un état de l'être dont il est destiné à devenir la forme subtile, cet être n'étant pas actuellement dans l'état correspondant, donc n'existant pas en tant qu'individu humain ; et la même considération peut s'appliquer analogiquement au germe corporel, si on le regarde aussi comme préexistant d'une certaine façon dans les ancêtres de l'individu envisagé, et cela dès l'origine de l'humanité terrestre.

[182] L'ensemble de la manifestation universelle est souvent désigné en sanskrit par le terme *samsâra* ; ainsi que nous l'avons déjà indiqué, il comporte une indéfinité de cycles, c'est-à-dire d'états et de degrés d'existence, de telle sorte que chacun de ces cycles, se terminant dans le *pralaya* comme celui qui est considéré ici plus

l'ensemble des êtres de ces mondes) dans le sein du Suprême *Brahma* ; mais, même alors, il peut être uni à *Brahma* de la même façon seulement que dans le sommeil profond (c'est-à-dire sans la réalisation pleine et effective de l'« Identité Suprême »). En d'autres termes, et pour employer le langage de certaines écoles ésotériques occidentales, le cas auquel il est fait allusion en dernier lieu ne correspond qu'à une « réintégration en mode passif », tandis que la véritable réalisation métaphysique est une « réintégration en mode actif », la seule qui implique vraiment la prise de possession par l'être de son état absolu et définitif. C'est ce qu'indique précisément la comparaison avec le sommeil profond, tel qu'il se produit pendant la vie de l'homme ordinaire : de même qu'il y a retour de cet état à la condition individuelle, il peut y avoir aussi, pour l'être qui n'est uni à Brahma qu'« en mode passif », retour à un autre cycle de manifestation, de sorte que le résultat obtenu par lui, à partir de l'état humain, n'est pas encore la « Délivrance » ou la véritable immortalité, et que son cas se trouve finalement comparable (bien qu'avec une différence notable quant aux conditions de son nouveau cycle) à celui de l'être qui, au lieu de demeurer jusqu'au *pralaya* dans les prolongements de l'état humain, est passé après la mort corporelle, à un autre état individuel. À côté de

---

particulièrement, ne constitue proprement qu'un moment du *samsâra*. D'ailleurs, nous rappellerons encore une fois, pour éviter toute équivoque, que l'enchaînement de ces cycles est en réalité d'ordre causal et non successif, et que les expressions employées à cet égard par analogie avec l'ordre temporel doivent être regardées comme purement symboliques.

ce cas, il y a lieu d'envisager celui où la réalisation des états supérieurs et celle même de l'« Identité Suprême », qui n'ont pas été accomplies pendant la vie corporelle, le sont dans les prolongements posthumes de l'individualité ; de virtuelle qu'elle était, l'immortalité devient alors effective, et cela peut d'ailleurs n'avoir lieu qu'à la fin même du cycle ; c'est la « Délivrance différée » dont il a été question précédemment. Dans l'un et l'autre cas, l'être, qui doit être envisagé comme *jîvâtmâ* joint à la forme subtile, se trouve, pour toute la durée du cycle, « incorporé » en quelque sorte[183] à *Hiranyagarbha*, qui est considéré comme *jîva-ghana*, ainsi que nous l'avons déjà dit ; il demeure donc soumis à cette condition spéciale d'existence qu'est la vie (*jîva*), par laquelle est délimité le domaine propre de *Hiranyagarbha* dans l'ordre hiérarchique de l'Existence universelle.

Cette forme subtile (où réside après la mort l'être qui demeure ainsi dans l'état individuel humain) est (par comparaison avec la forme corporelle ou grossière) imperceptible aux sens quant à ses dimensions (c'est-à-dire parce qu'elle est en dehors de la condition spatiale) aussi bien que quant à sa consistance (ou à sa substance propre, qui n'est pas constituée par une combinaison des éléments corporels) ; par conséquent, elle n'affecte pas la perception (ou les facultés externes) de ceux qui sont présents lorsqu'elle se sépare du

---

[183] Ce mot, que nous employons ici pour mieux nous faire comprendre à l'aide de l'image qu'il évoque, ne doit pas être entendu littéralement puisque l'état dont il s'agit n'a rien de corporel.

corps (après que l'« âme vivante » s'y est retirée). Elle n'est pas non plus atteinte par la combustion ou d'autres traitements que le corps subit après la mort (qui est le résultat de cette séparation, du fait de laquelle aucune action d'ordre sensible ne peut plus avoir de répercussion sur cette forme subtile, ni sur la conscience individuelle qui, demeurant liée à celle-ci, n'a plus de relation avec le corps). Elle est sensible seulement par sa chaleur animatrice (sa qualité propre en tant qu'elle est assimilée au principe igné) [184] aussi longtemps qu'elle habite avec la forme grossière, qui devient froide (et par suite inerte en tant qu'ensemble organique) dans la mort, dès qu'elle l'a abandonnée (alors même que les autres qualités sensibles de cette forme corporelle subsistent encore sans changement apparent), et qui était échauffée (et vivifiée) par elle tandis qu'elle y faisait son séjour (puisque c'est dans la forme subtile que réside proprement le principe de la vie individuelle, de sorte que c'est seulement par communication de ses propriétés que le corps peut aussi être dit vivant, en raison du lien qui existe entre ces deux formes tant qu'elles sont l'expression d'états du même être, c'est-à-dire précisément jusqu'à l'instant même de la mort).

« Mais celui qui a obtenu (avant la mort, toujours

---

[184] Comme nous l'avons indiqué plus haut, cette chaleur animatrice, représentée comme un feu interne, est quelquefois identifiée à *Vaishwânara*, considéré dans ce cas, non plus comme la première des conditions d'*Âtmâ* dont nous avons parlé, mais comme le « Régent du Feu », ainsi que nous le verrons encore plus loin ; *Vaishwânara* est alors un des noms d'*Agni*, dont il désigne une fonction et un aspect particuliers.

entendue comme la séparation d'avec le corps) la vraie Connaissance de *Brahma* (impliquant, par la réalisation métaphysique sans laquelle il n'y aurait qu'une connaissance imparfaite et toute symbolique, la possession effective de tous les états de son être), ne passe pas (en mode successif) par tous les mêmes degrés de retraite (ou de résorption de son individualité, de l'état de manifestation grossière à l'état de manifestation subtile, avec les diverses modalités qu'il comporte, puis à l'état non-manifesté, où les conditions individuelles sont enfin entièrement supprimées). Il procède directement (dans ce dernier état, et même au-delà de celui-ci si on le considère seulement comme principe de la manifestation) à l'Union (déjà réalisée au moins virtuellement pendant sa vie corporelle)[185] avec le Suprême *Brahma*, auquel il est identifié (d'une façon immédiate), comme un fleuve (représentant ici le courant de l'existence à travers tous les états et toutes les manifestations), à son embouchure (qui est l'aboutissement ou le terme final de ce courant), s'identifie (par pénétration intime) avec les flots de la mer (*samudra*, le rassemblement des eaux, symbolisant la totalisation des possibilités dans le Principe Suprême). Ses facultés vitales et les éléments dont était constitué son corps (tous considérés en principe et dans leur essence suprasensible)[186], les seize

---

[185] Si l'« Union » ou l'« Identité Suprême » n'a été réalisée que virtuellement, la « Délivrance » a lieu immédiatement au moment même de la mort ; mais cette « Délivrance » peut aussi avoir lieu pendant la vie même, si l'« Union » est dès lors réalisée pleinement et effectivement ; la distinction de ces deux cas sera exposée plus complètement dans la suite.

[186] Il peut même se faire, dans certains cas exceptionnels, que la transposition de

parties (*shodasha-kalâh*) composantes de la forme humaine (c'est-à-dire les cinq *tanmâtras*, le *manas* et les dix facultés de sensation et d'action), passent complètement à l'état non-manifesté (*avyakta*, où, par transposition, ils se retrouvent tous en mode permanent, en tant que possibilités immuables), ce passage n'impliquant d'ailleurs pour l'être même aucun changement (tel qu'en impliquent les stades intermédiaires, qui, appartenant encore au « devenir », comportent nécessairement une multiplicité de modifications). Le nom et la forme (*nâma-rûpa*, c'est-à-dire la détermination de la manifestation individuelle quant à son essence et quant à sa substance, comme nous l'avons expliqué précédemment) cessent également (en tant que conditions limitatives de l'être) ; et, étant « non-divisé », donc sans les parties ou membres qui composaient sa forme terrestre (à l'état manifesté, et en tant que cette forme était soumise à la quantité sous ses divers modes) [187], il est affranchi des conditions de l'existence individuelle (ainsi que de toutes autres conditions afférentes à un état spécial et déterminé d'existence quel qu'il soit, même supra-individuel, puisque

---

ces éléments s'effectue de telle façon que la forme corporelle elle-même disparaisse sans laisser aucune trace sensible, et que, au lieu d'être abandonnée par l'être comme il arrive d'ordinaire, elle passe ainsi toute entière, soit à l'état subtil, soit à l'état non-manifesté, de sorte qu'il n'y a pas mort à proprement parler ; nous avons rappelé ailleurs, à ce propos, les exemples bibliques d'Hénoch, de Moïse et d'Élie.

[187] Les modes principaux de la quantité sont désignés expressément dans cette formule biblique : « Tu as disposé toutes choses en poids, nombre et mesure » (*Sagesse*, XI, 21), à laquelle répond terme pour terme (sauf l'interversion des deux premiers) le *Mane, Thekel, Phares* (compté, pesé, divisé) de la vision de Balthasar (*Daniel*, V, 25 à 28).

l'être est désormais dans l'état principiel, absolument inconditionné) »[188].

Plusieurs commentateurs des *Brahma-Sûtras*, pour marquer encore plus nettement le caractère de cette « transformation » (nous prenons ce mot dans son sens strictement étymologique, qui est celui de « passage hors de la forme »), la comparent à la disparition de l'eau dont on a arrosé une pierre brûlante. En effet, cette eau est « transformée » au contact de la pierre, du moins en ce sens relatif qu'elle a perdu sa forme visible (et non pas toute forme, puisqu'elle continue évidemment à appartenir à l'ordre corporel), mais sans qu'on puisse dire pour cela qu'elle a été absorbée par cette pierre, puisque, en réalité, elle s'est évaporée dans l'atmosphère, où elle demeure dans un état imperceptible à la vue [189]. De même, l'être n'est point « absorbé » en obtenant la « Délivrance », bien que cela puisse sembler ainsi du point de vue de la manifestation, pour laquelle la « transformation » apparaît comme une « destruction »[190] ; si on se place dans la réalité absolue, qui seule demeure pour lui, il est au contraire dilaté au-delà de toute limite, si l'on peut employer une telle façon de parler (qui traduit exactement le symbolisme de la vapeur d'eau se

---

[188] *Prashna Upanishad*, 6e Prashna, shruti 5 ; *Mundaka Upanishad*, 3e Mundaka, 2e Khanda, shruti 8. — *Brahma- Sûtras*, 4e Adhyâya, 2e Pâda, sûtras 8 à 16.

[189] Commentaire de Ranganâtha sur les *Brahma-Sûtras*.

[190] C'est pourquoi *Shiva*, suivant l'interprétation la plus ordinaire, est regardé comme « destructeur », alors qu'il est réellement « transformateur ».

répandant indéfiniment dans l'atmosphère), puisqu'il a effectivement réalisé la plénitude de ses possibilités.

Chapitre XX

L'ARTÈRE CORONALE
ET LE « RAYON SOLAIRE »

Nous devons revenir maintenant à ce qui se produit pour l'être qui, n'étant pas « délivré » au moment même de la mort, doit parcourir une série de degrés, représentés symboliquement comme les étapes d'un voyage, et qui sont autant d'états intermédiaires, non définitifs, par lesquels il lui faut passer avant de parvenir au terme final. Il importe de remarquer, d'ailleurs, que tous ces états, étant encore relatifs et conditionnés, n'ont aucune commune mesure avec celui qui est seul absolu et inconditionné ; si élevés que puissent être certains d'entre eux quand on les compare à l'état corporel, il semble donc que leur obtention ne rapproche aucunement l'être de son but dernier, qui est la « Délivrance » ; et, au regard de l'Infini, la manifestation tout entière étant rigoureusement nulle, les différences entre les états qui la constituent doivent évidemment l'être aussi, quelque considérables qu'elles soient en elles-mêmes et tant qu'on envisage seulement les divers états conditionnés qu'elles séparent les uns des autres. Cependant, il n'en est pas moins vrai que le passage à certains états supérieurs constitue comme un acheminement vers la « Délivrance », qui est alors « graduelle » (*krama-mukti*), de la même façon que l'emploi de certains moyens appropriés, tels que ceux du *Hatha-Yoga*, est une préparation efficace, bien qu'il n'y ait assurément aucune comparaison possible entre ces moyens contingents et l'« Union » qu'il s'agit de réaliser en les prenant comme « supports »[191]. Mais il doit être bien entendu que la « Délivrance », lorsqu'elle sera réalisée, impliquera toujours une discontinuité par rapport à l'état dans lequel se trouvera l'être qui l'obtiendra, et que, quel que soit cet état, cette discontinuité ne sera ni plus ni moins profonde, puisque, dans tous les cas, il n'y a, entre l'état de l'être « non-délivré » et celui de l'être « délivré », aucun rapport comme il en existe entre différents états conditionnés.

---

[191] On pourra remarquer une analogie entre ce que nous disons ici et ce qui, au point de vue de la théologie catholique, pourrait être dit des sacrements : dans ceux-ci aussi, en effet, les formes extérieures sont proprement des « supports », et ces moyens éminemment contingents ont un résultat qui est d'un tout autre ordre qu'eux-mêmes. C'est en raison de sa constitution même et de ses conditions propres que l'individu humain a besoin de tels « supports » comme point de départ d'une réalisation qui le dépasse ; et la disproportion entre les moyens et la fin ne fait que correspondre à celle qui existe entre l'état individuel, pris comme base de cette réalisation, et l'état inconditionné qui en est le terme. Nous ne pouvons développer présentement une théorie générale de l'efficacité des rites ; nous dirons simplement, pour en faire comprendre le principe essentiel, que tout ce qui est contingent en tant que manifestation (à moins qu'il ne s'agisse de déterminations purement négatives) ne l'est plus si on l'envisage en tant que possibilités permanentes et immuables, que tout ce qui a quelque existence positive doit ainsi se retrouver dans le non-manifesté, et que c'est là ce qui permet une transposition de l'individuel dans l'Universel, par suppression des conditions limitatives (donc négatives) qui sont inhérentes a toute manifestation.

Cela est vrai même pour les états qui sont tellement au-dessus de l'état humain que, envisagés de celui-ci, ils pourraient être pris pour le terme auquel l'être doit tendre finalement ; et cette illusion est possible même pour des états qui ne sont en réalité que des modalités de l'état humain, mais très éloignées à tous égards de la modalité corporelle ; nous avons pensé qu'il était nécessaire d'attirer l'attention sur ce point, afin de prévenir toute méprise et toute erreur d'interprétation, avant de reprendre notre exposé des modifications posthumes auxquelles peut être soumis l'être humain.

« L'« âme vivante » (*jîvâtmâ*), avec les facultés vitales résorbées en elle (et y demeurant en tant que possibilités, ainsi qu'il a été expliqué précédemment), s'étant retirée dans son propre séjour (le centre de l'individualité, désigné symboliquement comme le cœur, ainsi que nous l'avons vu au début, et où elle réside en effet en tant que, dans son essence et indépendamment de ses conditions de manifestation, elle est réellement identique à *Purusha*, dont elle ne se distingue qu'illusoirement), le sommet (c'est-à-dire la portion la plus sublimée) de cet organe subtil (figuré comme un lotus à huit pétales) étincelle[192] et illumine le passage par lequel l'âme doit sortir (pour atteindre les divers états dont il va être question dans la suite) : la couronne de la tête, si l'individu est un Sage (*vidwân*), et une autre région de

---

[192] Il est évident que ce mot est encore de ceux qui doivent être entendus symboliquement, puisqu'il ne s'agit point ici du feu sensible, mais bien d'une modification de la Lumière intelligible.

l'organisme (correspondant physiologiquement au plexus solaire)[193], s'il est un ignorant (*avidwân*)[194]. Cent une artères (*nâdîs*, également subtiles et lumineuses)[195] sortent du centre vital (comme les rais d'une roue sortent de son moyeu), et l'une de ces artères (subtiles) passe par la couronne de la tête (région considérée comme correspondant aux états supérieurs de l'être, quant à leurs possibilités de communication avec l'individualité humaine, comme on l'a vu dans la description des membres de *Vaishwânara*) ; elle est appelée *sushumnâ* »[196]. Outre celle-ci, qui occupe une situation centrale, il y a deux autres *nâdîs* qui jouent un rôle particulièrement important (notamment pour la

---

[193] Les plexus nerveux, ou plus exactement leurs correspondants dans la forme subtile (tant que celle-ci est liée à la forme corporelle), sont désignés symboliquement comme des « roues » (*chakras*), ou encore comme des « lotus » (*padmas* ou *kamalas*). — Pour ce qui est de la couronne de la tête, elle joue également un rôle important dans les traditions islamiques concernant les conditions posthumes de l'être humain ; et l'on pourrait sans doute trouver ailleurs encore les usages qui se réfèrent à des considérations du même ordre que ce dont il est ici question (la tonsure des prêtres catholiques, par exemple), bien que la raison profonde ait pu parfois en être oubliée.

[194] *Brihad-Âranyaka Upanishad*, 4e Adhyâya, 4e Brâhmana, shrutis 1 et 2.

[195] Nous rappelons qu'il ne s'agit pas des artères corporelles de la circulation sanguine, non plus que de canaux contenant l'air respiré ; il est bien évident, du reste, que, dans l'ordre corporel, il ne peut y avoir aucun canal passant par la couronne de la tête, puisqu'il n'y a aucune ouverture dans cette région de l'organisme. D'autre part, il faut remarquer que, bien que la précédente retraite de *jîvâtmâ* implique déjà l'abandon de la forme corporelle, toute relation n'a pas encore cessé entre celle-ci et la forme subtile dans la phase dont il s'agit maintenant, puisqu'on peut continuer, en décrivant celle-ci, à parler des divers organes subtils suivant la correspondance qui existait dans la vie physiologique.

[196] *Katha Upanishad*, 2e Adhyâya, 6e Vallî, shruti 16.

correspondance de la respiration dans l'ordre subtil, et par suite pour les pratiques du *Hatha-Yoga*) : l'une, située à sa droite, est appelée *pingalâ* ; l'autre, à sa gauche, est appelé *idâ*. De plus, il est dit que la *pingalâ* correspond au Soleil et l'*idâ* à la Lune ; or on a vu plus haut que le Soleil et la Lune sont désignés comme les deux yeux de *Vaishwânara* ; ceux-ci sont donc respectivement en relation avec les deux *nâdîs* dont il s'agit, tandis que la *sushumnâ*, étant au milieu, est en rapport avec le « troisième œil », c'est-à-dire avec l'œil frontal de *Shiva*[197] ; mais nous ne pouvons qu'indiquer en passant ces considérations, qui sortent du sujet que nous avons à traiter

---

[197] Dans l'aspect de ce symbolisme qui se réfère à la condition temporelle, le Soleil et l'œil droit correspondent au futur, la Lune et l'œil gauche au passé ; l'œil frontal correspond au présent, qui, du point de vue du manifesté, n'est qu'un instant insaisissable, comparable à ce qu'est dans l'ordre spatial, le point géométrique sans dimensions : c'est pourquoi un regard de ce troisième œil détruit toute manifestation (ce qu'on exprime symboliquement en disant qu'il réduit tout en cendres), et c'est aussi pourquoi il n'est représenté par aucun organe corporel ; mais, lorsqu'on s'élève au-dessus de ce point de vue contingent, le présent contient toute réalité (de même que le point renferme en lui-même toutes les possibilités spatiales), et lorsque la succession est transmuée en simultanéité, toutes choses demeurent dans l'« éternel présent », de sorte que la destruction apparente est véritablement la « transformation ». Ce symbolisme est identique à celui du *Janus Bifrons* des Latins, qui a deux visages, l'un tourné vers le passé et l'autre vers l'avenir, mais dont le véritable visage, celui qui regarde le présent, n'est ni l'un ni l'autre de ceux que l'on peut voir. — Signalons encore que les *nâdîs* principales, en vertu de la même correspondance qui vient d'être indiquée, ont un rapport particulier avec ce qu'on peut appeler, en langage occidental, l'« alchimie humaine », où l'organisme est représenté comme l'*athanor* hermétique, et qui, à part la terminologie différente employée de part et d'autre, est très comparable au *Hatha-Yoga*.

présentement.

« Par ce passage (la *sushumnâ* et la couronne de la tête où elle aboutit), en vertu de la Connaissance acquise et de la conscience de la Voie méditée (conscience qui est essentiellement d'ordre extra-temporel, puisqu'elle est, même en tant qu'on l'envisage dans l'état humain, un reflet des états supérieurs) [198], l'âme du Sage, douée (en vertu de la régénération psychique qui a fait de lui un homme « deux fois né », *dwija*)[199] de la Grâce spirituelle (*Prasâda*) de *Brahma*,

---

[198] C'est donc une grave erreur de parler ici de « souvenir », comme l'a fait Colebrooke dans l'exposé que nous avons déjà mentionné ; la mémoire, conditionnée par le temps au sens le plus strict de ce mot, est une faculté relative à la seule existence corporelle, et qui ne s'étend pas au-delà des limites de cette modalité spéciale et restreinte de l'individualité humaine ; elle fait donc partie de ces éléments psychiques auxquels nous avons fait allusion plus haut, et dont la dissociation est une conséquence directe de la mort corporelle.

[199] La conception de la « seconde naissance », comme nous l'avons déjà fait remarquer ailleurs, est de celles qui sont communes à toutes les doctrines traditionnelles ; dans le Christianisme, en particulier, la régénération psychique est représentée très nettement par le baptême. — Cf. ce passage de l'Evangile : « Si un homme ne naît de nouveau, il ne peut voir le Royaume de Dieu... En vérité, je vous le dis, si un homme ne renaît de l'eau et de l'esprit, il ne peut entrer dans le Royaume de Dieu... Ne vous étonnez pas de ce que je vous ai dit, qu'il faut que vous naissiez de nouveau » (*St Jean*, III, 3 à 7). L'eau est regardée par beaucoup de traditions comme le milieu originel des êtres, et la raison en est dans son symbolisme, tel que nous l'avons expliqué plus haut, et par lequel elle représente *Mûla- Prakriti* ; dans un sens supérieur, et par transposition, c'est la Possibilité Universelle elle-même ; celui qui « naît de l'eau » devient « fils de la Vierge », donc frère adoptif du Christ et cohéritier du « Royaume de Dieu ». D'autre part, si l'on remarque que l'« esprit », dans le texte que nous venons de citer est le *Ruahh* hébraïque (associé ici à l'eau comme principe complémentaire, comme au début de la *Genèse*), et que celui-ci désigne en même temps l'air, on retrouvera l'idée de

qui réside dans ce centre vital (par rapport à l'individu humain considéré), cette âme s'échappe (s'affranchit de tout lien qui peut subsister encore avec la condition corporelle) et rencontre un rayon solaire (c'est-à-dire, symboliquement, une émanation du Soleil spirituel, qui est *Brahma* même, envisagé cette fois dans l'Universel : ce rayon solaire n'est autre chose qu'une particularisation, en rapport avec l'être considéré, ou, si l'on préfère, une « polarisation » du principe supra-individuel *Buddhi* ou *Mahat*, par lequel les multiples états manifestés de l'être sont reliés entre eux et mis en communication avec la personnalité transcendante, *Âtmâ*, qui est identique au Soleil spirituel lui- même) ; c'est par cette route (indiquée comme le trajet du « rayon solaire ») qu'elle se dirige, soit la nuit ou le jour, l'hiver ou l'été[200]. Le contact d'un rayon du Soleil (spirituel) avec la *sushumnâ* est constant, aussi longtemps que le corps subsiste (en tant qu'organisme vivant et véhicule de l'être manifesté)[201] : les rayons de la Lumière (intelligible), émanés de ce Soleil, parviennent à cette

---

la purification par les éléments, telle qu'elle se rencontre dans tous les rites initiatiques aussi bien que dans les rites religieux ; et, d'ailleurs, l'initiation elle-même est toujours regardée comme une « seconde naissance », symboliquement lorsqu'elle n'est qu'un formalisme plus ou moins extérieur, mais effectivement lorsqu'elle est conférée d'une façon réelle à celui qui est dûment qualifié pour la recevoir.

[200] *Chhândogya Upanishad*, 8e Prapâthaka, 6e Khanda, shruti 5.

[201] Ceci, à défaut de toute autre considération, suffirait à montrer clairement qu'il ne peut s'agir d'un rayon solaire au sens physique (pour lequel le contact ne serait pas constamment possible), et que ce qui est désigné ainsi ne peut l'être que symboliquement. — Le rayon qui est en connexion avec l'artère coronale est appelé aussi *sushumnâ*.

artère (subtile), et, réciproquement (en mode réfléchi), s'étendent de l'artère au Soleil (comme un prolongement indéfini par lequel est établie la communication, soit virtuelle, soit effective, de l'individualité avec l'Universel) »[202].

Ce qui vient d'être dit est complètement indépendant des circonstances temporelles et de toutes autres contingences similaires qui accompagnent la mort ; ce n'est pas que ces circonstances soient toujours sans influence sur la condition posthume de l'être, mais elles ne sont à considérer que dans certains cas particuliers, que nous ne pouvons d'ailleurs qu'indiquer ici sans autre développement. « La préférence de l'été, dont on cite en exemple le cas de Bhîshma, qui attendit pour mourir le retour de cette saison favorable, ne concerne pas le Sage qui, dans la contemplation de *Brahma*, a accompli les rites (relatifs à l'« incantation »)[203] tels qu'ils sont prescrits par le *Vêda*, et qui a, par conséquent, acquis (au moins virtuellement) la perfection de la Connaissance Divine[204] ;

---

[202] *Chhândogya Upanishad*, 8e Prapâthaka, 6e Khanda, shruti 2.

[203] Par ce mot d'« incantation » au sens où nous l'employons ici, il faut entendre essentiellement une aspiration de l'être vers l'Universel, ayant pour but d'obtenir une illumination intérieure, quels que soient d'ailleurs les moyens extérieurs, gestes (*mudrâs*), paroles ou sons musicaux (*mantras*), figures symboliques (*yantras*) ou autres, qui peuvent être employés accessoirement comme support de l'acte intérieur, et dont l'effet est de déterminer des vibrations rythmiques qui ont une répercussion à travers la série indéfinie des états de l'être. Une telle « incantation » n'a donc absolument rien de commun avec les pratiques magiques auxquelles on donne parfois le même nom en Occident, non plus qu'avec un acte religieux tel que la prière ; tout ce dont il s'agit ici se rapporte exclusivement au domaine de la réalisation métaphysique.

[204] Nous disons virtuellement, parce que, si cette perfection était effective, la

197

mais elle concerne ceux qui ont suivi les observances enseignées par le *Sânkhya* ou le *Yoga-Shâstra*, d'après lequel le temps du jour et celui de la saison de l'année ne sont pas indifférents, mais ont (pour la libération de l'être sortant de l'état corporel après une préparation accomplie conformément aux méthodes dont il s'agit) une action effective en tant qu'éléments inhérents au rite (dans lequel ils interviennent comme des conditions dont dépendent les effets qui peuvent en être obtenus) »[205]. Il va de soi que, dans ce dernier cas, la restriction envisagée s'applique seulement à des êtres qui n'ont atteint que des degrés de réalisation correspondant à des extensions de l'individualité humaine ; pour celui qui a effectivement dépassé les limites de l'individualité, la nature des moyens employés au point de départ de la réalisation ne saurait plus influer en rien sur sa condition ultérieure.

« Délivrance » aurait déjà été obtenue par là même ; la Connaissance peut être théoriquement parfaite, bien que la réalisation correspondante n'ait été encore que partiellement accomplie.

[205] *Brahma-Sûtras*, 4e Adhyâya, 2e Pâda, sûtras 17 à 21.

Chapitre XXI

LE « VOYAGE DIVIN » DE L'ÊTRE
EN VOIE DE LIBÉRATION

L a suite du voyage symbolique accompli par l'être dans son processus de libération graduelle depuis la terminaison de l'artère coronale (*sushumnâ*), communiquant constamment avec un rayon du Soleil spirituel, jusqu'à sa destination finale, s'effectue en suivant la Voie qui est marquée par le trajet de ce rayon parcouru en sens inverse (suivant sa direction réfléchie) jusqu'à sa source, qui est cette destination même. Cependant, si l'on considère qu'une description de ce genre peut s'appliquer aux états posthumes parcourus successivement, d'une part, par les êtres qui obtiendront la « Délivrance » à partir de l'état humain, et, d'autre part, par ceux qui, après la résorption de l'individualité humaine, auront au contraire à passer dans d'autres états de manifestation individuelle, il devra y avoir deux itinéraires différents correspondant à ces deux cas : il est dit, en effet, que les premiers suivent la « Voie des Dieux » (*dêva-yâna*), tandis que les seconds suivent la « Voie des Ancêtres » (*pitri-yâna*). Ces deux itinéraires symboliques sont résumés dans le passage suivant de la *Bhagavad-Gîtâ* : « À quels moments ceux qui tendent à l'Union (sans l'avoir effectivement réalisée) quittent l'existence manifestée, soit sans retour, soit pour y revenir, je vais te l'enseigner, ô Bhârata. Feu, lumière, jour, lune croissante, semestre ascendant du soleil vers le nord, c'est sous ces signes lumineux que vont à *Brahma* ces hommes qui connaissent *Brahma*. Fumée, nuit, lune décroissante, semestre descendant du soleil vers le sud, c'est sous ces signes d'ombre qu'ils vont à la Sphère de la Lune (littéralement : « atteignent la lumière lunaire ») pour revenir ensuite (à de nouveaux états de manifestation). Ce sont les deux Voies permanentes, l'une claire, l'autre obscure, du monde manifesté (*jagat*) ; par l'une il n'est pas de retour (du non- manifesté au manifesté) ; par l'autre on revient en arrière (dans la manifestation) »[206]. Le même symbolisme est exposé, avec plus de détails, en divers passages du *Vêda* ; et d'abord, pour ce qui est du *pitri-yâna*, nous ferons seulement remarquer qu'il ne conduit pas au-delà de la Sphère de la Lune, de sorte que, par là, l'être n'est pas libéré de la forme, c'est-à-dire de la condition individuelle entendue dans son sens le plus général, puisque, comme nous l'avons déjà dit, c'est précisément la forme qui définit l'individualité comme telle[207]. Suivant des correspondances que nous avons indiquées plus haut, cette Sphère de la Lune représente la « mémoire cosmique »[208] ; c'est pourquoi elle est

---

[206] *Bhagavad-Gîtâ*, VIII, 23 à 26.

[207] Sur le *pitri-yâna*, voir *Chhândogya Upanishad*, 5e Prapâthaka, 10e Khanda, shrutis 3 à 7 ; *Brihad-Âranyaka Upanishad*, 6e Adhyâya, 2e Brâhmana, shruti 16.

[208] C'est pour cette raison qu'il est dit parfois symboliquement même en Occident,

le séjour des *Pitris*, c'est-à-dire des êtres du cycle antécédent, qui sont considérés comme les générateurs du cycle actuel, en raison de l'enchaînement causal dont la succession des cycles n'est que le symbole ; et c'est de là que vient la dénomination du *pitri-yâna*, tandis que celle du *dêva-yâna* désigne naturellement la Voie qui conduit vers les états supérieurs de l'être, donc vers l'assimilation à l'essence même de la Lumière intelligible. C'est dans la Sphère de la Lune que se dissolvent les formes qui ont accompli le cours complet de leur développement ; et c'est là aussi que sont contenus les germes des formes non encore développées, car, pour la forme comme pour toute autre chose, le point de départ et le point d'aboutissement se situent nécessairement dans le même ordre d'existence. Pour préciser davantage ces considérations, il faudrait pouvoir se référer expressément à la théorie des cycles ; mais il nous suffit de redire ici que, chaque cycle étant en réalité un état d'existence, la forme ancienne que quitte un être non affranchi de l'individualité et la forme nouvelle dont il se revêt appartiennent forcément à deux états différents (le passage de l'un à l'autre s'effectuant dans la Sphère de la Lune, où se trouve le point commun aux deux cycles), car un être, quel qu'il soit, ne peut passer deux fois par le même état, ainsi que nous l'avons expliqué ailleurs en montrant l'absurdité des théories « réincarnationnistes » inventées par certains

---

qu'on y retrouve tout ce qui a été perdu en ce monde terrestre (cf. Arioste, *Orlando Furioso*).

Occidentaux modernes[209].

Nous insisterons un peu plus sur le *dêva-yâna*, qui se rapporte à l'identification effective du centre de l'individualité[210], où toutes les facultés ont été précédemment résorbées dans l'« âme vivante » (*jîvâtmâ*), avec le centre même de l'être total, résidence de l'Universel *Brahma*. Le processus dont il s'agit ne s'applique donc, nous le répétons, qu'au cas où cette identification n'a pas été réalisée pendant la vie terrestre, ni au moment même de la mort ; lorsqu'elle est accomplie, d'ailleurs, il n'y a plus d'« âme vivante » distincte du « Soi », puisque l'être est désormais sorti de la condition individuelle : cette distinction, qui n'a jamais existé qu'en mode illusoire (illusion qui est inhérente à cette condition même), cesse pour lui dès lors qu'il atteint la réalité absolue ; l'individualité disparaît avec toutes les déterminations limitatives et contingentes, et la personnalité seule demeure dans la plénitude de l'être, contenant en soi, principiellement, toutes ses possibilités à l'état permanent et

---

[209] Tout ce qui vient d'être dit ici a encore un rapport avec le symbolisme de *Janus* : la Sphère de la Lune détermine la séparation des états supérieurs (non-individuels) et des états inférieurs (individuels) ; de là le double rôle de la Lune comme *Janua Cæli* (cf. les litanies de la Vierge dans la liturgie catholique) et *Janua Inferni*, ce qui correspond d'une certaine façon à la distinction du *dêva-yâna* et du *pitri-yâna*. — *Jana* ou *Diana* n'est pas autre chose que la forme féminine de *Janus* ; et, d'autre part, *yâna* dérive de la racine verbale *i*, « aller » (latin *ire*), où certains, et notamment Cicéron, veulent voir aussi la racine du nom même de *Janus*.

[210] Il est bien entendu qu'il s'agit ici de l'individualité intégrale, et non pas réduite à sa seule modalité corporelle, laquelle, d'ailleurs, n'existe plus pour l'être considéré, puisque c'est d'états posthumes qu'il est question.

non-manifesté.

Suivant le symbolisme vêdique, tel que nous le trouvons dans plusieurs textes des *Upanishads*[211], l'être qui accomplit le *dêva-yâna*, ayant quitté la Terre (*Bhû*, c'est-à- dire le monde corporel ou le domaine de la manifestation grossière), est d'abord conduit à la lumière (*archis*), par laquelle il faut entendre ici le Royaume du Feu (*Têjas*), dont le Régent est *Agni*, appelé aussi *Vaishwânara*, dans une signification spéciale de ce nom. Il faut bien remarquer, d'ailleurs, que, quand nous rencontrons dans l'énumération de ces stades successifs la désignation des éléments, celle-ci ne peut être que symbolique, puisque les *bhûtas* appartiennent tous proprement au monde corporel, qui est représenté tout entier par la Terre (laquelle, en tant qu'élément, est *Prithwî*) ; il s'agit donc en réalité de différentes modalités de l'état subtil. Du Royaume du Feu, l'être est conduit aux divers domaines des régents (*dêvatâs*, « déités ») ou distributeurs du jour, de la demi-lunaison claire (période croissante ou première moitié du mois lunaire)[212], des six mois d'ascension du soleil vers le

---

[211] *Chhândogya Upanishad*, 4e Prapâthaka, 15e Khanda, shrutis 5 et 6, et 5e Prapâthaka, 10e Khanda, shrutis 1 et 2 ; *Kaushîtakî Upanishad*, 1er Adhyâya, shruti 3 ; *Brihad-Âranyaka Upanishad*, 5e Adhyâya, 10e Brâhmana, shruti 1, et 6e Adhyâya, 2e Brâhmana, shruti 15.

[212] Cette période croissante de la lunaison est appelée *pûrva-paksha*, « première partie », et la période décroissante *uttara-paksha*, « dernière partie » du mois. — Ces expressions *pûrva-paksha* et *uttara-paksha* ont aussi, par ailleurs, une autre acception toute différente : dans une discussion, elles désignent respectivement une objection et sa réfutation.

nord, et enfin de l'année, tout ceci devant s'entendre de la correspondance de ces divisions du temps (les « moments » dont parle la *Bhagavad-Gîtâ*) transposées analogiquement dans les prolongements extra-corporels de l'état humain, et non de ces divisions elles-mêmes, qui ne sont littéralement applicables qu'à l'état corporel[213]. De là, il passe au Royaume de l'Air (*Vâyu*), dont le Régent (désigné par le même nom) le dirige du côté de la Sphère du Soleil (*Sûrya* ou *Âditya*), à partir de la limite supérieure de son domaine, par un passage comparé au moyeu de la roue d'un chariot, c'est-à-dire à un axe fixe autour duquel s'effectue la rotation ou la mutation de toutes les choses contingentes (il ne faut pas oublier que *Vâyu* est essentiellement le principe « mouvant »), mutation à laquelle l'être va échapper désormais[214]. Il passe ensuite dans

---

[213] Il pourrait être intéressant d'établir la concordance de cette description symbolique avec celles qui sont données par d'autres doctrines traditionnelles (cf. notamment le *Livre des Morts* des anciens Égyptiens et la *Pistis Sophia* des Gnostiques alexandrins, ainsi que le *Bardo-Thödol* thibétain) ; mais cela nous entraînerait beaucoup trop loin. — Dans la tradition hindoue, *Ganêsha*, qui représente la Connaissance, est désigné en même temps comme le « Seigneur des déités » ; son symbolisme, en rapport avec les divisions temporelles dont il vient d'être question, donnerait lieu à des développements extrêmement dignes d'intérêt, et aussi à des rapprochements fort instructifs avec d'anciennes traditions occidentales ; toutes ces choses, qui ne peuvent trouver place ici, seront peut-être reprises par nous en quelque autre occasion.

[214] Pour employer le langage des philosophes grecs, on pourrait dire qu'il va échapper à la « génération » et à la « corruption », termes qui sont synonymes de « naissance » et de « mort » quand ces derniers mots sont appliqués à tous les états de manifestation individuelle ; et, par ce que nous avons dit de la sphère de la Lune et de sa signification, on peut comprendre aussi ce que voulaient dire ces mêmes philosophes, notamment Aristote, lorsqu'ils enseignaient que le monde sublunaire seul est soumis à la « génération » et à la « corruption » : ce monde sublunaire, en

la Sphère de la Lune (*Chandra* ou *Soma*), où il ne reste pas comme celui qui a suivi le *pitri-yâna*, mais d'où il monte à la région de l'éclair (*vidyut*)[215], au-dessus de laquelle est le Royaume de l'Eau (*Ap*), dont le Régent est *Varuna*[216] (comme analogiquement, la foudre éclate au-dessous des nuages de pluie). Il s'agit ici des Eaux supérieures ou célestes, représentant l'ensemble des possibilités informelles[217], par opposition aux Eaux inférieures, qui représentent l'ensemble des possibilités formelles ; il ne peut plus être question de ces dernières dès que l'être a dépassé la Sphère de la Lune, puisque celle-ci est, comme nous le disions tout à l'heure, le milieu cosmique où s'élaborent les germes de toute la manifestation formelle. Enfin, le reste du voyage s'effectue par la région lumineuse intermédiaire (*Antariksha*, dont il a été

---

effet, représente en réalité le « courant des formes » de la tradition extrême-orientale, et les Cieux, étant les états informels, sont nécessairement incorruptibles, c'est-à-dire qu'il n'y a plus de dissolution ou de désintégration possible pour l'être qui a atteint ces états.

[215] Ce mot *vidyut* semble être encore en rapport avec la racine *vid*, en raison de la connexion de la lumière et de la vue ; sa forme est très proche de celle de *vidyâ* : l'éclair illumine les ténèbres ; celles-ci sont le symbole de l'ignorance (*avidyâ*), et la connaissance est une « illumination » intérieure.

[216] Faisons remarquer, en passant, que ce nom est manifestement identique au grec, bien que certains philologues aient voulu, on ne sait trop pourquoi, contester cette identité ; le Ciel, est bien la même chose, en effet, que les « Eaux supérieures » dont parle la Genèse, et que nous retrouvons ici dans le symbolisme hindou.

[217] Les *Apsarâs* sont les Nymphes célestes, qui symbolisent aussi ces possibilités informelles ; elles correspondent aux *Hûris* du Paradis islamique (*El-Jannah*), qui, sauf dans les transpositions dont il est susceptible au point de vue ésotérique et qui lui confèrent des significations d'ordre plus élevé, est proprement l'équivalent du *Swarga* hindou.

parlé précédemment dans la description des sept membres de *Vaishwânara*, mais avec une application quelque peu différente)[218], qui est le Royaume d'*Indra*[219], et qui est occupée par l'Éther (*Âkâsha*, représentant ici l'état primordial d'équilibre indifférencié), jusqu'au Centre spirituel où réside *Prajâpati*, le « Seigneur des êtres produits », qui est, comme nous l'avons déjà indiqué, la manifestation principielle et l'expression directe de *Brahma* même par rapport au cycle total ou au degré d'existence auquel appartient l'état humain, car celui-ci doit être encore envisagé ici, bien qu'en principe seulement, comme étant l'état où l'être a pris son point de départ, et avec lequel, même sorti de la forme ou de l'individualité, il garde certains liens tant qu'il n'a pas atteint l'état absolument inconditionné, c'est-à-dire tant que la « Délivrance », pour lui, n'est pas pleinement effective.

Il existe, dans les divers textes où est décrit le « voyage divin », quelques variations, d'ailleurs peu importantes et plus

---

[218] Nous avons dit alors que c'est le milieu d'élaboration des formes, parce que, dans la considération des « trois mondes », cette région correspond au domaine de la manifestation subtile, et elle s'étend depuis la Terre jusqu'aux Cieux ; ici, au contraire, la région intermédiaire dont il s'agit est située au-delà de la Sphère de la Lune, donc dans l'informel, et elle s'identifie au *Swarga*, si l'on entend par ce mot, non plus les Cieux ou les états supérieurs dans leur ensemble, mais seulement leur portion la moins élevée. On remarquera encore, à ce propos, comment l'observation de certains rapports hiérarchiques permet l'application d'un même symbolisme à différents degrés.

[219] *Indra*, dont le nom signifie « puissant », est aussi désigné comme le Régent du *Swarga*, ce qui s'explique par l'identification indiquée dans la note précédente ; ce *Swarga* est un état supérieur, mais non définitif, et encore conditionné, bien qu'informel.

apparentes que réelles au fond, quant au nombre et à l'ordre d'énumération des stations intermédiaires ; mais l'exposé qui précède est celui qui résulte d'une comparaison générale de ces textes, et ainsi il peut être regardé comme la stricte expression de la doctrine traditionnelle sur cette question[220]. Du reste, notre intention n'est pas de nous étendre outre mesure sur l'explication plus détaillée de tout ce symbolisme, qui est, somme toute, assez clair par lui-même, dans son ensemble, pour quiconque a tant soit peu l'habitude des conceptions orientales (nous pourrions même dire des conceptions traditionnelles sans restriction) et de leurs modes généraux d'expression ; son interprétation se trouve d'ailleurs encore facilitée par toutes les considérations que nous avons déjà exposées, et où l'on aura rencontré un assez grand nombre de ces transpositions analogiques qui constituent le fond de tout symbolisme[221]. Ce que nous rappellerons seulement une fois de plus, au risque de nous répéter, et parce que c'est tout à fait essentiel pour la compréhension de ces choses, c'est ceci : il doit être bien entendu que, lorsqu'il est question, par exemple, des Sphères du Soleil et de la Lune, il ne s'agit jamais du soleil et de la lune en tant qu'astres visibles, qui appartiennent simplement au domaine corporel, mais

---

[220] Pour cette description des diverses phases du *dêva-yâna*, voir *Brahma-Sûtras*, 4e Adhyâya, 3e Pâda, sûtras 1 à 6.

[221] À cette occasion, nous nous excuserons d'avoir multiplié les notes et de leur avoir donné plus d'étendue qu'on ne le fait habituellement ; nous l'avons fait surtout en ce qui concerne précisément les interprétations de ce genre, et aussi les rapprochements à établir avec d'autres doctrines ; cela était nécessaire pour ne pas interrompre la suite de notre exposé par de trop fréquentes digressions.

bien des principes universels que ces astres représentent en quelque façon dans le monde sensible, ou tout au moins de la manifestation de ces principes à des degrés divers, en vertu des correspondances analogiques qui relient entre eux tous les états de l'être[222]. En effet, les différents Mondes (*Lokas*), Sphères planétaires et Royaumes élémentaires, qui sont décrits symboliquement (mais symboliquement seulement, puisque l'être qui les parcourt n'est plus soumis à l'espace) comme autant de régions, ne sont en réalité que des états différents[223] ; et ce symbolisme spatial (de même que le symbolisme temporel qui sert notamment à exprimer la théorie des cycles) est assez naturel et d'un usage assez généralement répandu pour ne pouvoir tromper que ceux qui

---

[222] Les phénomènes naturels en général, et notamment les phénomènes astronomiques, ne sont jamais envisagés par les doctrines traditionnelles qu'à titre de simple mode d'expression, comme symbolisant certaines vérités d'ordre supérieur ; et, s'ils les symbolisent en effet, c'est que leurs lois ne sont pas autre chose, au fond, qu'une expression de ces vérités mêmes dans un domaine spécial, une sorte de traduction des principes correspondants, adaptée naturellement aux conditions particulières de l'état corporel et humain. On peut comprendre par là combien grande est l'erreur de ceux qui veulent voir du « naturalisme » dans ces doctrines, ou qui croient qu'elles ne se proposent que de décrire et d'expliquer les phénomènes comme peut le faire la science « profane », bien que sous des formes différentes ; c'est là proprement renverser les rapports et prendre le symbole lui-même pour ce qu'il représente, le signe pour la chose ou l'idée signifiée.

[223] Le mot sanskrit *loka* est identique au latin *locus*, « lieu » ; on peut remarquer à ce propos que, dans la doctrine catholique, le Ciel, le Purgatoire et l'Enfer sont également désignés comme des « lieux », qui sont pris, là aussi, pour représenter symboliquement des états, car il ne saurait être aucunement question, même pour l'interprétation la plus extérieure de cette doctrine, de situer dans l'espace ces états posthumes ; une telle méprise n'a pu se produire que dans les théories « néo-spiritualistes » qui ont vu le jour dans l'Occident moderne.

sont incapables de voir autre chose que le sens le plus grossièrement littéral ; ceux-là ne comprendront jamais ce qu'est un symbole, car leurs conceptions sont irrémédiablement bornées à l'existence terrestre et au monde corporel, où par la plus naïve des illusions, ils veulent enfermer toute réalité.

La possession effective des états dont il s'agit peut être obtenue par l'identification avec les principes qui sont désignés comme leurs Régents respectifs, identification qui, dans tous les cas, s'opère par la connaissance, à la condition que celle-ci ne soit pas simplement théorique ; la théorie ne doit être regardée que comme la préparation, d'ailleurs indispensable, de la réalisation correspondante. Mais, pour chacun de ces principes considéré en particulier et isolément, les résultats d'une telle identification ne s'étendent pas au-delà de son propre domaine, de sorte que l'obtention de tels états, encore conditionnés, ne constitue qu'une étape préliminaire, une sorte d'acheminement (dans le sens que nous avons précisé plus haut et avec les restrictions qu'il convient d'apporter à une semblable façon de parler) vers l'« Identité Suprême », but ultime atteint par l'être dans sa complète et totale universalisation, et dont la réalisation, pour ceux qui ont à accomplir préalablement le *dêva-yâna*, peut, ainsi qu'il a été dit précédemment, être différée jusqu'au *pralaya*, le passage de chaque stade au suivant ne devenant possible que pour l'être qui a obtenu le degré correspondant de connaissance effective[224].

Donc, dans le cas envisagé présentement et qui est celui de *krama-mukti*, l'être, jusqu'au *pralaya*, peut demeurer dans l'ordre cosmique et ne pas atteindre la possession effective d'états transcendants, en laquelle consiste proprement la vraie réalisation métaphysique ; mais il n'en a pas moins obtenu dès lors, et du fait même qu'il a dépassé la Sphère de la Lune (c'est-à-dire qu'il est sorti du « courant des formes »), cette « immortalité virtuelle » que nous avons définie plus haut. C'est pourquoi le Centre spirituel dont il a été question n'est encore que le centre d'un certain état ou d'un certain degré d'existence, celui auquel appartenait l'être en tant qu'humain, et auquel il continue d'appartenir d'une certaine façon, puisque sa totale universalisation, en mode supra-individuel, n'est pas actuellement réalisée ; et c'est aussi pourquoi il a été dit que, dans une telle condition, les entraves individuelles ne peuvent être encore complètement détruites. C'est très exactement à ce point que s'arrêtent les conceptions que l'on peut dire proprement religieuses, qui se réfèrent toujours à des extensions de l'individualité humaine, de sorte que les états qu'elles permettent d'atteindre doivent forcément conserver quelque rapport avec le monde manifesté, même quand ils le dépassent, et ne sont point ces états transcendants

---

[224] Il est très important de noter ici que c'est à la réalisation immédiate de l'« Identité Suprême » que les *Brâhmanas* se sont toujours attachés à peu près exclusivement, tandis que les *Kshatriyas* ont développé de préférence l'étude des états qui correspondent aux divers stades du *dêva-yâna* aussi bien que du *pitri-yâna*.

auxquels il n'est pas d'autre accès que par la Connaissance métaphysique pure. Ceci peut s'appliquer notamment aux « états mystiques » ; et, pour ce qui est des états posthumes, il y a précisément la même différence, entre l'« immortalité » ou le « salut » entendus au sens religieux (le seul qu'envisagent d'ordinaire les Occidentaux) et la « Délivrance », qu'entre la réalisation mystique et la réalisation métaphysique accomplie pendant la vie terrestre ; on ne peut donc parler ici, en toute rigueur, que d'« immortalité virtuelle » et, comme aboutissement ultime, de « réintégration en mode passif » ; ce dernier terme échappe d'ailleurs au point de vue religieux tel qu'on l'entend communément, et pourtant c'est par là seulement que se justifie l'emploi qui est fait du mot « immortalité » dans un sens relatif, et que peut s'établir une sorte de rattachement ou de passage de ce sens relatif au sens absolu et métaphysique où le même terme est pris par les Orientaux. Tout cela, d'ailleurs, ne nous empêche pas d'admettre que les conceptions religieuses sont susceptibles d'une transposition par laquelle elles reçoivent un sens supérieur et plus profond, et cela parce que ce sens est aussi dans les Écritures sacrées sur lesquelles elles reposent ; mais, par une telle transposition, elles perdent leur caractère spécifiquement religieux, parce que ce caractère est attaché à certaines limitations, hors desquelles on est dans l'ordre métaphysique pur. D'autre part, une doctrine traditionnelle qui, comme la doctrine hindoue, ne se place pas au point de vue des religions occidentales, n'en reconnaît pas moins l'existence des états qui sont envisagés plus spécialement par ces dernières, et il doit forcément en être ainsi, dès lors que ces états sont effectivement des possibilités de l'être ; mais elle ne peut leur accorder une importance égale à celle que leur donnent les doctrines qui ne vont pas au-delà (la perspective, si l'on peut dire, changeant avec le point de vue), et, parce qu'elle les dépasse, elle les situe à leur place exacte dans la hiérarchie totale.

Ainsi, quand il est dit que le terme du « voyage divin » est le Monde de *Brahma* (*Brahma-Loka*), ce dont il s'agit n'est pas, immédiatement du moins, le *Suprême Brahma*, mais seulement sa détermination comme *Brahmâ*, lequel est *Brahma* « qualifié » (*saguna*) et, comme tel, considéré comme « effet de la Volonté productrice (*Shakti*) du Principe Suprême » (*Kârya-Brahma*)[225]. Lorsqu'il est question ici de *Brahmâ*, il faut le considérer, en premier lieu, comme identique à *Hiranyagarbha*, principe de la manifestation subtile, donc de tout le domaine de l'existence humaine dans son intégralité ; et, en effet, nous avons dit précédemment que

---

[225] Le mot *kârya*, « effet », est dérivé de la racine verbale *kri*, « faire », et du suffixe *ya*, marquant un accomplissement futur : « ce qui doit être fait » (ou plus exactement « ce qui va être fait », car *ya* est une modification de la racine *i*, « aller ») ; ce terme implique donc une certaine idée de « devenir » ce qui suppose nécessairement que ce à quoi il s'applique n'est envisagé que par rapport à la manifestation. — À propos de la racine *kri*, nous ferons remarquer qu'elle est identique à celle du latin *creare*, ce qui montre que ce dernier mot, dans son acception primitive, n'avait pas d'autre sens que celui de « faire » ; l'idée de « création » telle qu'on l'entend aujourd'hui, idée qui est d'origine hébraïque, n'est venue s'y attacher que lorsque la langue latine a été employée pour exprimer les conceptions judéo-chrétiennes.

l'être qui a obtenu l'« immortalité virtuelle » se trouve pour ainsi dire « incorporé », par assimilation, à *Hiranyagarbha* ; et cet état, dans lequel il peut demeurer jusqu'à la fin du cycle (pour lequel seulement *Brahmâ* existe comme *Hiranyagarbha*), est ce qu'on envisage le plus ordinairement comme le *Brahma-Loka*[226]. Cependant, de même que le centre de tout état d'un être a la possibilité de s'identifier avec le centre de l'être total, le centre cosmique où réside *Hiranyagarbha* s'identifie virtuellement avec le centre de tous les mondes[227] ; nous voulons dire que, pour l'être qui a franchi un certain degré de connaissance, *Hiranyagarbha* apparaît comme identique à un aspect plus élevé du « Non-Suprême »[228], qui est *Îshwara* ou l'Être Universel, principe premier de toute manifestation. À ce degré, l'être n'est plus dans l'état subtil, même en principe seulement, il est dans le non-manifesté ; mais il conserve pourtant certains rapports avec l'ordre de la manifestation universelle, puisque *Îshwara*

---

[226] C'est là ce qui correspond le plus exactement aux « Cieux » ou aux « Paradis » des religions occidentales (dans lesquelles, à cet égard, nous comprenons l'Islamisme) ; lorsqu'une pluralité de « Cieux » est envisagée (et elle est souvent représentée par des correspondances planétaires), on doit entendre par là tous les états supérieurs à la sphère de la Lune (parfois considérée elle-même comme le « premier ciel » quant à son aspect de *Janua Cæli*), jusqu'au *Brahma-Loka* inclusivement.

[227] Nous appliquons encore ici la notion de l'analogie constitutive du « microcosme » et du « macrocosme ».

[228] Cette identification d'un certain aspect à un autre aspect supérieur, et ainsi de suite à divers degrés jusqu'au Principe Suprême, n'est en somme que l'évanouissement d'autant d'illusions « séparatives », que certaines initiations représentent par une série de voiles qui tombent successivement.

est proprement le principe de celle-ci, bien qu'il ne soit plus rattaché par des liens spéciaux à l'état humain et au cycle particulier dont celui-ci fait partie. Ce degré correspond à la condition de *Prâjna*, et c'est l'être qui ne va pas plus loin qui est dit n'être uni à *Brahma*, même lors du *pralaya*, que de la même façon que dans le sommeil profond ; de là, le retour à un autre cycle de manifestation est encore possible ; mais, puisque l'être est affranchi de l'individualité (contrairement à ce qui a lieu pour celui qui a suivi le *pitri-yâna*), ce cycle ne pourra être qu'un état informel et supra-individuel[229]. Enfin, dans le cas où la « Délivrance » doit être obtenue à partir de l'état humain, il y a plus encore que ce que nous venons de dire, et alors le terme véritable n'est plus l'Être Universel, mais le Suprême *Brahma* Lui-même, c'est-à-dire *Brahma* « non-qualifié » (*nirguna*) dans Sa totale Infinité, comprenant à la fois l'Être (ou les possibilités de manifestation) et le Non-Être (ou les possibilités de non-manifestation), et principe de l'un et de l'autre, donc au-delà de tous deux[230], en même temps

---

[229] Symboliquement, on dira qu'un tel être est passé de la condition des hommes à celle des *Dêvas* (ce qu'on pourrait appeler un état « angélique » en langage occidental) ; par contre, au terme du *pitri-yâna*, il y a retour au « monde de l'homme » (*mânava-loka*), c'est-à-dire à une condition individuelle, désignée ainsi par analogie avec la condition humaine, bien qu'elle en soit nécessairement différente, puisque l'être ne peut revenir à un état par lequel il est déjà passé.

[230] Nous rappelons qu'on peut cependant entendre le Non-Être métaphysique, de même que le non-manifesté (en tant que celui-ci n'est pas seulement le principe immédiat du manifesté, ce qui n'est que l'Être), dans un sens total où il s'identifie au Principe Suprême. De toutes façons, d'ailleurs, entre le Non-Être et l'Être, comme entre le non-manifesté et le manifesté (et cela même si, dans ce dernier cas, on ne va pas au-delà de l'Être), la corrélation ne peut être qu'une pure

qu'il les contient également, suivant l'enseignement que nous avons déjà rapporté au sujet de l'état inconditionné d'*Âtmâ*, qui est précisément ce dont il s'agit maintenant[231]. C'est en ce sens que le séjour de *Brahma* (ou d'*Âtmâ* dans cet état inconditionné) est même « au-delà du Soleil spirituel » (qui est *Âtmâ* dans sa troisième condition, identique à *Îshwara*)[232], comme il est au-delà de toutes les sphères des états particuliers d'existence, individuels ou extra-individuels ; mais ce séjour ne peut être atteint directement par ceux qui n'ont médité sur *Brahma* qu'à travers un symbole (*pratîka*), chaque méditation (*upâsanâ*) ayant seulement alors un

---

apparence, la disproportion qui existe métaphysiquement entre les deux termes ne permettant véritablement aucune comparaison.

[231] À ce propos, nous citerons une fois de plus, pour marquer encore les concordances des différentes traditions, un passage emprunté au *Traité de l'Unité* (*Risâlatul-Ahadiyah*), de Mohyiddin ibn Arabi : « Cette immense pensée (de l'« Identité Suprême ») ne peut convenir qu'à celui dont l'âme est plus vaste que les deux mondes (manifesté et non-manifesté). Quant à celui dont l'âme n'est qu'aussi vaste que les deux mondes (c'est-à-dire à celui qui atteint l'Être Universel, mais ne le dépasse pas), elle ne lui convient pas. Car, en vérité, cette pensée est plus grande que le monde sensible (ou manifesté, le mot « sensible » devant ici être transposé analogiquement, et non restreint à son sens littéral) et le monde suprasensible (ou non-manifesté, suivant la même transposition), tous les deux pris ensemble. »

[232] Les orientalistes, qui n'ont pas compris ce que signifie véritablement le Soleil, et qui l'entendent au sens physique, ont sur ce point des interprétations bien étranges ; c'est ainsi que M. Oltramare écrit naïvement : « Par ses levers et ses couchers, le soleil consume la vie des mortels ; l'homme affranchi existe par delà le monde du soleil. » Ne dirait-on pas qu'il s'agit d'échapper à la vieillesse et de parvenir à une immortalité corporelle comme celle que recherchent certaines sectes occidentales contemporaines ?

résultat défini et limité[233].

L'« Identité Suprême » est donc la finalité de l'être « délivré », c'est-à-dire affranchi des conditions de l'existence individuelle humaine, ainsi que de toutes autres conditions particulières et limitatives (*upâdhis*), qui sont regardées comme autant de liens[234]. Lorsque l'homme (ou plutôt l'être qui était précédemment dans l'état humain) est ainsi « délivré », le « Soi » (*Âtmâ*) est pleinement réalisé dans sa propre nature « non-divisée », et il est alors, suivant Audulomi, une conscience omniprésente (ayant pour attribut *chaitanya*) ; c'est ce qu'enseigne aussi Jaimini, mais en spécifiant en outre que cette conscience manifeste les attributs divins (*aishwarya*), comme des facultés transcendantes, par là même qu'elle est unie à l'Essence Suprême[235]. C'est là le résultat de la libération complète, obtenue dans la plénitude

---

[233] *Brahma-Sûtras*, 4e Adhyâya, 3e Pâda, sûtras 7 à 16.

[234] On applique à ces conditions des mots tels que *bandha* et *pâsha*, dont le sens propre est « lien » ; du second de ces deux termes dérive le mot *pashu*, qui signifie ainsi, étymologiquement, un être vivant quelconque, lié par de telles conditions. *Shiva* est appelé *Pashupati*, le « Seigneur des êtres liés », parce que c'est par son action « transformatrice » qu'ils sont « délivrés ». — Le mot *pashu* est pris souvent dans une acception spéciale, pour désigner une victime animale du sacrifice (*yajna*, *yâga* ou *mêdha*), laquelle est d'ailleurs « délivrée », au moins virtuellement, par le sacrifice même ; mais nous ne pouvons songer à établir ici, même sommairement, une théorie du sacrifice, qui, ainsi entendu, est essentiellement destiné à établir une certaine communication avec les états supérieurs, et laisse complètement en dehors les idées tout occidentales de « rachat » ou d'« expiation » et autres de ce genre, idées qui ne peuvent se comprendre qu'au point de vue spécifiquement religieux.

[235] Cf. *Brahma-Sûtras*, 4e Adhyâya, 4e Pâda, sûtras 5 à 7.

de la Connaissance Divine ; quant à ceux dont la contemplation (*dhyâna*) n'a été que partielle, quoique active (réalisation métaphysique demeurée incomplète), ou a été purement passive (comme l'est celle des mystiques occidentaux), ils jouissent de certains états supérieurs[236], mais sans pouvoir arriver dès lors à l'Union parfaite (*Yoga*), qui ne fait qu'un avec la « Délivrance »[237].

---

[236] La possession de tels états, qui sont identiques aux divers « Cieux », constitue, pour l'être qui en jouit, une acquisition personnelle et permanente malgré sa relativité (il s'agit toujours d'états conditionnés, bien que supra- individuels), acquisition à laquelle ne saurait aucunement s'appliquer l'idée occidentale de « récompense », par la même qu'il s'agit d'un fruit, non de l'action, mais de la connaissance ; cette idée est d'ailleurs, comme celle de « mérite » dont elle est un corollaire, une notion d'ordre exclusivement moral, pour laquelle il n'y a aucune place dans le domaine métaphysique.

[237] La Connaissance à cet égard, est donc de deux sortes, et elle est dite elle-même « suprême » ou « non-suprême », suivant qu'elle concerne *Para-Brahma* ou *Apara-Brahma*, et que, par conséquent, elle conduit à l'un ou à l'autre.

Chapitre XXII

LA DÉLIVRANCE FINALE

La « Délivrance » (*Moksha* ou *Mukti*), c'est-à-dire cette libération définitive de l'être dont nous venons de parler en dernier lieu, et qui est le terme ultime auquel il tend, diffère absolument de tous les états par lesquels cet être a pu passer pour y parvenir, car elle est l'obtention de l'état suprême et inconditionné, tandis que tous les autres états, si élevés qu'ils soient, sont encore conditionnés, c'est-à-dire soumis à certaines limitations qui les définissent, qui les font être ce qu'ils sont, qui les constituent proprement en tant qu'états déterminés. Cela s'applique aux états supra- individuels aussi bien qu'aux états individuels, quoique leurs conditions soient autres ; et le degré même de l'Être pur, qui est au-delà de toute existence au sens propre du mot, c'est-à-dire de toute manifestation tant informelle que formelle, implique pourtant encore une détermination, qui, pour être primordiale et principielle, n'en est pas moins déjà une limitation. C'est par l'Être que subsistent toutes choses dans tous les modes de l'Existence universelle, et l'Être subsiste par soi-même ; il détermine tous les états dont il est le principe, et il n'est déterminé que par soi-même ; mais se déterminer soi-même, c'est encore être déterminé, donc limité en quelque façon, de sorte que l'Infinité ne peut être attribuée à l'Être, qui ne doit aucunement être regardé comme le Principe Suprême. On peut voir par là l'insuffisance métaphysique des doctrines occidentales, nous voulons dire de celles mêmes dans lesquelles il y a pourtant une part de métaphysique vraie[238] : s'arrêtant à l'Être, elles sont incomplètes, même théoriquement (et sans parler de la réalisation qu'elles n'envisagent en aucune façon), et, comme il arrive d'ordinaire en pareil cas, elles ont une fâcheuse tendance à nier ce qui les dépasse, et qui est précisément ce qui importe le plus au point de vue de la métaphysique pure.

L'acquisition ou, pour mieux dire, la prise de possession d'états supérieurs, quels qu'ils soient, n'est donc qu'un résultat partiel, secondaire et contingent ; et, bien que ce résultat puisse paraître immense quand on l'envisage par rapport à l'état individuel humain (et surtout par rapport à

---

[238] Nous ne faisons donc allusion qu'à des doctrines philosophiques de l'antiquité et du moyen âge, car les points de vue de la philosophie moderne sont la négation même de la métaphysique ; et cela est aussi vrai pour les conceptions à allures « pseudo-métaphysiques » que pour celles ou la négation est franchement exprimée. Naturellement ce que nous disons ici ne s'applique qu'aux doctrines connues dans le monde « profane », et ne concerne pas les traditions ésotériques de l'Occident, qui, du moins lorsqu'elles ont eu un caractère véritablement et pleinement « initiatique », ne pouvaient être ainsi limitées mais devaient au contraire être métaphysiquement complètes sous le double rapport de la théorie et de la réalisation ; seulement, ces traditions n'ont jamais été connues que d'une élite incomparablement plus restreinte que celle des pays orientaux.

l'état corporel, le seul dont les hommes ordinaires aient la possession effective durant leur existence terrestre), il n'en est pas moins vrai que, en lui-même, il est rigoureusement nul au regard de l'état suprême, car le fini, tout en devenant indéfini par les extensions dont il est susceptible, c'est-à-dire par le développement de ses propres possibilités, demeure toujours nul vis-à-vis de l'Infini. Un tel résultat ne vaut donc, dans la réalité absolue, qu'à titre de préparation à l'« Union », c'est-à-dire qu'il n'est encore qu'un moyen et non une fin ; le prendre pour une fin, c'est rester dans l'illusion, puisque tous les états dont il s'agit, jusqu'à l'Être inclusivement, sont eux-mêmes illusoires dans le sens que nous avons défini dès le début. De plus, dans tout état où il subsiste quelque distinction, c'est-à-dire dans tous les degrés de l'Existence, y compris ceux qui n'appartiennent pas à l'ordre individuel, l'universalisation de l'être ne saurait être effective ; et même l'union à l'Être Universel, suivant le mode où elle s'accomplit dans la condition de *Prâjna* (ou dans l'état posthume qui correspond à cette condition), n'est pas l'« Union » au plein sens de ce mot ; si elle l'était, le retour à un cycle de manifestation, même dans l'ordre informel, ne serait plus possible. Il est vrai que l'Être est au-delà de toute distinction, puisque la première distinction est celle de l'« essence » et de la « substance », ou de *Purusha* et de *Prakriti* ; et pourtant *Brahma*, en tant qu'*Îshwara* ou l'Être Universel, est dit *savishêsha*, c'est-à-dire « impliquant la distinction », car il en est le principe déterminant immédiat ; seul l'état inconditionné d'*Âtmâ*, qui est au-delà de l'Être, est *prapancha-upashama* « sans aucune trace du développement de la manifestation ». L'Être est un, ou plutôt il est l'Unité métaphysique elle-même ; mais l'Unité enferme en soi la multiplicité, puisqu'elle la produit par le seul déploiement de ses possibilités ; et c'est pourquoi, dans l'Être même, on peut envisager une multiplicité d'aspects, qui en sont autant d'attributs ou de qualifications, quoique ces aspects n'y soient point distingués effectivement, si ce n'est en tant que nous les concevons comme tels ; mais encore faut-il qu'ils y soient en quelque façon pour que nous puissions les y concevoir. On pourrait dire aussi que chaque aspect se distingue des autres sous un certain rapport, bien qu'aucun d'eux ne se distingue véritablement de l'Être, et que tous soient l'Être même[239] ; il y a donc là une sorte de distinction principielle, qui n'est pas une distinction au sens où ce mot s'applique dans l'ordre de la manifestation, mais qui en est la transposition analogique. Dans la manifestation, la distinction implique une séparation ; celle-ci, d'ailleurs, n'est rien de positif en réalité, car elle n'est qu'un mode de limitation[240] ; l'Être pur, par contre, est au-delà de la « séparativité ». Ainsi, ce qui est au degré de l'Être pur est « non-distingué », si l'on prend la distinction (*vishêsha*) au sens où la comportent les états

---

[239] Ceci peut s'appliquer, dans la théologie chrétienne, à la conception de la Trinité : chaque personne divine est Dieu, mais elle n'est pas les autres personnes. — Dans la philosophie scolastique, on pourrait aussi dire la même chose des « transcendantaux », dont chacun est coextensif à l'Être.

[240] Dans les états individuels, la séparation est déterminée par la présence de la forme ; dans les états non-individuels, elle doit être déterminée par une autre condition, puisque ces états sont informels.

manifestés ; et pourtant, en un autre sens, il y a là encore quelque chose de « distingué » (*vishishta*) : dans l'Être, tous les êtres (nous entendons par là leurs personnalités) sont « un » sans être confondus, et distincts sans être séparés[241]. Au-delà de l'Être, on ne peut plus parler de distinction, même principielle, bien qu'on ne puisse pas davantage dire qu'il y a confusion ; on est au-delà de la multiplicité, mais aussi au-delà de l'Unité ; dans l'absolue transcendance de cet état suprême, aucun de ces termes ne peut plus s'appliquer, même par transposition analogique, et c'est pourquoi l'on doit avoir recours à un terme de forme négative, celui de « non-dualité » (*adwaita*), suivant ce que nous avons expliqué précédemment ; le mot même d'« Union » est sans doute imparfait, puisqu'il évoque l'idée d'unité, mais nous sommes cependant obligé de le conserver pour traduire le terme *Yoga*, parce que nous n'en avons point d'autre à notre disposition dans les langues occidentales.

La Délivrance, avec les facultés et les pouvoirs qu'elle implique en quelque sorte « par surcroît », et parce que tous les états, avec toutes leurs possibilités, se trouvent nécessairement compris dans l'absolue totalisation de l'être, mais qui, nous le répétons, ne doivent être regardés que comme des résultats accessoires et même « accidentels », et nullement comme constituant une finalité par eux-mêmes, la

---

[241] C'est là que réside l'explication de la principale différence qui existe entre le point de vue de Râmânuja, qui maintient la distinction principielle, et celui de Shankarâchârya, qui la dépasse.

Délivrance, disons-nous, peut être obtenue par le *Yogi* (ou plutôt par celui qui devient tel en raison de cette obtention) à l'aide des observances indiquées dans le *Yoga- Shâstra* de Patanjali. Elle peut aussi être facilitée par la pratique de certains rites[242], ainsi que de divers modes particuliers de méditation (*hârda-vidyâ* ou *dahara-vidyâ*)[243] ; mais, bien entendu, tous ces moyens ne sont que préparatoires et n'ont à vrai dire rien d'essentiel, car « l'homme peut acquérir la vraie Connaissance Divine, même sans observer les rites prescrits (pour chacune des différentes catégories humaines, en conformité avec leurs caractères respectifs, et notamment pour les divers *âshramas* ou périodes régulières de la vie)[244] ; et l'on trouve en effet dans le *Vêda* beaucoup d'exemples de personnes qui ont négligé d'accomplir de tels rites (dont le même *Vêda* compare le rôle à celui d'un cheval de selle qui aide un homme à arriver plus aisément et plus rapidement à son but, mais sans lequel il peut néanmoins y parvenir), ou

---

[242] Ces rites sont tout à fait comparables à ceux que les Musulmans rangent sous la dénomination générale de *dhikr* ; ils reposent principalement, comme nous l'avons déjà indiqué, sur la science du rythme et de ses correspondances dans tous les ordres. Tels sont aussi dans la doctrine, d'ailleurs partiellement hétérodoxe, des *Pâshupatas*, ceux qui sont appelés *vrata* (vœu) et *dwâra* (porte) ; sous des formes diverses, tout cela est, au fond, identique ou tout au moins équivalent au *Hatha-Yoga*.

[243] Chhândogya Upanishad, 8e Prapâthaka.

[244] D'ailleurs, l'homme qui a atteint un certain degré de réalisation est dit *ativarnâshramî*, c'est-à-dire au-delà des castes (*varnas*) et des stades de l'existence terrestre (*âshramas*) ; aucune des distinctions ordinaires ne s'applique plus à un tel être, dès lors qu'il a dépassé effectivement les limites de l'individualité, même sans être encore parvenu au résultat final.

qui ont été empêchées de le faire, et qui cependant, à cause de leur attention perpétuellement concentrée et fixée sur le Suprême *Brahma* (ce qui constitue la seule préparation réellement indispensable), ont acquis la vraie Connaissance qui Le concerne (et qui, pour cette raison, est également appelée « suprême ») »[245].

La Délivrance n'est donc effective qu'autant qu'elle implique essentiellement la parfaite Connaissance de *Brahma* ; et, inversement, cette Connaissance, pour être parfaite, suppose nécessairement la réalisation de ce que nous avons déjà appelé l'« Identité Suprême ». Ainsi, la Délivrance et la Connaissance totale et absolue ne sont véritablement qu'une seule et même chose ; si l'on dit que la Connaissance est le moyen de la Délivrance, il faut ajouter que, ici, le moyen et la fin sont inséparables, la Connaissance portant son fruit en elle-même, contrairement à ce qui a lieu pour l'action[246] ; et d'ailleurs, dans ce domaine, une distinction comme celle de moyen et de fin ne peut plus être qu'une simple façon de parler, sans doute inévitable lorsqu'on veut exprimer ces choses en langage humain, dans la mesure où elles sont exprimables. Si donc la Délivrance est regardée comme une conséquence de la Connaissance, il faut préciser qu'elle en est une conséquence rigoureusement immédiate ; c'est ce

[245] *Brahma-Sûtras*, 3e Adhyâya, 4e Pâda, sûtras 36 à 38.

[246] De plus, l'action et son fruit sont également transitoires et « momentanés » ; au contraire, la Connaissance est permanente et définitive, et il en est de même de son fruit, qui n'est pas distinct d'elle-même.

qu'indique très nettement Shankarâchârya : « Il n'y a aucun autre moyen d'obtenir la Délivrance complète et finale que la Connaissance ; seule, celle-ci détache les liens des passions (et de toutes les autres contingences auxquelles est soumis l'être individuel) ; sans la Connaissance, la Béatitude (*Ânanda*) ne peut être obtenue. L'action (*karma*, que ce mot soit d'ailleurs entendu dans son sens général, ou appliqué spécialement à l'accomplissement des rites) n'étant pas opposée à l'ignorance (*avidyâ*)[247], elle ne peut l'éloigner ; mais la Connaissance dissipe l'ignorance, comme la lumière dissipe les ténèbres. Dès que l'ignorance qui naît des affections terrestres (et d'autres liens analogues) est éloignée (et qu'avec elle toute illusion a disparu), le « Soi » (*Âtmâ*), par sa propre splendeur, brille au loin (à travers tous les degrés d'existence) dans un état indivisé (pénétrant tout et illuminant la totalité de l'être), comme le soleil répand sa clarté lorsque le nuage est dispersé »[248].

Un des points des plus importants est celui-ci : l'action, quelle qu'elle soit, ne peut aucunement libérer de l'action ; en d'autres termes, elle ne saurait porter de fruits qu'à l'intérieur de son propre domaine, qui est celui de l'individualité humaine. Ainsi, ce n'est pas par l'action qu'il est possible de dépasser l'individualité, envisagée d'ailleurs ici dans son extension intégrale, car nous ne prétendons nullement que les

---

[247] Certains voudraient traduire *avidyâ* ou *ajnâna* par « nescience » et non par « ignorance » ; nous avouons ne pas voir clairement la raison de cette subtilité.

[248] Âtmâ-Bodha (Connaissance du Soi).

conséquences de l'action se limitent à la seule modalité corporelle ; on peut appliquer à cet égard ce que nous avons dit précédemment à propos de la vie, qui est effectivement inséparable de l'action. De là, il résulte immédiatement que le « salut », au sens religieux où les Occidentaux entendent ce mot, étant le fruit de certaines actions[249], ne peut être assimilé à la Délivrance ; et il est d'autant plus nécessaire de le déclarer expressément et d'y insister que la confusion entre l'un et l'autre est constamment commise par les orientalistes[250]. Le « salut » est proprement l'obtention du *Brahma-Loka* ; et nous préciserons même que, par le *Brahma-Loka*, il faut entendre ici exclusivement le séjour de *Hiranyagarbha*, puisque tout aspect plus élevé du « Non-Suprême » dépasse les possibilités individuelles. Ceci s'accorde parfaitement avec la conception occidentale de l'« immortalité », qui n'est qu'une prolongation indéfinie de la vie individuelle, transposée dans l'ordre subtil, et s'étendant jusqu'au *pralaya* ; et tout cela, comme nous l'avons déjà expliqué, ne représente qu'une étape dans le processus de *krama-mukti* ; encore la possibilité de retour à un état de manifestation (d'ailleurs supra-individuel) n'est-elle pas définitivement écartée pour l'être qui n'a pas franchi ce degré. Pour aller plus loin, et pour s'affranchir entièrement des conditions de vie et de durée qui

---

[249] L'expression usuelle « faire son salut » est donc parfaitement exacte.

[250] C'est ainsi que M. Oltramare, notamment, traduit *Moksha* par « salut » d'un bout à l'autre de ses ouvrages, sans paraître même se douter, nous ne disons pas de la différence réelle que nous indiquons ici, mais de la simple possibilité d'une inexactitude dans cette assimilation.

sont inhérentes à l'individualité, il n'est pas d'autre voie que celle de la Connaissance, soit « non-suprême » et conduisant à *Îshwara*[251], soit « suprême » et donnant immédiatement la Délivrance. Dans ce dernier cas, il n'y a donc même plus à envisager, à la mort, un passage par divers états supérieurs, mais encore transitoires et conditionnés : « Le « Soi » (*Âtmâ*, puisque dès lors il ne peut plus être question de *jîvâtmâ*, toute distinction et toute « séparativité » ayant disparu) de celui qui est arrivé à la perfection de la Connaissance Divine (*Brahma-Vidyâ*), et qui a, par conséquent, obtenu la Délivrance finale, monte, en quittant sa forme corporelle (et sans passer par des états intermédiaires), à la Suprême Lumière (spirituelle) qui est *Brahma*, et s'identifie avec Lui, d'une manière conforme et indivisée, comme l'eau pure, se mêlant au lac limpide (sans toutefois s'y perdre aucunement), devient en tout conforme à lui »[252].

---

[251] Il est à peine besoin de dire que la théologie, quand bien même elle comporterait une réalisation la rendant vraiment efficace, au lieu de demeurer simplement théorique comme elle est en fait (à moins pourtant qu'on ne regarde une telle réalisation comme constituée par les « états mystiques », ce qui n'est vrai que partiellement et à certains égards), serait toujours intégralement comprise dans cette Connaissance « non-suprême ».

[252] *Brahma-Sûtras*, 4e Adhyâya, 4e Pâda, sûtras 1 à 4.

Chapitre XXIII

VIDÊHA-MUKTI ET JÎVAN-MUKTI

L a Délivrance, dans le cas dont il vient d'être parlé en dernier lieu, est proprement la libération hors de la forme corporelle (*vidêha-mukti*), obtenue à la mort d'une façon immédiate, la Connaissance étant déjà virtuellement parfaite avant le terme de l'existence terrestre ; elle doit donc être distinguée de la libération différée et graduelle (*krama-mukti*), mais elle doit l'être aussi de la libération obtenue par le *Yogî* dès la vie actuelle (*jîvan-mukti*), en vertu de la Connaissance, non plus seulement virtuelle et théorique, mais pleinement effective, c'est-à-dire réalisant véritablement l'« Identité Suprême ». Il faut bien comprendre, en effet, que le corps, non plus qu'aucune autre contingence, ne peut être un obstacle à l'égard de la Délivrance ; rien ne peut entrer en opposition avec la totalité absolue, vis-à-vis de laquelle toutes les choses particulières sont comme si elles n'étaient pas ; par rapport au but suprême, il y a une parfaite équivalence entre tous les états d'existence, de sorte que, entre l'homme vivant et l'homme mort (en entendant ces expressions au sens terrestre), aucune distinction ne subsiste plus ici. Nous voyons là encore une différence essentielle entre la Délivrance et le « salut » : celui-ci, tel que l'envisagent les religions occidentales, ne peut être obtenu effectivement, ni même assuré (c'est-à- dire obtenu virtuellement), avant la mort ; ce que l'action permet d'atteindre, l'action peut aussi toujours le faire perdre ; et il peut y avoir incompatibilité entre certaines modalités d'un même état individuel, du moins accidentellement et sous des conditions particulières[253], tandis qu'il n'y a plus rien de tel dès qu'il s'agit d'états supra-individuels, ni à plus forte raison pour l'état inconditionné. Envisager les choses autrement, c'est attribuer à un mode spécial de manifestation une importance qu'il ne saurait avoir, et que même la manifestation toute entière n'a pas davantage ; seule, la prodigieuse insuffisance des conceptions occidentales relatives à la constitution de l'être humain peut rendre possible une semblable illusion, et seule aussi elle peut faire trouver étonnant que la Délivrance puisse s'accomplir dans la vie terrestre aussi bien que dans tout autre état.

La Délivrance ou l'Union, ce qui est une seule et même chose, implique « par surcroît », nous l'avons déjà dit, la possession de tous les états, puisqu'elle est la réalisation parfaite (*sâdhana*) et la totalisation de l'être ; peu importe

---

[253] Cette restriction est indispensable, car, s'il y avait incompatibilité absolue ou essentielle, la totalisation de l'être serait par là rendue impossible, aucune modalité ne pouvant rester en dehors de la réalisation finale. D'ailleurs, l'interprétation la plus exotérique de la « résurrection des morts » suffit à montrer que, même au point de vue théologique, il ne peut y avoir une antinomie irréductible entre le « salut » et l'« incorporation ».

d'ailleurs que ces états soient actuellement manifestés ou qu'ils ne le soient pas, car c'est seulement en tant que possibilités permanentes et immuables qu'ils doivent être envisagés métaphysiquement. « Maître de plusieurs états par le simple effet de sa volonté, le *Yogî* n'en occupe qu'un seul, laissant les autres vides du souffle animateur (*prâna*), comme autant d'instruments inutilisés ; il peut animer plus d'une forme, de la même manière qu'une seule lampe peut alimenter plus d'une mèche »[254]. « Le *Yogî*, dit Aniruddha, est en connexion immédiate avec le principe primordial de l'Univers, et par conséquent (secondairement) avec tout l'ensemble de l'espace, du temps et des choses », c'est-à-dire avec la manifestation, et plus particulièrement avec l'état humain dans toutes ses modalités[255].

D'ailleurs, ce serait une erreur de croire que la libération « hors de la forme » (*vidêha-mukti*) soit plus complète que la libération « dans la vie » (*jîvan-mukti*) ; si certains Occidentaux l'ont commise, c'est toujours en raison de

---

[254] Commentaire de Bhavadêva-Mishra sur les *Brahma-Sûtras*.

[255] Voici une texte taoïste où les mêmes idées sont exprimées : « Celui-là (l'être qui est parvenu à cet état dans lequel il est uni à la totalité universelle) ne dépendra plus de rien ; il sera parfaitement libre... Aussi dit-on très justement : l'être surhumain n'a plus d'individualité propre ; l'homme transcendant n'a plus d'action propre ; le Sage n'a même plus un nom propre ; car il est un avec le Tout » (*Tchoang-tseu*, ch. 1er ; traduction du P. Wieger, p. 211). Le *Yogî* ou le *jîvan-mukta*, en effet, est affranchi du nom et de la forme (*nâma-rûpa*) qui sont les éléments constitutifs et caractéristiques de l'individualité ; nous avons déjà mentionné les textes des *Upanishads* où cette cessation du nom et de la forme est affirmée expressément.

l'importance excessive qu'ils accordent à l'état corporel, et ce que nous venons de dire nous dispense d'y insister davantage[256]. Le *Yogî* n'a plus rien à obtenir ultérieurement, puisqu'il a véritablement réalisé la transformation » (c'est-à-dire le passage au-delà de la forme) en soi-même, sinon extérieurement ; peu lui importe alors que l'apparence formelle subsiste dans le monde manifesté, dès lors que, pour lui, elle ne peut désormais exister autrement qu'en mode illusoire. À vrai dire, c'est seulement pour les autres que les apparences subsistent ainsi sans changement extérieur par rapport à l'état antécédent, et non pour lui, puisqu'elles sont maintenant incapables de le limiter ou de le conditionner ; ces apparences ne l'affectent et ne le concernent pas plus que tout le reste de la manifestation universelle. « Le *Yogî*, ayant traversé la mer des passions[257], est uni avec la Tranquillité[258]

---

[256] Si cependant on semble parfois faire une différence et considérer *jivan-mukti* comme inférieure à *vidêha-mukti*, cela ne peut s'entendre légitimement que d'une seule façon : c'est qu'on prend la « Délivrance dans la vie » comme réalisée par un être qui est encore lié à la vie en tant que condition caractéristique de l'état humain, et alors ce ne peut être en réalité qu'une Délivrance virtuelle, correspondant, au cas de l'être réintégré au centre de cet état ; au contraire, la « Délivrance hors de la forme » (ce qui alors ne veut pas dire nécessairement « après la mort », impliquant un état au-delà de toute condition individuelle, est seule regardée en ce cas comme la Délivrance effective.

[257] C'est le domaine des « Eaux inférieures » ou des possibilités formelles ; les passions sont prises ici pour désigner toutes les modifications contingentes qui constituent le « courant des formes ».

[258] C'est la « Grande Paix » (*Es-Sakînah*) de l'ésotérisme islamique, ou la *Pax Profunda* de la tradition rosicrucienne ; et le mot *Shekinah*, en hébreu, désigne la « présence réelle » de la Divinité, ou la « Lumière de gloire » dans et par laquelle, suivant la théologie chrétienne, s'opère la « vision béatifique » (cf. la « gloire de

et possède dans sa plénitude le « Soi » (*Âtmâ* inconditionné, auquel il est identifié). Ayant renoncé à ces plaisirs qui naissent des objets externes périssables (et qui ne sont eux-mêmes que des modifications extérieures et accidentelles de l'être), et jouissant de la Béatitude (*Ânanda*, qui est le seul objet permanent et impérissable, et qui n'est rien de différent du « Soi »), il est calme et serein comme flambeau sous un éteignoir[259], dans la plénitude de sa propre essence (qui n'est plus distinguée du Suprême *Brahma*). Pendant sa résidence

---

Dieu » dans le texte déjà cité de l'*Apocalypse*, XXI, 23). — Voici encore un texte taoïste qui se rapporte au même sujet : « La paix dans le vide est un état indéfinissable. On arrive à s'y établir. On ne la prend ni ne la donne. Jadis on y tendait. Maintenant on préfère l'exercice de la bonté et de l'équité, qui ne donne pas le même résultat » (*Lie-tseu*, ch. 1er ; traduction du P. Wieger, p. 77). Le « vide » dont il est ici question est le « quatrième état » de la *Mândûkya Upanishad*, qui est en effet indéfinissable, étant absolument inconditionné, et dont on ne peut parler que négativement. Les mots « jadis » et « maintenant » se réfèrent aux différentes périodes du cycle de l'humanité terrestre : les conditions de l'époque actuelle (correspondant au *Kali-Yuga*) font que la très grande majorité des hommes s'attachent à l'action et au sentiment, qui ne peuvent les conduire au-delà des limites de leur individualité, et encore moins à l'état suprême et inconditionné.

[259] On peut comprendre par là le véritable sens du mot *Nirvâna*, dont les orientalistes ont donné tant de fausses interprétations ; ce terme, qui est loin d'être spécial au Bouddhisme comme on le croit parfois, signifie littéralement « extinction du souffle ou de l'agitation », donc état d'un être qui n'est plus soumis à aucun changement ni à aucune modification, qui est définitivement libéré de la forme ainsi que de tous les autres accidents ou liens de l'existence manifestée. *Nirvâna* est la condition supra-individuelle (celle de *Prâjna*), et *Parinirvâna* est l'état inconditionné ; on emploie aussi, dans le même sens, les termes *Nirvritti*, « extinction du changement ou de l'action », et *Parinirvritti*. — Dans l'ésotérisme islamique, les termes correspondants sont *fanâ*, « extinction », et *fanâ el-fanâi*, littéralement, « extinction de l'extinction ».

(apparente) dans le corps, il n'est pas affecté par les propriétés de celui-ci, pas plus que le firmament n'est affecté par ce qui flotte dans son sein (car, en réalité, il contient en soi tous les états et n'est contenu dans aucun d'eux) ; connaissant toutes choses (et étant toutes choses par là même, non « distinctivement », mais comme totalité absolue), il demeure immuable, « non-affecté » par les contingences »[260].

Il n'y a donc et il ne peut y avoir évidemment aucun degré spirituel qui soit supérieur à celui du *Yogî* ; celui-ci, envisagé dans sa concentration en soi-même, est aussi désigné comme le *Muni*, c'est-à-dire le « Solitaire »[261], non au sens vulgaire et littéral du mot, mais celui qui réalise dans la plénitude de son être la Solitude parfaite, qui ne laisse subsister en l'Unité Suprême (nous devrions plutôt, en toute rigueur, dire la « Non-Dualité ») aucune distinction de l'extérieur et de l'intérieur, ni aucune diversité extra-principielle quelconque. Pour lui, l'illusion de la « séparativité » a définitivement cessé, et avec elle toute confusion engendrée par l'ignorance (*avidyâ*) qui produit et entretient cette illusion[262], car,

---

[260] *Âtmâ-Bodha* de Shankarâchârya.

[261] La racine de ce mot *Muni* est à rapprocher du grec μονος, « seul », d'autant plus que son dérivé *mauna* signifie « silence » ou « l'état de *Muni* ». Certains commentateurs la rattachent au terme *manana*, la pensée réfléchie et concentrée, dérivé de *manas*, et alors le mot *Muni* désigne plus particulièrement « celui qui s'efforce vers la Délivrance au moyen de la méditation ».

[262] À cet ordre appartient notamment la « fausse imputation » (*adhyâsa*), qui consiste à rapporter à une chose des attributs qui ne lui appartiennent pas véritablement.

« s'imaginant d'abord qu'il est l'« âme vivante » individuelle (*jîvâtmâ*), l'homme devient effrayé (par la croyance à quelque être autre que lui-même), comme une personne qui prend par erreur[263] un morceau de corde pour un serpent ; mais sa crainte est éloignée par la certitude qu'il n'est point en réalité cette « âme vivante », mais *Âtmâ* même (dans Son universalité inconditionnée) »[264].

Shankarâchârya énumère trois attributs qui correspondent en quelque sorte à autant de fonctions du *Sannyâsî* possesseur de la Connaissance, lequel, si cette connaissance est pleinement effective, n'est autre que le *Yogî*[265] : ces trois attributs sont dans l'ordre ascendant, *bâlya*, *pânditya* et *mauna*[266]. Le premier de ces mots désigne littéralement un état comparable à celui d'un enfant (*bâla*)[267] : c'est un stade de « non-expansion », si l'on peut ainsi parler, où toutes les

---

[263] Une telle erreur est appelée *vivarta* : c'est proprement une modification qui n'atteint aucunement l'essence de l'être auquel elle est attribuée, donc qui affecte seulement celui qui la lui rapporte par l'effet d'une illusion.

[264] *Âtmâ-Bodha* de Shankarâchârya.

[265] L'état de *Sannyâsî* est proprement le dernier des quatre *âshramas* (les trois premiers étant ceux de *Brahmachârî* ou « étudiant de la Science sacrée », disciple d'un *Guru*, de *Grihastha* ou « maître de maison », et de *Vanaprastha* ou « anachorète ») ; mais le nom de *Sannyâsî* est aussi étendu parfois, comme on le voit ici, au *Sâdhu*, c'est-à-dire à celui qui a accompli la réalisation parfaite (*sâdhana*), et qui est *ativarnâshramî*, ainsi que nous l'avons dit plus haut.

[266] Commentaire sur les *Brahma-Sûtras*, 3e Adhyâya, 4e Pâda, sûtras 47 à 50.

[267] Cf. ces paroles de l'Évangile : « Le Royaume du Ciel est pour ceux qui ressemblent à ces enfants... Quiconque ne recevra point le Royaume de Dieu comme un enfant, n'y entrera point » (*St Matthieu*, XIX, 24 ; *St Luc*, XVIII, 16 et 17).

puissances de l'être sont pour ainsi dire concentrées en un point, réalisant par leur unification une simplicité indifférenciée, apparemment semblable à la potentialité embryonnaire[268]. C'est aussi, en un sens un peu différent, mais qui complète le précédent (car il y a là à la fois résorption et plénitude), le retour à l'« état primordial » dont parlent toutes les traditions, et sur lequel insistent plus spécialement le Taoïsme et l'ésotérisme islamique ; ce retour est effectivement une étape nécessaire sur la voie qui mène à l'Union, car c'est seulement à partir de cet « état primordial » qu'il est possible de franchir les limites de l'individualité humaine pour s'élever aux états supérieurs[269].

Un stade ultérieur est représenté par *pânditya*, c'est-à-dire le « savoir », attribut qui se rapporte à une fonction d'enseignement : celui qui possède la Connaissance est qualifié pour la communiquer aux autres, ou, plus exactement, pour éveiller en eux des possibilités correspondantes, car la Connaissance, en elle-même, est strictement personnelle et incommunicable. Le *Pândita* a donc plus particulièrement le caractère de *Guru* ou « Maître

---

[268] Ce stade correspond au « Dragon caché » du symbolisme extrême-oriental. — Un autre symbole fréquemment employé est celui de la tortue qui se retire entièrement à l'intérieur de son écaille.

[269] C'est l'« état édénique » de la tradition judéo-chrétienne ; c'est pourquoi Dante situe le Paradis terrestre au sommet de la montagne du Purgatoire, c'est-à-dire précisément au point où l'être quitte la Terre, ou l'état humain, pour s'élever aux Cieux (désignés comme le « Royaume de Dieu » dans la précédente citation de l'Évangile).

spirituel »[270] ; mais il peut n'avoir que la perfection de la Connaissance théorique, et c'est pourquoi il faut envisager, comme un dernier degré qui vient encore après celui-là, *mauna* ou l'état du *Muni*, comme étant la seule condition dans laquelle l'Union peut se réaliser véritablement. D'ailleurs, il est un autre terme, celui de *Kaivalya*, qui signifie aussi « isolement »[271], et qui exprime en même temps les idées de « perfection » et de « totalité » ; et ce terme est souvent employé comme un équivalent de *Moksha* : *kêvala* désigne l'état absolu et inconditionné, qui est celui de l'être « délivré » (*mukta*).

Nous venons d'envisager les trois attributs dont il s'agit comme caractérisant autant de stades préparatoires à l'Union ; mais, naturellement, le *Yogî*, parvenu au but suprême, les possède à plus forte raison, comme il possède tous les états dans la plénitude de son essence[272]. Ces trois attributs sont d'ailleurs impliqués dans ce qui est appelé *aishwarya*, c'est-à-dire la participation à l'essence d'*Îshwara*, car ils correspondent respectivement aux trois *Shaktis* de la

---

[270] C'est le *Sheikh* des écoles islamiques, appelé aussi *murabbul-muridin* ; le *Murîd* est le disciple, c'est-à-dire le *Brahmachârî* hindou.

[271] C'est encore le « vide » dont il est question dans le texte taoïste que nous avons cité plus haut ; et ce « vide », d'ailleurs, est aussi en réalité l'absolue plénitude.

[272] On peut remarquer aussi que ces trois attributs sont en quelque sorte « préfigurés » respectivement, et dans le même ordre, par les trois premiers *âshramas* ; et le quatrième *âshrama*, celui du *Sannyâsî* (entendu ici dans son sens le plus ordinaire), rassemble et résume pour ainsi dire les trois autres, comme l'état final du *Yogî* comprend « éminemment » tous les états particuliers qui ont été d'abord parcourus comme autant de stades préliminaires.

Trimûrti : si l'on remarque que l'« état primordial » se caractérise fondamentalement par l'« Harmonie », on voit immédiatement que *bâlya* correspond à *Lakshmî*, tandis que *pânditya* correspond à *Saraswatî* et *mauna* à *Pârvatî*[273]. Ce point est d'une importance particulière lorsqu'on veut comprendre ce que sont les « pouvoirs » qui appartiennent au *jîvan-mukta*, à titre de conséquences secondaires de la parfaite réalisation métaphysique.

D'autre part, nous trouvons aussi dans la tradition extrême-orientale une théorie qui équivaut exactement à celle que nous venons d'exposer : cette théorie est celle des « quatre Bonheurs », dont les deux premiers sont la « Longévité », qui, nous l'avons déjà dit, n'est pas autre chose que la perpétuité de l'existence individuelle, et la « Postérité », qui consiste dans les prolongements indéfinis de l'individu à travers toutes ses modalités. Ces deux « Bonheurs » ne concernent donc que l'extension de l'individualité, et ils se résument dans la

---

[273] *Lakshmî* est la *Shakti* de *Vishnu* ; *Saraswatî* ou *Vâch* est celle de *Brahmâ* ; *Pârvatî* est celle de *Shiva*. *Pârvatî* est aussi appelée *Durgâ*, c'est-à-dire « Celle qu'on approche difficilement ». — Il est remarquable qu'on trouve la correspondance de ces trois *Shaktis* jusque dans des traditions occidentales : ainsi, dans le symbolisme maçonnique, les « trois principaux piliers du Temple » sont « Sagesse, Force, Beauté » ; ici, la Sagesse est *Saraswatî*, la Force est *Pârvatî* et la Beauté est *Lakshmî*. De même, Leibnitz, qui avait reçu quelques enseignements ésotériques (assez élémentaires d'ailleurs) de source rosicrucienne, désigne les trois principaux attributs divins comme « Sagesse, Puissance, Bonté », ce qui est exactement la même chose, car « Beauté » et « Bonté » ne sont au fond (comme on le voit chez les Grecs et notamment chez Platon) que deux aspects d'une idée unique, qui est précisément celle d'« Harmonie ».

restauration de l'« état primordial », qui en implique le plein achèvement ; les deux suivants, qui se rapportent au contraire aux états supérieurs et extra-individuels de l'être[274], sont le « Grand Savoir » et la « Parfaite Solitude », c'est-à-dire *pânditya* et *mauna*. Enfin, ces « quatre Bonheurs » obtiennent leur plénitude dans le « cinquième », qui les contient tous en principe et les unit synthétiquement dans leur essence unique et indivisible ; ce « cinquième Bonheur » n'est point nommé (non plus que le « quatrième état » de la *Mândûkya Upanishad*), étant inexprimable et ne pouvant être l'objet d'aucune connaissance distinctive ; mais il est facile de comprendre que ce dont il s'agit ici n'est autre que l'Union même ou l'« Identité Suprême », obtenue dans et par la réalisation complète et totale de ce que d'autres traditions appellent l'« Homme Universel », car le *Yogî*, au vrai sens de ce mot, ou l'« homme transcendant » (*tchen-jen / cheun-jen*) du Taoïsme, est aussi identique à l'« Homme Universel »[275].

---

[274] C'est pourquoi, tandis que les deux premiers « Bonheurs » appartiennent au domaine du Confucianisme, les deux autres relèvent de celui du Taoïsme.

[275] Cette identité est pareillement affirmée dans les théories de l'ésotérisme islamique sur la « manifestation du Prophète ».

Chapitre XXIV

L'ÉTAT SPIRITUEL DU *YOGÎ* : L'« IDENTITÉ SUPRÊME »

En ce qui concerne l'état du *Yogî*, qui, par la Connaissance, est « délivré dans la vie » (*jîvan-mukta*) et a réalisé l'« Identité Suprême », nous citerons encore Shankarâchârya[276], et ce qu'il en dit, montrant les possibilités les plus hautes auxquelles l'être peut atteindre, servira en même temps de conclusion à cette étude.

« Le *Yogî*, dont l'intellect est parfait, contemple toutes choses comme demeurant en lui-même (dans son propre « Soi », sans aucune distinction de l'extérieur et l'intérieur), et ainsi, par l'œil de la Connaissance (*Jnâna-chakshus*, expression qui pourrait être rendue assez exactement par « intuition intellectuelle »), il perçoit (ou plutôt conçoit, non rationnellement ou discursivement, mais par une prise de

---

[276] *Âtmâ-Bodha.* — Réunissant ici différents passages de ce traité, nous ne nous astreindrons pas, dans ces extraits, à suivre rigoureusement l'ordre du texte ; d'ailleurs, en général, la suite logique des idées ne peut être exactement la même dans un texte sanskrit et dans une traduction en une langue occidentale, en raison des différences qui existent entre certaines « façons de penser » et sur lesquelles nous avons insisté en d'autres occasions.

conscience directe et un « assentiment » immédiat) que toute chose est *Âtmâ*.

« Il connaît que toutes les choses contingentes (les formes et les autres modalités de la manifestation) ne sont pas autres qu'*Âtmâ* (dans leur principe), et que hors d'*Âtmâ* il n'est rien, « les choses différant simplement (suivant une parole du *Vêda*) en désignation, accident et nom, comme les ustensiles terrestres reçoivent divers noms, quoique ce soient seulement différentes formes de terre »[277] ; et ainsi il perçoit (ou conçoit, dans le même sens que ci-dessus) que lui-même est toutes choses (car il n'y a aucune chose qui soit un être autre que lui-même ou que son propre « Soi »)[278].

« Quand les accidents (formels et autres, comprenant la manifestation subtile aussi bien que la manifestation grossière) sont supprimés (n'existant qu'en mode illusoire, de telle sorte qu'ils ne sont véritablement rien au regard du

---

[277] Voir *Chhândogya Upanishad*, 6e Prapâthaka, 1er Khanda, shrutis 4 à 6.

[278] Notons à ce propos qu'Aristote, dans le Περι Ψυχης déclare expressément que « l'âme est tout ce qu'elle connaît » ; on peut voir là l'indication d'un rapprochement assez net, à cet égard, entre la doctrine aristotélicienne et les doctrines orientales, malgré les réserves qu'impose toujours la différence des points de vue ; mais cette affirmation, chez Aristote et ses continuateurs, semble être demeurée purement théorique. Il faut donc admettre que les conséquences de cette idée de l'identification par la connaissance, en ce qui concerne la réalisation métaphysique, sont demeurées tout à fait insoupçonnées des Occidentaux, à l'exception, comme nous l'avons déjà dit, de certaines écoles proprement initiatiques, n'ayant aucun point de contact avec tout ce qui porte habituellement le nom de « philosophie ».

Principe), le *Muni* (pris ici comme synonyme de *Yogî*) entre, avec tous les êtres (en tant qu'ils ne sont plus distingués de lui-même), dans l'Essence qui pénètre tout (et qui est *Âtmâ*)[279].

« Il est sans qualités (distinctes) et sans action [280] ; impérissable (*akshara*, non sujet à la dissolution, qui n'a de prise que sur le multiple), sans volition (appliquée à un acte défini ou à des circonstances déterminées) ; plein de Béatitude, immuable, sans forme ; éternellement libre et pur (ne pouvant être contraint ni atteint ou affecté en quelque façon que ce soit par un autre que lui-même, puisque cet autre n'existe pas, ou du moins n'a qu'une existence illusoire, tandis que lui-même est dans la réalité absolue).

« Il est comme l'Éther (*Âkâsha*), qui est répandu partout (sans différenciation), et qui pénètre simultanément l'extérieur et l'intérieur des choses[281] ; il est incorruptible, impérissable ; il est le même dans toutes choses (aucune modification n'affectant son identité), pur, impassible, inaltérable (dans son immutabilité essentielle).

---

[279] « Au-dessus de tout est le Principe, commun à tout, contenant et pénétrant tout, dont l'Infinité est l'attribut propre, le seul par lequel on puisse Le désigner, car Il n'a pas de nom propre » (*Tchoang-tseu*, ch. XXV ; traduction du P. Wieger, p. 437).

[280] Cf. le « non-agir » (*wou-wei*) de la tradition extrême-orientale.

[281] L'ubiquité est prise ici comme symbole de l'omniprésence au sens où nous avons déjà employé ce mot plus haut.

« Il est (selon les termes mêmes du *Vêda*) « le Suprême *Brahma*, qui est éternel, pur, libre, seul (dans Sa perfection absolue), incessamment rempli de Béatitude, sans dualité, Principe (inconditionné) de toute existence, connaissant (sans que cette Connaissance implique aucune distinction de sujet et d'objet, ce qui serait contraire à la « non-dualité »), et sans fin ».

« Il est *Brahma*, après la possession duquel il n'y a rien à posséder ; après la jouissance de la Béatitude duquel il n'y a point de félicité qui puisse être désirée ; et après l'obtention de la Connaissance duquel il n'y a point de connaissance qui puisse être obtenue.

« Il est *Brahma*, lequel ayant été vu (par l'œil de la Connaissance), aucun objet n'est contemplé ; avec lequel étant identifié, aucune modification (telle que la naissance ou la mort) n'est éprouvée ; lequel étant perçu (mais non cependant comme un objet perceptible par une faculté quelconque), il n'y a plus rien à percevoir (puisque toute connaissance distinctive est dès lors dépassée et comme annihilée).

« Il est *Brahma*, qui est répandu partout, dans tout (puisqu'Il n'y a rien hors de Lui et que tout est nécessairement contenu dans Son Infinité)[282] : dans l'espace intermédiaire,

---

[282] Rappelons encore ici le texte taoïste que nous avons déjà cité plus longuement : « Ne demandez pas si le Principe est dans ceci ou dans cela ; Il est dans tous les

dans ce qui est au-dessus et dans ce qui est au-dessous (c'est-à-dire dans l'ensemble des trois mondes) ; le véritable, plein de Béatitude, sans dualité, indivisible et éternel.

« Il est *Brahma*, affirmé dans le *Vêdânta* comme absolument distinct de ce qu'Il pénètre (et qui, par contre, n'est point distinct de Lui, ou du moins ne s'en distingue qu'en mode illusoire)[283], incessamment rempli de Béatitude et sans dualité.

« Il est *Brahma*, « par qui (selon le *Vêda*) sont produits la vie (*jîva*), le sens interne (*manas*), les facultés de sensation et d'action (*jnânêndriyas* et *karmêndriyas*), et les éléments (*tanmâtras* et *bhûtas*) qui composent le monde manifesté (tant dans l'ordre subtil que dans l'ordre grossier) ».

« Il est *Brahma*, en qui toutes choses sont unies (au-delà de toute distinction, même principielle), de qui tous les actes dépendent (et qui est Lui-même sans action) ; c'est pourquoi Il est répandu en tout (sans division, dispersion ou différenciation d'aucune sorte).

« Il est *Brahma*, qui est sans grandeur ou dimensions (inconditionné), inétendu (étant indivisible et sans parties), sans origine (étant éternel), incorruptible, sans figure, sans

---

êtres... » (*Tchoang-tseu*, ch. XXII ; traduction du P. Wieger, p. 395).

[283] Nous rappelons que cette irréciprocité dans la relation de *Brahma* et du Monde implique expressément la condamnation du « panthéisme », ainsi que de l'« immanentisme » sous toutes ses formes.

qualités (déterminées), sans assignation ou caractère quelconque.

« Il est *Brahma*, par lequel toutes choses sont éclairées (participant à Son essence selon leurs degrés de réalité), dont la Lumière fait briller le soleil et tous les corps lumineux, mais qui n'est point rendu manifeste par leur lumière[284].

« Il pénètre lui-même sa propre essence éternelle (qui n'est pas différente du Suprême *Brahma*), et (simultanément) il contemple le Monde entier (manifesté et non-manifesté) comme étant (aussi) *Brahma*, de même que le feu pénètre intimement un boulet de fer incandescent, et (en même temps) se montre aussi lui-même extérieurement (en se manifestant aux sens par sa chaleur et sa luminosité).

« *Brahma* ne ressemble point au Monde[285], et hors *Brahma* il n'y a rien (car, s'il y avait quelque chose hors de Lui, Il ne pourrait être infini) ; tout ce qui semble exister en dehors de Lui ne peut exister (de cette façon) qu'en mode illusoire, comme l'apparence de l'eau (le mirage) dans le désert

---

[284] Il est « Ce par quoi tout est manifesté, mais qui n'est soi-même manifesté par rien », suivant un texte que nous avons déjà cité précédemment (*Kêna Upanishad*, 1er Khanda, shrutis 5 à 9).

[285] L'exclusion de toute conception panthéiste est ici réitérée ; en présence d'affirmations aussi nettes, on a peine à s'expliquer certaines erreurs d'interprétation qui ont cours en Occident.

$(mar\hat{u})$[286].

« De tout ce qui est vu, de tout ce qui est entendu (et de tout ce qui est perçu ou conçu par une faculté quelconque), rien n'existe (véritablement) hors de *Brahma* ; et, par la Connaissance (principielle et suprême), *Brahma* est contemplé comme seul véritable, plein de Béatitude, sans dualité.

« L'œil de la Connaissance contemple le véritable *Brahma*, plein de Béatitude, pénétrant tout ; mais l'œil de l'ignorance ne Le découvre point, ne L'aperçoit point, comme un homme aveugle ne voit point la lumière sensible.

« Le « Soi » étant éclairé par la méditation (quand une connaissance théorique, donc encore indirecte, le fait apparaître comme s'il recevait la Lumière d'une source autre que lui-même, ce qui est encore une distinction illusoire), puis brûlant du feu de la Connaissance (réalisant son identité essentielle avec la Lumière Suprême), il est délivré de tous les accidents (ou modifications contingentes), et brille dans sa propre splendeur, comme l'or qui est purifié dans le feu[287].

---

[286] Ce mot *marû*, dérivé de la racine *mri*, « mourir », désigne toute région stérile, entièrement dépourvue d'eau, et plus spécialement un désert de sable, dont l'aspect uniforme peut être pris comme support de la méditation, pour évoquer l'idée de l'indifférenciation principielle.

[287] On a vu plus haut que l'or est regardé comme étant lui-même de nature lumineuse.

« Quand le Soleil de la Connaissance spirituelle se lève dans le ciel du cœur (c'est-à-dire au centre de l'être, qui est désigné comme *Brahma-pura*), il chasse les ténèbres (de l'ignorance voilant l'unique réalité absolue), il pénètre tout, enveloppe tout, et illumine tout.

« Celui qui a fait le pèlerinage de son propre « Soi », un pèlerinage dans lequel il n'y a rien concernant la situation, la place ou le temps (ni aucune circonstance ou condition particulière) [288], qui est partout [289] (et toujours, dans l'immutabilité de l'« éternel présent »), dans lequel ni le chaud ni le froid ne sont éprouvés (non plus qu'aucune autre impression sensible ou même mentale), qui procure une félicité permanente et une délivrance définitive de tout trouble (ou de toute modification) ; celui-là est sans action, il connaît toutes choses (en *Brahma*), et il obtient l'Éternelle Béatitude. »

---

[288] « Toute distinction de lieu ou de temps est illusoire ; la conception de tous les possibles (compris synthétiquement dans la Possibilité Universelle, absolue et totale) se fait sans mouvement et hors du temps » (*Lie-tseu*, ch. III ; traduction du P. Wieger, p. 107).

[289] De la même façon, dans les traditions ésotériques occidentales, il est dit que les véritables Rose-Croix se réunissent « dans le Temple du Saint-Esprit, lequel est partout ». — Les Rose-Croix dont il s'agit n'ont, bien entendu, rien de commun avec les multiples organisations modernes qui ont pris le même nom ; on dit que, peu après la guerre de Trente Ans, ils quittèrent l'Europe et se retirèrent en Asie, ce qui peut d'ailleurs s'interpréter symboliquement plutôt que littéralement.

1ÈRE ÉDITION DE L'HOMME ET SON DEVENIR SELON LE VÊDÂNTA

LA DÉLIVRANCE SELON LES JAINAS

(chapitre supprimé ultérieurement par l'auteur)

P our compléter ce qui précède, nous dirons encore quelques mots du point de vue sous lequel la Délivrance (*Moksha*) est envisagée par l'école hétérodoxe des *Jainas* [290] ; ceux-ci la considèrent plus spécialement comme l'affranchissement des liens de l'action (*karma*), à laquelle ils semblent ainsi ramener toutes les autres entraves de l'être, alors qu'elle n'est cependant, en réalité, qu'une conséquence ou une résultante des conditions mêmes

---

[290] Sur la doctrine des Jainas et sa réfutation, voir *Brahma-Sûtras*, 2e Adyâya, 2e Pâda, sûtras 33 à 36.— Nous devons rappeler que le Jaïnisme n'est pas seulement une école partiellement hétérodoxe comme il en existe un certain nombre, mais que, comme le Bouddhisme il est entièrement en dehors de la tradition hindoue. D'ailleurs le Bouddhisme, qui est postérieur au Jaïnisme, semble bien lui être lié par ses origines ; en tout cas, ce sont là deux manifestations de la révolte des *Kshatriyas* contre l'autorité spirituelle et la suprématie intellectuelle des *Brâhmanas* ; et nous ajouterons que ces manifestations se rattachent directement aux conditions particulières du *Kali-Yuga*.

de l'existence individuelle humaine Dès que l'être est libéré de ces conditions, il est évidemment libéré de l'action par là même, et il échappe entièrement à l'enchaînement causal en vertu duquel les actions s'engendrent les unes les autres en série indéfinie ; mais la Délivrance implique qu'il est également, et même tout d'abord, libéré du temps, de l'espace, du nombre, de la forme, de la vie (et cela même si cette Délivrance est accomplie « dans la vie »), et, d'une façon générale, de toute détermination restrictive ou limitative (*upâdhi*), de quelque nature qu'elle soit, et quelque état d'existence qu'elle définisse[291].

Les *Jainas* distinguent deux conditions de l'esprit (nous employons ici ce mot pour traduire *Âtmâ*, bien qu'il soit fort inadéquat, ainsi que nous l'avons expliqué précédemment) :

---

[291] Les cinq conditions que nous venons d'énumérer sont celles dont l'ensemble définit l'existence corporelle, que nous supposons naturellement prise comme point de départ pour la réalisation aboutissant à la Délivrance. D'ailleurs, il est évidemment impossible de se représenter et d'exprimer par des mots les conditions qui définissent des états, même individuels, autres que l'état humain ; la forme seule, comme nous l'avons déjà dit, est une condition commune à tout état individuel ; pour les autres conditions, il ne peut y avoir qu'une correspondance analogique, qui les rend parfaitement concevables, mais nullement imaginables, car l'imagination est une faculté d'ordre purement sensible, donc attachée exclusivement au domaine corporel. — Le nombre forme la base véritable de ce que les physiciens modernes appellent « matière », et que les philosophes scolastiques appelaient plus précisément « matière quantifiée » ; on pourrait donc, si l'on voulait s'exprimer en un langage plus occidental, substituer la matière au nombre dans la liste des conditions de l'existence corporelle. Pour le moment nous n'insisterons pas davantage sur celles-ci ; nous avons l'intention, si les circonstances nous le permettent, de consacrer à cette question toute une étude spéciale.

l'esprit enchaîné (*baddhâtmâ*), demeurant captif de ses actions ou de ses œuvres, c'est-à-dire astreint à cette série indéfinie de modifications que les actions produisent incessamment par les conséquences qu'elles impliquent ; l'esprit délivré (*muktâtmâ*), qui, ayant développé complètement en soi la Connaissance et les autres qualifications requises, n'est plus soumis à cette loi de l'action et de ses conséquences, ou de ce que la tradition extrême-orientale appelle les « actions et réactions concordantes ». Cette distinction de *baddhâtmâ* et de *muktâtmâ* correspond, en somme, à celle du « moi » et du « Soi », de l'individualité et de la personnalité, de jîvâtmâ et d'Âtmâ inconditionné ; mais, sous la forme où elle est exprimée, elle a le tort de paraître supposer une sorte de symétrie ou de corrélation entre deux termes qui n'ont pas de commune mesure et ne sont aucunement comparables, et aussi de présenter sous un aspect exclusif de succession ce qui est tout aussi bien simultané dans la réalité. D'ailleurs, il faut faire, à l'égard de cette correspondance, les réserves qui s'imposent toujours lorsqu'il s'agit d'une doctrine hétérodoxe, donc à conceptions forcément restreintes, même là où elle n'est pas proprement erronée, et qui ne peut jamais fournir l'équivalent de la pure métaphysique.

La Délivrance est considérée comme résultant d'une tendance ascendante de l'être ; cette tendance pourrait, à première vue, sembler assimilable à *sattwa* ; mais, tandis que *sattwa*, aussi bien que les autres *gunas*, appartient proprement à *Prakriti*, la tendance dont il s'agit, pour les *Jainas*, est inhérente à la nature même de l'esprit, et elle produit son effet, spontanément en quelque sorte, dès que les obstacles contingents sont écartés. Par l'ascension qui s'effectue ainsi, l'esprit passe de l'Éther localisé (*Lokâkâsha*) à l'Éther non-localisé (*Alokâkâsha*), qui est supérieur à tous les Mondes (*Lokas*) ou degrés conditionnés de l'Existence universelle. Cependant, si la « non-localisation » doit, comme il le semble bien, être entendue ici au sens propre c'est-à-dire comme l'affranchissement de la condition spatiale (envisagée intégralement et sous toutes ses modalités possibles, et non pas seulement sous cette modalité qui nous est connue dans le monde terrestre et qui est définie par un système particulier de trois dimensions), et à plus forte raison si la signification de cette « non- localisation » est étendue analogiquement à l'absence de toutes les conditions de l'existence manifestée, on peut se demander comment il est possible de parler de l'Éther (*Âkâsha*), qui, pour la doctrine orthodoxe, n'est rien de plus ni d'autre que le premier des éléments corporels (*bhûtas*), et qui, par conséquent, ne saurait être envisagé en dehors des limites du monde sensible, si ce n'est par une transposition dont on ne trouve pas ici le moindre indice. Il est même douteux que cet Éther puisse, en pareil cas, être au fond autre chose qu'un équivalent du « vide universel » (*sarva-shûnya*) des Bouddhistes ; et ce qui tendrait encore à faire penser qu'il en est bien ainsi, c'est que, comme ces derniers, les *Jainas* professent la théorie atomique[292]. Du reste, cela seul suffit à expliquer la présence de semblables contradictions dans leur doctrine, puisque la contradiction est formellement impliquée dans la position même de l'atomisme.

Ce n'est pas tout : une autre contradiction est celle qui consiste à admettre, comme condition requise pour l'obtention de la Délivrance, en outre de la Connaissance et pour ainsi dire au même titre ou sur le même plan, la pratique de certaines observances déterminées ; et nous disons qu'il y a là une contradiction, parce que cela revient à supposer que certaines actions peuvent avoir intrinsèquement pour effet de libérer de l'action. Tandis que la doctrine orthodoxe, comme nous l'avons vu, ne regarde de telles observances, quelles qu'elles soient, que comme des moyens accessoires ou de simples « adjuvants », les *Jainas* les considèrent comme constituant par elles-mêmes des moyens efficients, des éléments essentiels de la réalisation (*sâdhana*), à employer obligatoirement en vue de ce qui doit être réalisé (*sâdhya*), c'est-à-dire de la Délivrance. Par là, il faut entendre que de tels actes maintiendraient dans l'être la tendance droite ou harmonique (*dharma*), qui a pour effet l'aspiration ascensionnelle vers les états supérieurs, tandis que tout ce qui est cause que l'esprit continue à être enchaîné est regardé comme un trouble ou une désharmonie (*adharma*).

---

[292] Les *Jainas* donnent à l'atome le nom de *pudgala*, tandis que les Bouddhistes, comme les *Vaishêshikas*, l'appellent *anu* ou *paramânu*.

Un dernier point sur lequel le Jaïnisme est nettement hétérodoxe en ce qui concerne la question envisagée, c'est l'assertion que, dans les modifications par lesquelles l'être passe incessamment tant qu'il reste soumis à l'action, l'esprit lui- même, qui est alors dans la condition de *baddhâtmâ*, serait sujet à des variations concomitantes et concordantes, de telle sorte que l'être tout entier, et jusque dans son essence la plus profonde, serait atteint par ces modifications. « Si, dans les différents états de l'être, et dans le passage d'un état à un autre, le « Soi » (*Âtmâ*) peut subir des changements comparables à une augmentation ou à une diminution (comme par l'addition ou la soustraction de parties constitutives), pour se conformer aux modifications contingentes[293], alors il est variable (en soi-même), et (comme pour les Bouddhistes d'après lesquels rien n'est en dehors du changement) il ne peut avoir d'autre réalité que celle d'une existence transitoire et momentanée (ne possédant pas l'immutabilité et l'identité essentielles). S'il n'en est pas ainsi, c'est que ses conditions ont toujours été telles qu'elles sont lorsque la Délivrance est obtenue (contrairement à ce que prétendent les *Jainas*) ; et, s'il a pu (comme ils le soutiennent) être astreint à des conditions finies et déterminées (ou à une limitation quelconque), il ne peut posséder l'omniprésence[294]

---

[293] Nous pensons qu'on pourrait trouver aussi, dans certaines écoles philosophiques occidentales, des théories d'après lesquelles le corps est en quelque sorte la « mesure de l'âme », ce qui est, dans un autre langage et en tenant compte de la différence des points de vue, l'équivalent de l'opinion dont il est ici question.

[294] Nous ne disons pas l'ubiquité, car celle-ci ne suppose pas l'affranchissement complet de la condition spatiale : elle est seulement, par rapport à ce que nous

et l'éternité (attributs qui, cependant, lui appartiennent nécessairement lorsqu'il est affranchi de l'espace et du temps, comme il l'est, pour les *Jainas* eux-mêmes, dans la condition de *muktâtmâ*) »[295].

Telles sont les principales différences qui séparent les *Jainas* de la doctrine orthodoxe sur cette question, qui non seulement est tout à fait essentielle en elle-même, mais encore est d'autant plus importante, en ce qui les concerne particulièrement, que toutes leurs classifications des êtres et des actions en diverses catégories (*padârthas* et *astikâyas*) sont établies exclusivement par rapport à ce suprême objet de la Délivrance finale.

---

appelons ici l'omniprésence, n'ayant pas de meilleur terme à notre disposition, ce qu'est la perpétuité ou l'indéfinité temporelle par rapport à l'éternité ; et par suite, elle peut être réalisée dans la limite des possibilités individuelles, pourvu que celles-ci soient développées dans toute leur extension indéfinie.

[295] Commentaire de Shankarâchârya sur les *Brahma-Sûtras*, 2e Adhyâya, 2e Pâda, sûtras 35 et 36.

LA CONSTITUTION DE L'ÊTRE
HUMAIN SELON LES BOUDDHISTES

(chapitre supprimé ultérieurement par l'auteur)

C ertaines écoles hétérodoxes, et notamment les Bouddhistes, ont envisagé la question de la constitution de l'être humain au point de vue exclusif de l'individu ; l'imperfection d'une semblable conception est manifeste, car elle résulte de sa relativité même, qui ne permet le rattachement à aucun principe d'ordre métaphysique. Cependant, afin d'en montrer pleinement l'insuffisance conformément à la doctrine du *Vêdânta*, il est nécessaire de faire connaître, en la résumant aussi brièvement que possible, la théorie des Bouddhistes à ce sujet, et plus précisément celle des écoles *Sautrântika* et *Vaibhashika*, que Shankarâchârya s'est attaché à réfuter d'une manière spéciale. Les *Sautrântikas* sont ainsi appelés parce que leur enseignement est principalement basé sur les *Sûtras* attribués à Shâkya-Muni ; les *Vaibhâshikas* ont avec eux un grand nombre de théories communes, bien qu'ils s'en distinguent sur quelques points assez importants, et notamment en ce qu'ils admettent la perception directe des objets extérieurs, tandis que, pour les *Sautrântikas*, cette perception s'opérerait par le moyen de formes analogiques présentées à la pensée comme conséquence de l'impression sensible[296].

Ces deux écoles s'accordent pour distinguer avant tout les objets externes (*bâhya*) et internes (*abhyantara*) : les premiers sont les éléments (*bhûta* ou *mahâbhuta*) et ce qui en procède (*bhautika*), à savoir les qualités sensibles et les organes des sens ; les seconds sont la pensée (*chitta*) et tout ce qui en procède (*chaittika*). Les Bouddhistes prétendent, à la suite de diverses autres écoles (notamment les *Vaishêshikas* et les *Jainas*), que les éléments sont constitués par l'agrégation d'atomes corporels (*anu* ou *paramânu*) en quantité indéfinie, une espèce particulière d'atomes correspondant d'ailleurs à chaque élément. Nous ferons remarquer en passant que c'est là une opinion dont les conséquences, logiquement déduites, entraînent des contradictions insolubles ; l'atomisme, sous toutes ses formes, est une conception nettement hétérodoxe, au sens que nous avons indiqué au début ; mais sa réfutation ne rentre pas dans le sujet de la présente étude. En outre, les Bouddhistes n'admettent que quatre éléments [297], ne reconnaissant pas l'Éther (*Âkâsha*) comme un cinquième élément (ou plutôt comme le premier de tous), ni même

---

[296] Cette conception n'est pas sans offrir quelque rapport avec celle des « espèces sensibles » de certains philosophes scolastiques, bien qu'il ne faille pas, d'ailleurs, s'exagérer l'importance d'un tel rapprochement, car des ressemblances de ce genre peuvent être assez extérieures et superficielles, et dissimuler des différences de points de vue d'un ordre beaucoup plus profond.

[297] Il est au moins curieux de noter qu'un bon nombre de philosophes grecs n'ont considéré aussi que quatre éléments, et qui sont précisément les mêmes que ceux des Bouddhistes.

comme une substance quelconque[298], car cet Éther, pour eux, serait « non-substantiel », comme appartenant à la catégorie informelle (*nirûpa*), qui ne peut être caractérisée que par des attributions purement négatives ; cela n'est pas soutenable non plus, puisque l'Éther, pour correspondre à un état primordial dans son ordre, n'en est pas moins le point de départ de la formation du monde corporel, et que celui-ci appartient tout entier au domaine de la manifestation formelle, dont il n'est même qu'une portion très restreinte et très déterminée. Quoi qu'il en soit, cette négation de la « substantialité » de l'Éther est le fondement de la théorie du « vide universel » (*sarva-shûnya*), qui a été développée surtout par l'école *Mâdhyamika* ; du reste, la conception du vide est toujours solidaire de l'atomisme, parce qu'elle lui est nécessaire pour rendre compte de la possibilité du mouvement[299]. D'autre part, toujours selon les Bouddhistes, l'« âme vivante » individuelle (*jîvâtmâ*) n'est rien qui soit distinct de la pensée consciente (*chitta*), et il n'existe aucune chose, caractérisée par des attributions positives, qui soit irréductible aux catégories énoncées ci-dessus.

Les corps, qui sont les objets des sens, sont composés des éléments, ce qui est d'ailleurs conforme à la doctrine

---

[298] Nous prenons ici ce mot de « substance » dans le sens relatif qu'il a le plus ordinairement ; c'est alors l'équivalent du sanscrit *dravya*.

[299] Entendue dans son vrai sens, la conception du vide correspond à une possibilité de non-manifestation ; l'erreur consiste ici à la transporter dans l'ordre de la manifestation, où elle ne représente qu'une impossibilité.

orthodoxe, sauf en ce qui concerne la constitution atomique des éléments eux-mêmes ; mais ces corps ne sont considérés comme existant en tant qu'objets déterminés qu'autant qu'ils sont effectivement perçus par la pensée, que cette perception soit regardée comme directe ou comme indirecte[300]. C'est pourquoi les Bouddhistes ont reçu l'épithète de *pûrna-vainâshikas* ou *sarva- vainâshikas*, et « soutenant la dissolubilité de toutes choses » (*vinâsha* signifie « destruction »), tandis que les *Vaishêshikas* ou disciples de Kanâda, qui prétendent que l'identité cesse pour un être avec chacune de ses modifications, tout en admettant qu'il existe néanmoins certaines catégories immuables et certains principes supérieurs au changement, sont appelés *arddha-vainâshikas*, « soutenant une demi-dissolubilité », c'est-à-dire une dissolubilité partielle seulement, au lieu de la dissolubilité intégrale ou totale (au point de vue de la substance) qu'enseignent les Bouddhistes. Quant à la pensée (*chitta*), qui réside dans la forme corporelle de l'individu, et qui n'est

---

[300] On pourrait se souvenir ici des théories de Berkeley, d'autant plus que, pour celui-ci, il y a deux sortes d'êtres, les *ideas* et les *minds*, qui ne sont pas sans rappeler à quelques égards les deux catégories fondamentales établies par les Bouddhistes, surtout en ce qui concerne la seconde, car, pour la première, la conception des éléments et même l'atomisme ne sauraient trouver place chez Berkeley. D'ailleurs, les points de comparaison qu'on peut relever ainsi sont encore de ceux auxquels il ne faut pas attribuer une trop grande portée, et l'intention générale est certainement très différente ; aussi la dénomination occidentale et philosophique d'« idéalisme » convient-elle fort mal au Bouddhisme, même à l'école Yogâchâra à laquelle veulent l'appliquer plus spécialement les orientalistes, et celle même de « phénoménisme » ne serait pas non plus à l'abri de toute objection.

aucunement distinguée ici de la conscience individuelle qui lui appartient en propre, elle perçoit les objets externes et conçoit les objets internes, et, simultanément, elle subsiste comme « elle-même » : c'est en cela, mais en cela seulement, pour les Bouddhistes qu'elle est « soi-même » (*âtman*), ce qui, comme on le voit dès le premier abord, diffère essentiellement de la conception orthodoxe du « Soi », telle que nous l'avons exposée plus haut. Il n'est plus question de la personnalité entendue métaphysiquement, et tout se trouve réduit à la considération de la seule individualité ; c'est un des côtés par lesquels le Bouddhisme se rapproche manifestement des conceptions occidentales, bien qu'il ne faille pas pousser ce rapprochement jusqu'à en faire une assimilation que la différence des points de vue, subsistant malgré tout, rendrait tout à fait illégitime.

En ce qui concerne les objets internes, les Bouddhistes établissent cinq branches ou divisions (*skandhas*) : 1° la division des formes (*rûpa-skandha*) qui comprend les organes des sens et leurs objets considérés uniquement dans leurs rapports avec la conscience individuelle, c'est-à-dire dans leurs qualités perceptibles (et même effectivement perçues), abstraction faite de ce qu'ils sont en eux-mêmes ; ces mêmes qualités (*âlambanas*) sont externes en tant qu'elles procèdent des éléments (*bhautika*) mais elles sont regardées comme internes en tant qu'elles sont objets de connaissance ; et, de même, les organes des sens, qui sont aussi externes dans leurs correspondance avec les éléments, sont *chaittika* dans leur connexion avec la pensée ; 2° la division de la connaissance distinctive (*vijnâna-skandha*), identifiée à la pensée même (*chitta*) conçue comme conscience individuelle, et, par suite, à « soi-même » (*âtman*) dans le sens restreint que nous avons indiqué, tandis que les quatre autres divisions comprennent tout ce qui procède de cette même pensée (*chaitta* ou *chaittika*) et est regardé, pour cette raison, comme « appartenant à soi-même » (*adhyâtmika*) ; cependant, cette dernière désignation, prise dans son sens le plus large, renferme l'ensemble des cinq *skandhas* ; 3° la division des impressions conscientes (*vêdanâ-skandha*), comprenant le plaisir et la douleur, ou leur absence, et les autres sentiments analogues qui sont produits par la perception ou la conception d'un objet quelconque, soit externe, soit interne ; 4° la division des jugements (*sanjnâ-skandha*), désignant la connaissance qui naît des noms ou mots, ainsi que des symboles ou signes idéographiques, connaissance qui implique d'ailleurs l'existence d'un rapport véritable entre le signe et la chose ou l'idée signifiée [301] ; 5° la division des opérations actives (*samskâra-skandha*), qui renferme les affections telles que le désir et l'aversion, et toutes les

---

[301] Nous devons faire remarquer à ce propos que, contrairement à l'opinion de quelques philosophes modernes, tels que Berkeley, il n'y a pas de signes, même conventionnels, qui soient purement arbitraires, car on ne ferait aucune convention si l'on n'avait pas de raisons pour la faire, et pour faire celle-là plutôt que n'importe quelle autre. Une chose ne peut être l'expression ou la traduction d'une autre que s'il y a entre elles une certaine relation analogique, et ainsi toute « signification » doit avoir un fondement dans la réalité, c'est-à-dire dans la nature même des choses.

modifications qui sont produites sous leur impulsion, c'est-à-dire toutes celles dont la cause déterminante réside proprement dans l'activité individuelle.

Quant à la réunion de ces cinq branches (*skandhas*) qui concourent à la formation de l'individualité, les Bouddhistes attribuent comme point de départ à l'existence individuelle l'ignorance (*avidyâ*), c'est-à-dire l'erreur qui fait supposer permanent ce qui n'est que transitoire. De là vient l'activité réfléchie ou la passion (*samskâra*), qui comprend le désir (*kâma*), l'illusion (*mâyâ*) et tout ce qui en résulte, et qui, dans l'être embryonnaire, encore en puissance, fait naître la connaissance distinctive (*vijnâna*), d'abord pure possibilité, mais dont le développement produit immédiatement, dès son commencement, la conscience du « moi » (*ahankâra*). C'est celle-ci qui s'unissant aux divers éléments, tant psychiques que corporels, fournis par les parents, donne à l'être individuel en voie de constitution son nom (*nâma*) et sa forme (*rûpa*), c'est-à-dire l'« essence » et la « substance » de son individualité, ces deux termes étant pris ici dans un sens relatif, puisqu'ils s'appliquent à un être particulier : ils expriment alors respectivement la participation de cet être à chacun des deux principes universels auxquels nous avons donné précédemment les mêmes dénominations, et dont procède effectivement tout ce qui est manifesté. On peut dire aussi que le nom correspond à l'état subtil, et la forme à l'état grossier[302] ; cette dernière doit être entendue alors dans un

---

[302] « Ce qui est corporel, c'est la forme ; les états intellectuels et sensitifs, c'est le

sens restreint (celui de *sthûla-sharîra*), puisque, au sens général, l'état subtil, tout aussi bien que l'état grossier, fait partie de la manifestation formelle. Cette considération du nom et de la forme (généralement réunis en *nâmarûpa*) comme les éléments caractéristiques de l'individualité, ou comme constitutifs de la « nature individuelle », n'appartient point en propre au Bouddhisme ; celui-ci l'a empruntée, comme beaucoup d'autres choses, à la doctrine orthodoxe, et, dans divers passages des *Upanishads*, il est question, soit du développement des noms et des formes [303], soit de leur évanouissement pour l'être qui est affranchi des conditions de l'existence individuelle [304]. Nous aurons dans la suite à revenir sur cette dernière question ; mais reprenons l'exposé de la théorie bouddhique au point où nous l'avons laissé, c'est-à-dire après la détermination du nom et de la forme. Des divers principes qui ont été envisagés jusque-là résultent ensuite six facultés, qui consistent dans la conscience de la connaissance distinctive principielle, des quatre éléments dans leurs rapports avec l'individualité, donc comme principes des qualités sensibles (*âlambanas*), et enfin de l'ensemble du nom et de la forme, c'est-à-dire de l'individualité elle-même ; à ces six facultés correspondent, dans le corps, six organes qui en sont les sièges respectifs (*shad-âyatana*). L'opération de ces

---

nom » (Milinda-Pañha, II, 24).

[303] Voir notamment *Chhândogya Upanishâd*, 6e Prapâthaka 3e Khanda shrutis 2 et 3, et 8e Prapâthaka, 14e Khanda, shruti 1 ; *Brihad-Âranyaka Upanishad*, 1er Adhyâya, 4e Brâhmana, shruti, 7.

[304] *Prashna Upanishad* 6e Prashna, shruti 5 ; *Mundaka Upanishad* 3e Mundaka, 2e Khanda shruti 8.

facultés, en union avec le nom et la forme, a pour résultat l'expérience (*sparsha*, littéralement le toucher, c'est-à-dire, par extension, le contact des sens avec leurs objets), par laquelle se produit l'impression consciente (*vêdanâ*). Celle-ci, à son tour, engendre la soif (*trishnâ*), c'est-à-dire l'aspiration de l'individu à rechercher les impressions agréables et à éviter les impressions désagréables, et c'est cette aspiration qui provoque l'effort (*upâdâna*), élément initial de toute l'activité individuelle[305]. C'est là le point de départ de l'existence actuelle (*bhava*) de l'être, considérée comme commençant à la naissance (*jâti*) de l'individu, tandis que tout ce qui précède peut être rapporté aux différentes phases de son développement embryonnaire ; et c'est à partir de la naissance seulement que l'individu est regardé comme proprement « spécifié », c'est-à-dire comme appartenant à une espèce

---

[305] On pourrait voir dans cet effort quelque chose d'analogue à la « virtualité » au sens spécial où l'entend Liebnitz, c'est-à-dire conçue comme impliquant une tendance qui serait en quelque sorte intermédiaire entre la puissance et l'acte (conception qui renferme d'ailleurs un élément contradictoire, car, si un même être peut être en même temps en puissance sous un certain rapport et en acte sous un autre, il ne peut pas sous le même rapport, être à la fois en puissance et en acte) ; la « soif » ou l'aspiration dont il est ici question présente aussi quelque ressemblance avec l'« appétition » qui, pour le même philosophe, est inhérente à tout être individuel, et qu'il regarde comme le principe interne de tous les changements qui se produisent dans cet être. D'un autre côté, on pourrait encore rappeler le rôle attribué par Maine de Biran à l'effort, par lequel l'individu, s'opposant pour ainsi dire au monde extérieur dans lequel il rencontre une résistance corrélative de cet effort (comme la réaction l'est de l'action), prendrait conscience de la distinction du « moi » et du « non-moi » ; mais, en tout cas, il ne faut pas oublier que tous ces rapprochements ne portent que sur des points très particuliers.

définie d'êtres vivants : c'est pourquoi le mot *jâti* est employé aussi pour désigner l'espèce ou la nature spécifique, distinguée de la nature individuelle qui est constituée par le nom et la forme. Il faut ajouter, d'ailleurs, que la naissance, au sens dont il s'agit, ne doit pas s'entendre uniquement comme étant la naissance corporelle, mais consiste plus précisément dans l'agrégation même des cinq branches (*skandhas*), comptant tout l'ensemble des potentialités qui passeront en acte dans le cours de l'existence individuelle. Par suite, cette existence implique dès l'origine l'état particulier de l'individu, la condition spéciale qui lui est propre, qui le fait être ce qu'il est, à la fois en tant qu'il appartient à telle espèce et en tant qu'il est tel individu de cette espèce, et qui le distingue ainsi de tous les autres individus, dont chacun possède également, de la même façon, sa propre condition spéciale. Comme nous venons de l'indiquer, les cinq branches, dans leur ensemble, comprennent toutes les modalités de l'individu, envisagé dans son extension intégrale ; lorsqu'elles sont arrivées à leur complet développement (complet du moins pour un individu déterminé, et en tenant compte de sa condition spéciale, qui comporte telles possibilités à l'exclusion de toutes les autres), leur maturité amène la vieillesse (*jarâ*), qui se termine par leur séparation. Celle-ci est à proprement parler la mort (*marana*), c'est-à-dire la désagrégation ou la dissolution de l'individualité actuelle, dissolution à la suite de laquelle l'être passe dans un autre état, pour parcourir, sous des conditions différentes, un nouveau cycle d'existence. Tous les termes qui viennent d'être considérés successivement constituent un enchaînement de causes ou plutôt de conditions (*nidânas*), dont chacune est déterminée par les précédentes et détermine à son tour les suivantes, d'où le nom de théorie de la « production conditionnée » (*pratîtya samutpâda*) ; et l'on remarquera que ces termes se réfèrent exclusivement au domaine de l'existence individuelle.

Tel est donc l'enseignement bouddhique sur cette question, et l'on peut constater qu'il n'est point métaphysique, dès lors qu'il se limite à l'individualité, mais que, comme nous le disions plus haut, il se rapproche quelque peu du point de vue philosophique à certains égards, bien qu'il en soit encore, malgré tout, beaucoup plus éloigné que ne le croient d'ordinaire ses interprètes occidentaux. Maintenant, selon le *Vêdânta*[306], l'agrégat individuel, tel qu'il vient d'être défini, ne peut exister de cette façon, c'est-à-dire en tant qu'il est rapporté à deux sources, l'une externe et l'autre interne[307], supposées essentiellement différentes, car cela revient à admettre une dualité fondamentale dans les choses. D 'autre part, l'existence même de cet agrégat dépend entièrement des modifications contingentes de l'individu, car

---

[306] Cf. *Brahma-Sûtras*, 2e Adhyâya, 2e Pâda, sûtras 18 à 32.

[307] À ce propos encore, nous pourrions signaler une certaine analogie avec la théorie de Locke, qui attribue à la connaissance deux sources distinctes : la sensation, qui est externe, et la réflexion qui est interne ; mais c'est là une théorie exclusivement psychologique, et qui ne concerne pas la formation de l'être même ; le Bouddhisme, malgré tous les défauts de sa conception, va beaucoup plus loin que ce point de vue psychologique.

il ne peut consister en rien d'autre que l'enchaînement même de ces modifications (appelé par les Bouddhistes « enchaînement des douze conditions », en raison de la conception que nous venons d'exposer)[308], à moins que l'on n'admette un être permanent dont cet agrégat lui-même ne constitue qu'un état contingent et accidentel, ce qui est précisément contraire à la théorie bouddhiste suivant laquelle le « Soi » (ou plus exactement la pensée en tant qu'elle est « soi-même », *âtman*) n'aurait aucune existence réelle et propre indépendamment de cet agrégat et de sa subsistance. En outre, les modifications de l'individu étant regardées comme momentanées (*kshanika*), il ne peut pas y avoir, dans leur succession, une relation réelle de cause à effet car l'une a cessé d'être avant que l'existence de l'autre ait commencé. Il faut remarquer que, chez les Grecs, certains philosophes sceptiques, comme Enésidème et Sextus Empiricus, qui ont aussi formulé un argument de ce genre, l'ont fait avec une intention toute différente, puisqu'ils ont prétendu s'en servir pour nier la causalité, et cela sans doute parce qu'ils ne concevaient pas que celle-ci pût exister autrement qu'en mode successif, pas plus que ne le conçoivent la plupart des Occidentaux modernes[309] ; ce que cet argument prouve en réalité, c'est précisément que le rapport causal n'est pas et ne

---

[308] Les douze nidânas sont : avidyâ, samskâra, vijnâna, nâmarûpa, shadâyatana, sparsha, vêdanâ, trishnâ, upâdana, bhava, jâti, et enfin jarâmarana.

[309] Notons en passant que les conceptions « empiristes » comme celle de Stuart Mill, pour qui la cause d'un phénomène n'est qu'un autre phénomène qui en est l « antécédent invariable et nécessaire » n'ont aucun rapport avec la véritable notion de la causalité.

peut pas être un rapport de succession ; et il serait d'ailleurs tout à fait insuffisant, pour écarter cette objection, de vouloir substituer à la notion de « cause » (*hêtu*) celle de « condition » (*nidâna*) [310] . On pourrait trouver ici, bien que ces considérations sur la causalité soient susceptibles d'une application beaucoup plus étendue, un certain rapprochement à faire avec les arguments de Zénon d'Elée, d'autant plus que ceux-ci, dans la pensée de leur auteur, semblent bien avoir été destinés à prouver, non pas l'impossibilité véritable du mouvement, ou plus généralement du changement, mais seulement son incompatibilité avec la supposition, admise notamment par les atomistes (et il ne faut pas oublier que les Bouddhistes sont aussi des atomistes), d'une multiplicité absolument réelle et irréductible existant dans la nature des choses ; c'est donc, au fond, contre cette multiplicité même qu'ils devaient être dirigés originairement, quelles que soient les interprétations qui ont pu en être données par la suite. La possibilité du changement, si paradoxal que cela puisse paraître au premier abord, est logiquement incompatible avec la théorie de l'écoulement de toutes choses » (παντα ρει), analogue à la « dissolubilité totale » des Bouddhistes, tant que cette dissolubilité n'est pas conciliée avec la « stabilité de toutes choses » (παντα μενει) dans la « permanente actualité » de l'Univers envisagé principiellement ; en d'autres termes, le changement ne peut

---

[310] Une telle condition peut jouer le rôle de ce qu'on appelle une « cause occasionnelle », mais ce n'est pas là une cause au vrai sens de ce mot.

se suffire à lui-même, et, s'il n'a pas un principe qui lui soit supérieur, son existence même est contradictoire. La solution est fournie par une théorie comme celle du « moteur immobile » d'Aristote, qui apparaît comme une réfutation anticipée de l'« évolutionnisme » des Occidentaux modernes, aussi bien que comme une réponse directe à ces *sarvavainâshikas* que la Grèce connut au moins autant que l'Inde : il ne s'agit pas, pour combattre ceux qui mettent ainsi toute réalité dans le « devenir », de nier purement et simplement l'existence de celui-ci, mais seulement de le ramener à son niveau d'existence relative et contingente, c'est-à-dire au rang dépendant et subordonné qui convient à ce qui n'a pas en soi-même sa raison suffisante. On ne peut donc admettre l'écoulement des choses (qui ne doit d'ailleurs en aucune façon, si ce n'est par pur symbolisme, être assimilé à cette modalité très particulière de changement qu'est le mouvement corporel) qu'à titre de point de vue spécial, et uniquement en ce qui concerne le domaine de la manifestation, et même de la manifestation formelle ; c'est alors ce que la tradition métaphysique extrême-orientale appelle le « courant des formes ». Mais revenons à la véritable conception de la causalité, telle qu'elle est enseignée par le Vêdânta : il faut que l'effet préexiste dans la cause, quoique « non-développé », car aucune production ne peut être autre chose qu'un développement de possibilités impliquées dans la nature même de l'agent producteur ; il faut aussi que la cause existe actuellement au moment même de la production de l'effet, sans quoi elle ne pourrait évidemment le produire ; et enfin cette production n'affecte en rien la cause, dont la nature ne se trouve altérée ou changée par là en quoi que ce soit, ce qui passe dans l'effet n'étant point une partie de sa nature, mais seulement la manifestation extérieure de quelque chose qui, en soi, demeure rigoureusement tel qu'il était. La relation de causalité est donc essentiellement irréversible, et elle est une relation de simultanéité, non de succession ; et l'on peut d'autant moins, en particulier, la regarder comme une relation de succession temporelle, qu'elle s'étend aussi à des modes d'existence qui ne sont pas soumis au temps, et auxquels la considération d'une telle succession ne saurait aucunement être applicable. D'ailleurs, si les modifications de l'individu ne sont pas conçues comme simultanées (coexistant en principe dans ce que nous pouvons appeler le « non-temps » aussi bien que comme successives (se déterminant les unes les autres suivant un certain enchaînement, purement logique du reste, et non chronologique, puisque le temps ne représente qu'une modalité spéciale de succession), elles ne sont proprement qu'une « non-entité », car ce qui est ne peut pas ne pas être, sous quelque condition que ce soit ; et cette « non-entité » ne peut être cause de rien. « L'entité ne peut pas être un effet de la non-entité : si l'une pouvait procéder de l'autre (par une relation causale), alors un effet pourrait être produit pour un être étranger (à tout rapport avec cet effet) sans aucune activité (causale) de la part de cet être[311].

---

[311] Ceci répond par avance à la singulière conception de Hume, pour qui il n'y a aucun rapport de nature entre ce qu'on appelle cause et effet, de telle sorte que « n'importe quoi peut produire n'importe quoi ».

Ainsi, un laboureur pourrait récolter du riz sans ensemencer ni cultiver son champ ; un potier aurait un vase sans mouler de l'argile ; un tisserand aurait une étoffe sans en ourdir la trame ; aucun être n'aurait besoin d'appliquer ses efforts à l'obtention (au sens de « réalisation ») de la Béatitude Suprême et de l'Éternelle Délivrance »[312].

---

[312] Commentaire de Shankarâchârya sur les *Brahma-Sûtras*, 2e Adhyâya, 2e Pâda, sûtra 27.

René Guénon

OUVRAGES DE RENÉ GUÉNON

Omnia Veritas Ltd présente :

RENÉ GUÉNON
Aperçus sur
L'ÉSOTÉRISME CHRÉTIEN

« Ce changement qui fit du Christianisme une religion au sens propre du mot et une forme traditionnelle... »

Les vérités d'ordre ésotérique, étaient hors de la portée du plus grand nombre...

Omnia Veritas Ltd présente :

RENÉ GUÉNON
L'ERREUR SPIRITE

« Il y a, à notre époque, bien des « contrevérités », qu'il est bon de combattre... »

Parmi toutes les doctrines « néo-spiritualistes », le spiritisme est certainement la plus répandue

Omnia Veritas Ltd présente :

RENÉ GUÉNON
APERÇUS
SUR
L'INITIATION

«Nous nous étendons souvent sur les erreurs et les confusions qui sont commises au sujet de l'initiation...»

On se rend compte du degré de dégénérescence auquel en est arrivé l'Occident moderne...

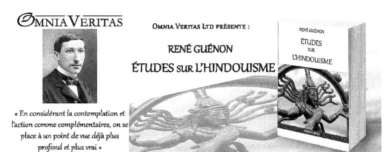

OMNIA VERITAS

OMNIA VERITAS LTD PRÉSENTE :

RENÉ GUÉNON

INTRODUCTION GÉNÉRALE
À L'ÉTUDE DES DOCTRINES HINDOUES

« Bien des difficultés s'opposent, en Occident, à une étude sérieuse et approfondie des doctrines hindoues »

... ce dernier élément qu'aucune érudition ne permettra jamais de pénétrer

OMNIA VERITAS

OMNIA VERITAS LTD PRÉSENTE :

RENÉ GUÉNON

LE RÈGNE DE LA QUANTITÉ
ET LES SIGNES DES TEMPS

« Car tout ce qui existe en quelque façon que ce soit, même l'erreur, a nécessairement sa raison d'être »

... et le désordre lui-même doit finalement trouver sa place parmi les éléments de l'ordre universel

OMNIA VERITAS

OMNIA VERITAS LTD PRÉSENTE :

RENÉ GUÉNON

LE ROI DU MONDE

« Un principe, l'Intelligence cosmique qui réfléchit la Lumière spirituelle pure et formule la Loi »

Le Législateur primordial et universel

OMNIA VERITAS LTD PRÉSENTE :

RENÉ GUÉNON

LE THÉOSOPHISME

HISTOIRE D'UNE PSEUDO-RELIGION

« Notre but, disait alors Mme Blavatsky, n'est pas de restaurer l'Hindouïsme, mais de balayer le Christianisme de la surface de la terre »

Le vocable de théosophie servait de dénomination commune à des doctrines assez diverses

Omnia Veritas Ltd présente :

RENÉ GUÉNON
ORIENT & OCCIDENT

«La civilisation occidentale moderne apparaît dans l'histoire comme une véritable anomalie...»

... cette civilisation est la seule qui se soit développée dans un sens purement matériel

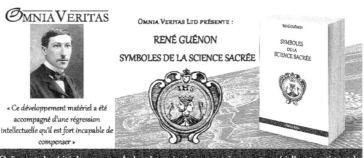

OMNIA VERITAS LTD PRÉSENTE :

RENÉ GUÉNON

SYMBOLES DE LA SCIENCE SACRÉE

« Ce développement matériel a été accompagné d'une régression intellectuelle qu'il est fort incapable de compenser »

Qu'importe la vérité dans un monde dont les aspirations sont uniquement matérielles et sentimentales

274

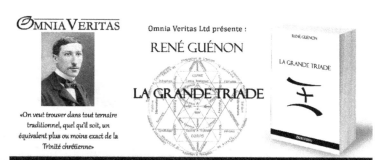

275

OMNIA VERITAS

OMNIA VERITAS LTD PRÉSENTE :

RENÉ GUÉNON

CORRESPONDANCE

I

« ... l'état suprême n'est pas quelque chose à obtenir par une « effectuation » quelconque ; il s'agit uniquement de prendre conscience de ce qui est. »

... l'éloignement du Principe, nécessairement inhérent à tout processus de manifestation

OMNIA VERITAS

OMNIA VERITAS LTD PRÉSENTE :

RENÉ GUÉNON

CORRESPONDANCE

II

« ... Vous me demandez s'il y a quelque chose de changé depuis la publication de mes ouvrages ; certaines portes, du côté occidental, se sont fermées d'une façon définitive »

Quant à l'Islam politique, mieux vaut n'en pas parler, car ce n'est plus qu'un souvenir historique

OMNIA VERITAS

« La métaphysique pure étant par essence en dehors et au-delà de toutes les formes »

et de toutes les contingences, n'est ni orientale ni occidentale, elle est universelle.

*Ⓞ*MNIA VERITAS

OMNIA VERITAS LTD PRÉSENTE :

RENÉ GUÉNON

Écrits sous la signature de T PALINGÉNIUS

«... Il est un certain nombre de problèmes
qui ont constamment préoccupé les
hommes, mais il n'en est peut-être pas qui
ait semblé généralement plus difficile à
résoudre que celui de l'origine du Mal... »

Comment donc Dieu, s'il est parfait, a-t-il pu créer des êtres imparfaits ?

*Ⓞ*MNIA VERITAS

OMNIA VERITAS LTD PRÉSENTE :

RENÉ GUÉNON

FORMES TRADITIONNELLES
& CYCLES COSMIQUES

« Les articles réunis dans le présent
recueil représentent l'aspect le plus
original de l'œuvre de René Guénon »

Fragments d'une histoire inconnue

*Ⓞ*MNIA VERITAS

OMNIA VERITAS LTD PRÉSENTE :

RENÉ GUÉNON

ARTICLES
& COMPTES-RENDUS
NON REPRIS

«... on voit une barque portée par le
poisson, image du Christ soutenant son
Église » ; or on sait que l'Arche a souvent
été regardée comme une figure de
l'Église... »

Le Vêda, qu'il faut entendre comme la Connaissance sacrée dans son intégralité

CPSIA information can be obtained
at www.ICGtesting.com
Printed in the USA
BVHW041736260221
601209BV00014B/550